本书受 2013 年北京高等学校教育教学改革立项项目 "'中国近现代史纲要'研究性教学的探索与实践" 基金资助

"中国近现代史纲要"
研究性教学的探索与实践

张北根　　主编

知识产权出版社
全国百佳图书出版单位

图书在版编目（CIP）数据

"中国近现代史纲要"研究性教学的探索与实践/张北根主编．—北京：知识产权出版社，2015.8

ISBN 978 - 7 - 5130 - 3681 - 8

Ⅰ.①中… Ⅱ.①张… Ⅲ.①中国历史—近现代—教学研究—高等学校 Ⅳ.①K25

中国版本图书馆 CIP 数据核字（2015）第 177078 号

责任编辑：段红梅　石陇辉　　　　　　　　责任校对：孙婷婷

封面设计：刘伟　　　　　　　　　　　　　责任出版：卢运霞

"中国近现代史纲要"研究性教学的探索与实践

张北根　主编

出版发行：	知识产权出版社有限责任公司	网　址：	http://www.ipph.cn
社　址：	北京市海淀区马甸南村 1 号	邮　编：	100088
责编电话：	010 - 82000860 转 8119	责编邮箱：	duanhongmei@cnipr.com
发行电话：	010 - 82000860 转 8101/8102	发行传真：	010 - 82000893/82005070/82000270
印　刷：	北京中献拓方科技发展有限公司	经　销：	各大网上书店、新华书店及相关专业书店
开　本：	787mm×1092mm　1/16	印　张：	14.25
版　次：	2015 年 8 月第 1 版	印　次：	2015 年 8 月第 1 次印刷
字　数：	233 千字	定　价：	45.00 元

ISBN 978 - 7 - 5130 - 3681 - 8

前 言

　　"中国近现代史纲要"（以下简称"纲要"）是高等学校思想政治理论课本科课程设置的四门必修课之一。通过本门课程的学习，使学生较好地掌握中国近现代史的基础知识，把握中国近现代史的基本线索及发展规律；帮助学生了解国史、国情；使学生树立正确的历史观，培养其正确分析历史事件、评论历史人物的能力，深刻领会历史和人民怎样选择了马克思主义、选择了中国共产党、选择了社会主义道路、选择了改革开放、坚定走中国特色社会主义道路的信心。

　　"纲要"课开设以来，部分高校教学依然存在以下弊端：把授受性教学置于中心位置，以课堂、教师和教材为中心，强迫学生机械记忆，忽视对学生自主学习能力、探究能力、实践能力、情感责任心的培养，严重压制了学生的思维能力、创造能力的发展，培养出的人才大多欠缺批判思维、想象力、创新能力和社会责任感。这种状况与"纲要"课教学目标和 21 世纪日益加剧的国际竞争对创新人才的强烈需求形成尖锐矛盾。

　　21 世纪国与国之间的竞争在很大程度上是人才竞争。中华民族若要自立于世界民族之林，必须大力培养人才。而培养人才的核心，是培养人的创新精神和创新能力。

　　以培养大学生创新精神和研究能力为目标的研究性教学已成为世界高等教育改革的趋势。现代教育理念的实质是在教育中弘扬人的主体精神。所谓主体精神，就是自主、自强的独立意识和创造意识。因此对创造意识的培养理所当然地成为教育的本质要求。创新意识作为科学的精神，是实现创造力的前提和基础，这种意识的培养，需要研究性教学的教育方式。

美国大学研究性教学是在博耶委员会的推动下得到迅速发展的。博耶委员会1998年出台的《重建本科教育——美国研究型大学蓝图》和2001年的《重建本科教育——博耶报告三年回顾》，推动了美国大学的研究性教学。报告要求研究型大学充分利用其研究的优势，吸纳本科生参与科研，提出教学应与研究相结合，学生的学习应基于研究，建立以研究为基础的教学模式，即本科生研究性教学。

20世纪90年代中后期，研究性教学被正式引入我国高等教育领域。随着高水平大学建设步伐的加快，研究性教学越来越受到广大师生的重视。理论研究和实践探索的齐头并进，不仅推动了教师教学和学生学习兴趣的提高，而且对培养创新型人才提供了丰富的营养。

现阶段中共中央提出建设创新型国家的目标，高校承担着培养创新型人才的任务。教育部2007年以来实施的"国家大学生创新性实验计划"带动了多所高校投入经费，开展学校一级的本科生科研计划，但这只利于少数学生。课堂教学是面向全体学生的，课堂教学方法改革应惠及所有学生。随着教育教学改革的发展，必须将教学方法的改革提升到教育思想的高度，它关系到"以谁为本、培养什么人"的问题。这就首先要求教师从教育思想、理念上考虑"纲要"课教学改革问题。

早在2005年2月中共中央宣传部、教育部出台《关于进一步加强和改进高等学校思想政治理论课的意见》（教社政〔2005〕5号文）后，一些高校开始关注和思考"纲要"教学改革问题，目的是增强教学的实效性。自2007年春季"纲要"课在全国普遍开设以来，为增强课程吸引力和感染力，培养创新型人才，教师在教学过程中不断总结经验，创新教学方法，如启发式教学、问卷式教学、问题引领式教学、学生课前演讲与教师课上讲授相结合、多媒体教学、网络教学、实践教学、人物和事件点评、学生讲台授课、渗透联系教学、合作学习教学、建构主义教学、引导和互动式教学、讨论式教学、案例式教学、典型对比、联系实际、情感体验、历史对话、隐形教学等，取得一定的效果，但教学方法的改革依然存在一些问题和不足，主要表现为教学模式和教学方法存在着经验主义，缺乏教学理论的指导；有的改革空洞说教，缺乏具体方法和可操作性。因此，深入进行"纲要"课教学方法的改革，对于丰富我国高等教育教学理论，培养高素质、创新型、复合型师资和人才，具有重要的理论价值和实践意义。

教学方法的改革，理论是先导。没有理论的支撑，"纲要"的教学改革就如同盲人摸象，只会停留在经验主义和教条主义的老路上，缺乏系统性和深入性。那么，何种理论能系统、深入地推动"纲要"的教学改革呢？教育部《关于进一步加强高等学校本科教学工作的若干意见》（教高〔2005〕1号）明确提出：大学要"深化教学改革，坚持传授知识、培养能力、提高素质协调发展，更加注重能力培养，着力提高大学生的学习能力、实践能力和创新能力，全面推进素质教育"。研究性教学作为贯彻创新教育理念和培养创新人才的手段，正在一些高校实施，取得了一些效果，但面临的问题是：缺少系统理论的指导和科学规范的实践模式。所以，本著作研究的宗旨是：完善"纲要"研究型教学的理论；总结"纲要"研究性教学的实践经验和方法；构建"纲要"研究性教学的模式，在全国思想政治理论课教学中推广。

所谓"纲要"的"研究性教学"，就是以"国史、国情，历史和人民怎样选择了马克思主义、怎样选择了中国共产党、怎样选择了社会主义道路、怎样选择了改革开放"等内容为中心设计问题、专题或项目，创设一种类似研究的情境或途径，把基础知识和研究方法的获得、各种能力的提高、人格情感的升华、社会责任感的提升融入获取中国近现代史知识的过程中。

"纲要"研究性教学让学生在研究性学习的课题研究和项目的设计中有更多的创造机会，让学生在创造中感受成功的体验，在成功中感受到学习的乐趣。注重学生在中国近现代史知识获取过程中的情感体验，从而激发思维的灵活性和创造性，为主动探究奠定基础。

北京科技大学"纲要"课自2007年春开设以来，已经历了多轮研究性教学的改革与实践。在学校领导和督导专家的大力支持下，在师生的共同努力下，该课程2012年5月获得"北京科技大学第25届教育教学成果一等奖"，10月获得"北京科技大学精品课程"称号，2013年6月获得首批"北京科技大学研究型教学示范课"称号，2015年1月获得"北京科技大学第26届教育教学成果特等奖"。为进一步提高教学质量，完善研究性教学，北京科技大学马克思主义学院历史与文化研究所由张北根教授牵头，申请了2013年北京高等学校教育教学改革立项项目（面上）"'中国近现代史纲要'研究性教学的探索与实践"。本书就是该项目研究成果的结晶。

本书的研究框架如下。第一章阐述"纲要"研究性教学的理念和目标；第二章概述"纲要"研究性教学的理论基础，如马克思主义关于人的全面发展学说、认知结构理论、多元智能理论、主体教育理论、发现学习理论、建构主义学习理论、创新教育理论和素质教育理论；第三章论述"纲要"研究性教学的实施方法和过程；第四章总结"纲要"研究性实践教学的措施和经验；第五章描述基于网络的"纲要"研究性教学的状况；第六章指导师生学会"纲要"研究性教学的文献史料查阅技能；第七章叙述"纲要"研究性教学评价的意义和办法；第八章总结"纲要"研究性教学的原则；第九章提出构建"纲要"研究性教学的支持体系；第十章对"纲要"课研究性教学实施以来的经验教训进行反思。

本书采取了以下研究方法。

（1）文献研究法。课题组通过搜集、鉴别、整理相关研究性教学理论及"纲要"教学改革相关文献，并通过对这些文献的研究，形成对研究性教学理论在"纲要"课中运用的科学认识。

（2）调查研究法。课题组以北京科技大学本科生为分析单位，通过问卷、访谈等方法了解大学生"纲要"课研究性学习的状况，加以分析研究。课题组成员对国内相关高校"纲要"课研究性教学的状况进行调研，获取资料和数据。

（3）比较研究法。课题组根据一定的标准，比较、分析北京科技大学与其他高校在开展"纲要"课研究性教学方面的异同，探求"纲要"课研究性教学的规律。

本书有以下特点。

（1）先进性。目前国内关于"纲要"课研究性教学的探讨主要散见于一些论文中，并无深入地介绍"纲要"课研究性教学理论与实践模式的著作出现。本书属于第一次尝试。

（2）可操作性。本书以北京科技大学"纲要"多年的研究性教学经验为基础，吸收国内外研究性教学的理论与实践经验，向有志于进行"纲要"研究性教学的师生提供可操作性的教学改革方法。

（3）全面性。以往的"纲要"课研究性教学经验散见于部分高校教改中，本书将全面、系统地介绍"纲要"课研究性教学理论与实践模式。

本书得到了北京科技大学教务处、督导专家、马克思主义学院的大力支持，在此表示谢意。

本书编写的分工情况：前言和第一、三、四、七、十章，张北根；第二、九章，王蓉霞；第五、六章，刘丽敏；第八章，王志明。张北根拟定了全书的框架，并对全书进行了统稿。

本书在写作过程中，吸收了很多同行和学者的成果，在此表示衷心的感谢。由于我们学识不深，经验欠缺，缺失在所难免，祈盼广大师生批评指正。

张北根

2015 年 4 月 12 日

目 录

第一章

"纲要" 研究性教学的理念、目标

　　"纲要" 研究性教学的理念是师生在教学实践及教育思维活动中形成的对 "教育应然" 的理性认识和主观要求，是对 "纲要" 教学活动内在规律的认识的集中体现，同时也是对 "纲要" 教学活动的看法和持有的基本态度和观念，是从事 "纲要" 教学活动的信念，对教学活动有着极其重要的指导意义。

第一节 　"纲要" 研究性教学的理念

一、从以教师为主导的信息灌输式教学变为帮助学生参与的研究性教学

　　综观传统的 "纲要" 教学模式，其课程教学主要集中在课堂教学环节中，采用的教学形式是讲授法——灌输式教学，通过中国近现代知识的灌输完成知识的学习过程。即使融入了讨论式、启发式等互动的教学方法，但是由于教学理念没有彻底更新，"纲要" 教学指导思想还停留在以完成学科课程知识学习为宗旨。首先，讲授法最主要的缺点在于它是一种单向性的思想交流方式。大多数情况下，留神倾听的学生很少有机会去影响所传递的知识的性质、速率和供给量；学生能做的唯一的控制是不理它或者避开它。单向的思想交流很少有相互作用和反馈回授，而这对学习者来说是至关重要。如果过度地、不正确地使用讲授法，讲授就会助长学生学习的被动性，走向学习的反面。其次，讲授

1

作为一种言语媒介往往不能使学生直接体验这些知识。虽然教师把教材传授给学生，但是学生难以与学科知识本身相互作用。因而，单纯的讲授不易激发学生的创造性。❶ 在灌输式教学下，学生解决问题的能力、创新精神的培养和情感与责任心的塑造成了"纲要"教学过程的附属品。21世纪社会对于大学生的要求，除了需要他们有扎实的专业知识，更强调其在工作实践中解决实际问题的能力和创新思维以及社会责任感。信息时代如果不注重对大学生创新能力的培养，那么，高等教育培养的人才就会与社会的需求脱节。因此，需要将一种科学研究的精神融入"纲要"的教学中。

与讲授式教学相比，"纲要"研究性教学的表现形态具有不确定性，这促使其追求的根本目标不仅仅是丰富或增进学生的中国近现代史知识，而要增强学生以知识为基础的对世界开放的问题意识、大胆的探索精神与创造性的研究能力。"纲要"研究性教学不需要固定不变的教学形式，要因地制宜地根据教学情境灵活选用，如问题、专题或项目等，学生从问题、专题或项目出发，在教师引导下自由探究，既获取新知识，又产生问题意识，形成研究习惯，增强研究与创新能力。❷

"纲要"研究性教学不是终结性教学，而是生成性教学。它虽然有既定的教学目标和统一的课程教学内容，但更多地关注学科领域或课程内容的新发展与前沿，考虑学生的个体差异、创新欲望和能力，以尊重学生的探究兴趣和自我成长需要为前提，以发挥学生的自主性为出发点，以达到发展学生研究意识和能力为目标。❸

"纲要"课在推行学生参与式研究性教学的过程中做出了多种尝试，而这些尝试的基础就是教学观念的转变，变教学中主要以教师为主导的信息灌输式教学为帮助学生参与的研究性教学，实现从信息提供向中国近现代史知识传授、能力锻炼、情感和责任心培养转化的教学目标。在这种参与式研究性教学情境下，帮助学生形成所谓的"社会互动作用"学习情境，即聚焦一个问题、

---

❶ 顾建民. 高等教育学 [M]. 杭州：浙江大学出版社，2008：179 – 180.

❷ 何云峰. 大学"研究性教学"的发展路向及模式建构 [J]. 中国高等教育，2009（10）.

❸ 李宏祥，姚利民，史曼莉，等. 大学研究性教学内涵、特征和过程 [J]. 湖南社会科学，2008（5）.

专题或项目，小组中拥有同样或不同水平的中国近现代史知识的学生，共同分享问题和情境，相互影响、思考和行动。在这种互动过程中，学生相互提供新的信息和不同的观点与见解，在相互讨论中将问题、情境、项目进行重新界定，变为大家所熟悉的形态，从而帮助选择和发现有效解决问题的策略，并对现行策略的适当性及产生错误的原因等方面做出及时的评价和反馈。❶

二、重视学生的自主活动，实现"纲要"学习方式的转变

"在教育教学过程中，学生不是被动的加工对象，而是具有主体性的人，具有能动性、自觉性、创造性。"❷ 大学生的主体性表现在：在个体与环境的互动中，充分发挥自己的自主性、能动性和创造性，很好地接受教师、教材和教学环境所施加的良性影响，掌握人类认识和实践的成果，成为符合社会需要的个性主体。教师的主要任务是如何创设一个良好的有利于知识意义建构的外部学习环境，以支持、帮助学生通过自主学习活动来促进知识意义的生成、能力的培养和情感的塑造。大学生学习的自主性是社会发展的客观要求。高等学校阶段，是学生从学校到工作岗位的过渡时期，这就要求着重培养学生独立的学习和工作能力，以便为走向社会做好充分准备。❸

我国的传统教育，忽视人的自主性、主动性和创造性。当前的各级各类教育，学生的主体性仍未得到有效的发挥。而"纲要"教学最重要的特征就是弘扬人的主体性。所谓主体教育，即把学生培养成未来社会生活的主体，弘扬人的主体性。在"纲要"教学活动中，学生是正在成长着的主体，有一定的主体性，又需要进一步培养和提高。"纲要"教学的终极目标就是使每个人得到全面、自由、充分的发展。❹

从学习过程来看，交织着三个层次的主客体关系。从第一层次看，学生是"纲要"学习活动的主体，学习的对象——中国近现代史是学习活动的客体；

---

❶ 徐晓军，郑伦楚．"社会调查研究方法"课程参与式研究性教学模式［J］．中国大学教学，2010（2）．

❷ 任平，孙文云．现代教育学概论［M］．广州：暨南大学出版社，2013：188．

❸ 顾建民．高等教育学［M］．杭州：浙江大学出版社，2008：103，175．

❹ 韩华球．九载辛勤耕耘，今朝硕果累累——主体教育实验研究述评［J］．课程·教材·教法，2001（5）．

从第二层次看，学生是"纲要"学习的主体，而教师被学生作为认识和作用的对象而成为客体；从第三层次看，主客体合于学生身上，作为主体的学习"纲要"的学生需要认识作为客体的自身，不断改造、发展和完善自己。❶

主体教育作为一种教育理念，最终要在"纲要"教学的实践活动中体现出来，才能促进学生自身的发展、教育的进步与发展。构建"纲要"发展性教学策略，在现代教学观念指导下，以学生为主体通过学生主动学习促进主体发展，包括主动参与、合作学习、差异发展、体验成功等基本策略。在"纲要"教学活动中，应注重学生的参与，培养他们学习的主动性、积极性和创造性。建立集体教学、小组合作学习、个别辅导、自学相结合的教学形式。建立有效的"纲要"课堂教学及评估，实施以人的全面发展为宗旨的教学目标、科学合理的教学内容、学生主动学习的教学策略与方法。教师不仅要有教学创新，更应形成自己独特的教学风格。通过教师有效的教学，创造性地引导学生积极、主动地参与到教学活动中去。

总之，"纲要"研究性教学核心理念是：在教学中以学生为中心，以学生为本，以调动学生自身的学习主动性、积极性为手段，以提高学生的学习兴趣、学习能力、创新意识、情感发展为宗旨，在激发学生潜能、启迪学生思维的过程中传授知识与技能，培养责任与情感，促进学生知识、能力、素质、情感的综合协调发展。❷

三、从学生的兴趣出发，进入对问题、专题或项目的研究过程

传统"纲要"课以"目标—达成—评价"来选择教学内容，组织教学活动，实行教学评价，特点是死记硬背、机械训练，学生接受被动式教育。"纲要"研究性教学以"问题、专题或项目—研究或训练—发展—评估"来开发学生的潜能，引导学生从兴趣出发。兴趣表现为学生对问题、专题或项目的选择性态度和积极的情绪反应。兴趣在学生的实践活动中具有重要的意义，可以使他们集中注意力，产生愉快紧张的心理状态，促进学生实现由"要我学"到"我要学"的转变，使学生感到在"纲要"研究性教学的过程中，被承认、

---

❶ 邓玉英. 谈师生的主客体关系与主体性教育 [J]. 钦州师范高等专科学校学报，2001（2）.
❷ 顾沛. 把握研究性教学，推进课堂教学方法改革 [J]. 中国高等教育，2009（7）.

尊重，既获得了丰富的知识，又培养了他们的各种能力、高尚情怀和社会责任感。

四、提供开放的"纲要"学习空间，培养和开发学生多种创新潜能

美国哈佛大学教育学教授霍华德·加德纳（Howard Gardner）是世界著名教育心理学家，提出了"多元智能理论"。他认为过去对智力的定义过于狭窄，未能正确反映一个人的真实能力。他提出人类的智能至少可以分成语言、数理逻辑、空间、身体—运动、音乐、人际、内省、自然探索、存在九个方面。

在"纲要"教学中应用多元智能理论，改变以往的学生观。在人才观上，多元智能理论认为几乎每个人都是聪明的，但聪明的范畴和性质呈现出差异。大学生的差异性不应该成为思想政治理论课教育上的负担，相反，是一种宝贵的资源。要改变过去的学生观，用赏识和发现的目光去看待大学生，改变以往单一化衡量学生的标准。在教学方法上，多元智能理论强调应根据每个大学生的智能优势和弱势选择最适合大学生个体的方法，因材施教。在"纲要"教学中，根据学生的差异，运用多样化的教学模式，促进大学生潜能的开发，最终促进每个大学生都成为最好的自己。多元智能并不主张将所有人都培养成全才，而是认为应该根据大学生的不同情况来确定每个大学生最适合自身的发展道路。教师授课不能再像以往那样仅仅为了完成"纲要"教学大纲的要求，而是更多地从关注学生、开发学生潜能、促进学生多方面发展去考虑问题。要采用多种方式和手段呈现教学的策略，改进教学的形式和环节，努力培养学生的多种智能。在教学形式上重视小组合作学习和讨论，以利于人际智能的培养。在教学环节上重视反思环节，培养学生的内省智能。

把教学过程完全看作按照"纲要"教学大纲准备教案及实现教案的过程，可以称为教学过程的封闭性。"纲要"研究性教学当然要有充分的备课和详细的教案，但它与传授性教学相比，没有固定的程序，是一个活动的过程。应创造一种宽松、民主的氛围，"纲要"教学内容不局限于大纲和教材，每位教师实施教学与准备的教案差别大，应该在"纲要"教学过程中视具体情况随机

应变。"纲要"研究性教学的时空，可以在某种程度上突破封闭的课堂，延伸到图书馆、生活、实践、社会、网络等领域，实现教学环境的开放性。总之，"纲要"研究性教学的特点，是教学过程的开放性，是学生在教学中的主体性和参与性，是学生解决问题、获取知识和能力的实践性、独立性和探索性。❶

培养创新型人才是高等教育的首要社会职能。"纲要"课研究性教学的目的之一是培养学生具备创造性的品质，即整合知识的能力、发散的思维方式、坚强不息的毅力、强烈的质疑与批判精神等。

五、注重学生的多方面发展

在"纲要"研究性教学中，教师需要转变观念，即从仅注重中国近现代史知识的传授转向注重学生的多方面发展；从仅注重"纲要"教学的结果转向同时也注重教学的过程；从仅注重教师权威的讲授转向更注重教师主导下师生的互动。教师最重要的任务不是中国近现代史知识的"给予"，而是创造学习的环境，帮助学生开发学习潜力，激发学生积极、主动地参与、研究和创造的过程以及提高独立创新的技能。

在"纲要"研究性教学中，学生发展是多方面的发展，而不是某一方面的发展。可以培养学生提出问题、探索问题、解决问题的能力，锻炼勇气、积极表达的习惯，实事求是、勇于探索的精神，与人合作、乐于奉献的品德。教师仅充当"导演"的角色，更多地体现学生的主体地位。❷ 学生由于自己学习与探究中国近现代史，对他们自己的学习明显地负有主要的责任。"在由一个小组进行独立学习时，学生们可以学会协作、领导和决策。最重要的是，应用独立学习可推动实现教育的终极目的：教会学生如何学习，使学生能够成为他自己的教师。"❸

---

❶ 顾沛. 把握研究性教学，推进课堂教学方法改革 [J]. 中国高等教育，2009（7）.

❷ 顾沛. 把握研究性教学，推进课堂教学方法改革 [J]. 中国高等教育，2009（7）.

❸ 顾建民. 高等教育学 [M]. 杭州：浙江大学出版社，2008：183.

第二节 "纲要"研究性教学的目标

所谓教学目标就是对学习者通过教学后，应该表现出的、可见行为的具体明确表述，它是教学活动的出发点和最终归宿。[1] 教学目标与知识观的演变密切相关。由狭义的静态的科学知识，到智慧技能、动作技能，再到包括认知、情感、技能的知识，人类的知识观正经历从静态到动态，由狭义到广义的转变。[2]

借鉴教育目标分类学理论，根据"纲要"课的性质与特征，将课程目标进一步具体细化为知识目标、能力目标和情感目标的三维目标体系。

"纲要"是全国高等学校本科生必修的思想政治理论课之一。知识目标要求学生了解国史、国情；能力目标要求培养学生的学习能力、研究能力、合作能力、实践能力和创新能力；情感目标是培养学生的爱国主义精神和社会责任感。

一、了解国史、国情

"纲要"教材[3]中"开篇的话"说："纲要"课主要讲授中国近代以来抵御外来侵略、争取民族独立、推翻反动统治、实现人民解放的历史，帮助学生认识近现代中国社会发展和革命、建设、改革的历史进程及其内在的规律性，了解国史、国情，深刻领会历史和人民怎样选择了马克思主义、怎样选择了中国共产党、怎样选择了社会主义道路、怎样选择了改革开放。

以知识的类型为中心分为事实性知识、概念性知识、程序性知识三个层次，其具体行为主要有"了解""理解""领会""掌握"等。"纲要"课的知识目标主要围绕"两个了解，四个选择"，使大学生在中学所学历史知识的基础上，对有关的重大历史问题、历史发展的经验以及规律性有更加深入的理

---

[1] 贺新宇，任永波. 新编教育学 [M]. 成都：西南交通大学出版社，2011：203.

[2] 顾建民. 高等教育学 [M]. 杭州：浙江大学出版社，2008：184.

[3] 本书编写组. 中国近现代史纲要 [M]. 北京：高等教育出版社，2013.

解。不仅要知道"是什么",更重要的是理解"为什么"。❶

具体来说,大学生应当通过本课程的学习,达到以下目的与要求。

第一,了解外国资本——帝国主义——入侵中国及其与中国封建势力相结合,给中华民族和中国人民带来的深重苦难,了解近代以来中国所面临的争取民族独立、人民解放和实现国家富强、人民富裕这两项历史任务;懂得必须首先推翻半殖民地半封建的社会制度,争得民族独立、人民解放,才能为集中力量进行现代化建设开辟道路,认识革命的必要性、正义性、进步性。

第二,了解近代以来中国的先进分子和人民群众为救亡图存而进行的艰苦探索、顽强奋斗的历程及其经验教训;注意比较地主买办资产阶级、民族资产阶级和工人阶级政党的不同的政治方案,懂得旧民主主义革命让位给新民主主义革命、资产阶级共和国让位给人民共和国的原因;认识历史和人民怎样选择了中国共产党、选择了马克思主义、选择了社会主义道路、选择了改革开放,进一步增强拥护共产党领导和接受马克思主义指导的自觉性。

第三,联系新中国成立以后的国内外环境,了解中国人民走上以共产党为领导力量的社会主义道路的历史必然性;联系社会主义改造以后中国现代化建设事业的发展尤其是改革开放以来取得的巨大成就,懂得中国选择社会主义和改革开放的正确性;进一步树立"只有社会主义才能救中国,只有社会主义才能发展中国"的明确观念,坚定走中国特色社会主义道路的信心。

第四,紧密结合中国近现代的历史实际,通过对有关历史进程、事件和人物的分析,进一步明确中国近现代历史的主题、主线,懂得珍惜中国人民英勇奋斗的历史,尤其是中国共产党领导中国人民进行革命、建设、改革的历史。

二、培养学生的问题意识、学习能力、研究能力和辨别历史是非的能力

高等学校旨在培养高级专门人才,他们应当不仅具有广博的知识,而且具有独立思考和解决问题的能力,重视学生研究能力的培养。高等学校教学内容既包括确定的、已有定论的学科知识,也包括未有定论、不确定的学科知识。

---

❶ 黄长义."中国近现代史纲要"课程目标的解析与建构 [J].学校党建与思想教育,2003(1).

这类知识的教学需要教师以研究者的态度、精神客观地介绍给学生，也需要学生以研究者的身份去考察、质疑、分析和研究它们属于真理还是谬误。因此，无论是教师的教学方法还是学生的学习方法都渗透着研究特点。❶

能力包含在认知领域的目标内。将"运用"、"分析"、"评价"三个层次从认知目标中独立出来成为能力目标。"纲要"课的能力目标是：主要培育大学生的历史思维和历史智慧，提高大学生观察、分析问题的能力，对于大是大非能做出正确的价值判断。❷

近年来，思想领域中出现了非正常的声音，例如，认为"殖民化在世界范围内推动了现代进程"；没有西方殖民征服，中国"将永远沉睡，得不到发展"；鸦片战争打晚了，如果提前到明朝，中国就远不是如此的面貌了。再如，有人把革命和现代化对立起来，说如果没有辛亥革命，循着清末新政的路子走下去，中国可能更快地走上现代化的道路，历史进程却被革命搞乱了，以致出现军阀割据的混乱局面，推迟了现代化的进程。针对此种是非不分的观点，"纲要"教材中"开篇的话"说：通过"纲要"学习，要求学生紧密结合中国近现代的历史实际，通过对有关历史进程、事件和人物的分析，提高运用科学的历史观和方法论分析历史问题、辨别历史是非的能力。

在哈佛大学师生中流传着一句名言："The one real object of education is to have a man in the condition of continually asking questions"（教育的真正目的就是让人不断提出问题、思考问题）。"纲要"研究性教学的中心是针对问题、专题或项目的探究活动，让学生在面临中国近现代史各种问题、专题或项目的时候，寻求合理的答案。在解决问题、专题或项目的时候，对问题、专题或项目进行推理、分析，找出解决的方向，然后通过检索来收集历史事实，并对得到的资料进行归纳、比较、分析，形成对问题、专题或项目的解释，最后通过讨论和交流，进一步澄清事实、发现新的问题，对问题、专题或项目进行更深入的研究。

能否有效地引导学生发现问题、提出问题，在一定程度上关系到"纲要"课改革的成败。因此，培养学生的问题意识，提高学生质疑问题的能力，具有

---

❶　顾建民．高等教育学［M］．杭州：浙江大学出版社，2008：178．

❷　黄长义．"中国近现代史纲要"课程目标的解析与建构［J］．学校党建与思想教育，2003（1）．

十分重要的意义。

那么教师如何培养学生的问题意识呢？

大学生思想活跃，对事物有着强烈的好奇心，具备问题意识的萌芽。然而，萌芽是否长成大树，取决于是否有一个合适的环境。在"纲要"教学中，多数学生还是习惯于让教师提出问题，主动性不够。造成这种现象的原因是大学生在中学阶段所学中国近现代史的知识非常有限，特别对于理工科学生来说，很多人认为学习历史是"被迫"的，不是发自内心的热爱，应付应付就可以了。以至于到了大学，一些学生对于中国近现代史的基本知识和基本线索都不清楚，让他们提出"问题"，无异于缘木求鱼。北京科技大学"纲要"课程组于 2014 年上半年做过一个测试，开学时给了学生一张对应各章的项目或问题"清单"，要求小组同学用一周时间思考，然后提出修改意见。结果没有一个小组提出修改建议。似乎他们已经习惯于教师替他们"做主"。

要培养学生的问题意识，首先要营造和谐、自由的氛围，建立平等、民主的师生关系，号召学生在掌握中国近现代史基本知识的基础上大胆质疑、提问。对于学生的提问，教师要表现出极大的热情，不能置之不理或做简单的结论性回答，要经常表扬敢于提问的学生。培养学生的问题意识，应贯穿于整个教学过程中。要真正体现以"学生为本"，给学生主动提问的时间和空间。学生具备了"问题"意识，就为培养他们的学术能力打下基础。

在设计问题、专题或项目时，可参考卢德馨教授的观点："不以知识点的多寡为优劣的判据，可以适当地整合知识点使之成为一个案例，表达一定的思想，这些思想应该是学生难以从书本获得、是当知识点已经遗忘而仍然能够留存下来的东西。在需要的时候，可以从相关学科借鉴、移植或自己创作。应该更多地从文献而不是从同类教材取材。列入相当数量的文献，实行开放式教学，可以为进一步拓宽学生视野提供便利，满足不同学生的需要。

- 不以课程中的难点、重点为核心，而是从学科出发遴选若干热点着力加以讨论。

- 科学教育不说教，展示事实让学生自行判断，自己得出结论。

- 寻找、设计论题让学生可以凭借现有知识水平讨论、质疑、批判书上现有的结论，提出自己的新方案、新观点。这时候结论反而不重要，重要的是

那种感觉。"❶

有了"问题"意识后，紧接着开展研究工作。学术研究是专门化的工作，它按照一定的理论，使用一定的概念与方法，解决一定的问题，具有系统性和规范性。这种基础是需要通过专门学习训练建立的。"纲要"学习的任务之一，就是培养学生具备中国近现代史基本的研究能力。例如，当学生接受了研究课题"五四时期，在众多的主义中，为何先进的中国人选择了马克思主义"后，教师就辅导学生如何查阅文献，如何搜集资料，如何使用历史方法进行研究。

学术研究的精髓在于追求真理、探索创新，它蕴涵在发现问题和探究问题的过程中，包括毅力、信念、思维、逻辑等各种素质。本科生接受这种熏陶，在从事学术研究的过程中，在教师言传身教和自身体验中得到精神洗礼。

对"纲要"课设计的问题、专题或项目是促进学生全面发展的重要手段。第一，通过科学研究提供探寻真理的氛围，培养学生的探究精神和创造性思考的能力，使他们获得终身学习的能力。第二，学生直接参加科研活动，可以基本掌握研究的程序和提高研究的能力。第三，学生参加科学研究，可以扩大知识面，提高学生人文素养。第四，科研活动也有助于培养学生的爱国主义情感。实践表明，把科研引入教学过程，能在较大程度上激发学生的主观能动性和创造力。

三、培养学生的创新意识和能力

现代高等学校教学改革的一个重要目标就是确立一种新的学习方式，使学生在主动的、双向的、探索的、研讨的过程中成为学习的主人，从而提高自学能力、研究能力、创新能力。❷

人的主体性突出地表现为人的创造性。教育对于人的个性化功能也突出地表现在它能培养个体的创造意识，激发个体的创造性精神，形成个体的创造性品格。发展教育就是要很好地为培养人的创造性服务。❸ "学生在教育活动中

---

❶ 卢德馨. 大学物理学研究性教学 [J]. 物理与工程，2004（1）.
❷ 顾建民. 高等教育学 [M]. 杭州：浙江大学出版社，2008：176.
❸ 任平，孙文云. 现代教育学概论 [M]. 广州：暨南大学出版社，2013：36.

可以超越教师的认识，超越时代的认识与实践局限，科学地提出不同的观点、看法，并创造有效的学习方法。创造性是主体性的最高表现形式。"❶

1998 年 8 月，全国人大制定并颁布了《中华人民共和国高等教育法》，规定"高等教育的任务是培养具有创新精神和实践能力的高级专门人才，发展科学技术文化，促进社会主义现代化建设"。在当今信息社会与知识经济时代，创新在国家发展与国民经济建设中发挥着巨大作用。创新是民族进步的灵魂，是经济发展的不竭动力。

创新实质上确定了一种新的人才标准，代表着人才素质变化的性质和方向，当今社会需要充满生机和活力的人、有开拓进取精神的人、有新思想和现代科学文化素质的人。

创新意识是指人们根据社会和个体生活发展的需要，引发创造前所未有的事物或观念的动机，并在创造活动中表现出的意向、愿望和设想。它是人类意识活动中的一种积极的、富有成果性的表现形式，是人们进行创造活动的出发点和内在动力，是创造性思维和创造力的前提。创新意识包括创造动机、创造兴趣、创造情感和创造意志。❷ 只有注重从大学时代培养创新意识，才能为培养创新型人才打下良好的基础。"纲要"研究性教学应以此目标为教学改革的重点之一。

在"纲要"研究性教学中，要重点培养学生的创造动机、创造兴趣、创造情感和创造意志，推动和激励学生进行专题研究、创作、表演等创造性活动，激发创造情感，鼓励学生克服困难、冲破阻碍。

创新能力是民族进步的灵魂、经济竞争的核心；当今社会的竞争，与其说是人才的竞争，不如说是人的创造力的竞争。在"纲要"研究性教学中，要注意学生创新能力的培养。要激发学生运用知识和理论，在艺术和各种实践活动领域中不断提供新方法、新作品的能力。

构建一种有利于提高学生创新能力的"纲要"教学模式，培养具有创新精神和创新能力的高级专门人才，是高校面临的一项重要任务。

总之，所谓"纲要"研究性教学，是指教师以培养学生的研究意识、研

---

❶ 全国十二所重点师范大学．教育学基础［M］．2 版．北京：教育科学出版社，2008：136.

❷ http://baike.so.com/doc/6354872.html。

究能力和创新能力为目标，通过中国近现代史教学过程的研究性，使学生不仅掌握系统的中国近现代史知识，还能综合运用这种知识去发现、分析和解决问题，完成项目研究，学会研究与探索，培养研究能力、实践能力和创新能力的一种教学模式。

四、培养学生的合作意识和能力、实践能力

现代社会，知识的发现和生产越来越需要各种类型的人才合作，很多难题需要不同专业的专家共同解决。大学作为创造新知识的主要场所，需要在教学过程中强调合作，以培养学生的合作精神。

现代社会，竞争越来越激烈。大学生大都是独生子女，从小受到家长的溺爱。很多学生唯我独尊、目中无人，养成了自私自利的性格。中学教育主要是竞争的活动，有相当一部分学生错误地认为竞争与合作是矛盾的关系，从而忽略了与同学之间的合作。这种认识需引起"纲要"课教师的注意。要有意识地培养学生的合作意识。合作就是个人与个人、群体与群体之间为达到共同目的，彼此相互配合的一种联合行动、方式。"纲要"研究性教学是培养学生合作意识的最佳途径之一。教师要给学生提供小组合作学习的条件和机会，为学生合作学习创造良好的环境。

在引导学生进行合作学习时，应注意以下几点。

第一，自愿组合。自愿组合能诱发学生积极主动地根据各自的特长学习中国近现代史，这样既能发挥每个学生的优势，有利于组内成员取长补短，共同提高，又便于开展组间竞争，发挥小组群体智慧，从而极大地提高"纲要"教学质量。

第二，培养合作技巧。教师要指导学生学会合作，善于合作。合作学习"纲要"能激发学生学习中国近现代史的动力，能让学生真正感受到合作的快乐。

教师不仅要重视学生合作能力，而且要注重学生实践能力的培养。大学培养的是专业人才，要求学生在学习过程中或毕业后要对社会做出贡献，能为未来的职业生涯奠定良好的基础。因此，"纲要"课特别强调学生实践能力的培养。这些实践能力主要是指解决实际问题能力与社会适应能力。

五、培养学生的爱国主义精神和社会责任感

情感领域涉及人的情感、态度、兴趣和价值观等。情感领域的教育目标分为接受、反应、价值评价、组织、价值体系个性化五个层次。西方先哲对此有着深刻的认识。苏格拉底把理性、智慧的发展和道德的培养作为教育的最高目标，认为教育是非功利性的，旨在促进人自身的发展，即自由。柏拉图指出，教育是为了以后的生活所进行的训练，教育是把人的心灵逐步引向善的过程。❶ 德国教育家、心理学家、哲学家赫尔巴特（J. K. Herbad，1776～1841）主张教育的根本目的在于培养具有良好道德的国家公民，即具有内心自由、完善、仁慈、正义和公平等品质的人。他强调道德教育是教育的首要任务。"学生发展的需要是多方面的，包括生理和心理需要、认知和情感需要、道德和审美需要等方面。教育正是基于学生发展的多面性，才确定了全面发展的目标。"❷

"纲要"课的价值观目标是指人们对中国近现代发生的历史事件、历史人物、历史结论等所形成的一切情绪、情感倾向和最基本最深层的是非好坏的价值底线和价值标准。在教学中，让大学生了解近代中国如何摆脱殖民掠夺与侵略，增强民族自豪感和自信心；了解近代以来的世界秩序和国际环境，形成正确的民族意识和国家意识；在纷繁芜杂的历史人物和历史事件中形成健全的人格，逐渐形成科学的人生观和价值观。

2004 年 8 月，中共中央、国务院在《关于进一步加强和改进大学生思想政治教育的意见》（中发［2004］16 号）中指出："以理想信念教育为核心，深入进行树立正确的世界观、人生观和价值观教育。要坚持不懈地用马克思列宁主义、毛泽东思想、邓小平理论和'三个代表'重要思想武装大学生，深入开展党的基本理论、基本路线、基本纲领和基本经验教育，开展中国革命、建设和改革开放的历史教育，开展基本国情和形势政策教育，开展科学发展观教育，使大学生正确认识社会发展规律，认识国家的前途命运，认识自己的社会责任，确立在中国共产党领导下走中国特色社会主义道路、实现中华民族伟

---

❶ 任平，孙文云. 现代教育学概论［M］. 广州：暨南大学出版社，2013：4.
❷ 袁振国. 当代教育学［M］. 北京：教育科学出版社，2004：91.

大复兴的共同理想和坚定信念。同时，要积极引导大学生不断追求更高的目标，使他们中的先进分子树立共产主义的远大理想，确立马克思主义的坚定信念。""以爱国主义教育为重点，深入进行弘扬和培育民族精神教育。深入开展中华民族优良传统和中国革命传统教育，开展各民族平等团结教育，培养团结统一、爱好和平、勤劳勇敢、自强不息的精神，树立民族自尊心、自信心和自豪感。要把民族精神教育与以改革创新为核心的时代精神教育结合起来，引导大学生在中国特色社会主义事业的伟大实践中，在时代和社会的发展进步中汲取营养，培养爱国情怀、改革精神和创新能力，始终保持艰苦奋斗的作风和昂扬向上的精神状态。"

教育代表一定的社会要求，传播社会中的主流文化和价值观念，受这种文化和价值观念的影响，学生就容易形成主流社会的文化、价值观念和思想意识，从而认可并自觉维持现存的社会关系。教育通过社会规范的传递，使人们认识社会规范的意义和内容，认识到应该做什么，不应该做什么，从而规范人的行为，防止个体行为偏离社会的轨道。❶ 现在，中共中央大力倡导全社会学习社会主义核心价值观，这已经成为主流文化和价值观念。"纲要"课应以社会主义核心价值观教育为导向，让其进入教材、进入课堂、进入学生头脑，帮助大学生认识到个人的发展与民族的振兴紧密联系在一起，承担起自己的历史使命；加强国家意识教育，使大学生树立国家利益观，维护国家利益；加强人文素质教育，培养大学生关怀人类的意识。

21世纪中国大学教育要以培养合格的世界公民作为追求目标，利用宝贵的历史文化资源，从民族精神、文化尊重等方面塑造中国大学生的人文精神和高尚品格，向大学生传导正确的道德观念、发展观念和价值观念。"纲要"课凭借自身特点，充分发挥历史学科的人文教育功能，将为时代呼吁的高素质人才培养做出积极贡献。❷ 学生通过"纲要"课的学习，从历史发展的长河中体验人生的意义，感悟人类在为争取物质和精神进步的奋斗过程中所经历的艰难困苦，本民族在历史发展过程的艰难险阻，从而更好地认识到个人奋斗目标的

---

❶ 任平，孙文云. 现代教育学概论［M］. 广州：暨南大学出版社，2013：35.

❷ 李志友，等. 大学历史教育与《中国近现代史纲要》的教学实效性［J］. 湖南工程学院学报，2010（2）.

实现与历史发展条件和社会条件的关系。通过对历史正能量的追寻，可以对国家、民族和个人的前途保持自信与乐观。

有高校对大学生进行问卷调查，问及有无必要对大学生进行爱国主义教育，在"很有必要""有必要""没必要""说不清楚"四个选项中，选择"很有必要""有必要"的比例超过了90%，选择"没必要"的只有5.51%，愿意接受爱国主义教育的学生高达89.9%。由此可见，大部分学生是比较重视爱国主义教育和愿意接受爱国主义教育的。❶

"纲要"教材中"开篇的话"说：通过"纲要"课学习，让学生自觉地继承近代以来中国人民的爱国主义传统和革命传统，发扬中华民族的民族精神，进一步增强民族自尊心、自信心和自豪感。

中华文明绵延不绝，爱国主义作为一种精神支柱起了重要作用。爱国主义是出于对自己的祖国和民族所怀有的深切的依恋之情。这种感情在历史的长河中，经过千百年的风雨洗礼，最终被整个民族的社会心理所认同，升华为爱国意识，最终激发成为国奉献、尽责的高尚精神。近代中国，每当遭到帝国主义列强的疯狂侵略、出现了亡国灭种的危机时，中华儿女的爱国主义精神就被激发出来，显示出强大的战斗力量。孙中山、黄兴、邹容、秋瑾、陈独秀、李大钊、毛泽东、周恩来等革命家，都继承了中华民族"以天下为己任"的爱国主义传统，铁肩担道义。"纲要"课教学要积极引导大学生深入了解这些先进人物的思想、胸怀和境界，感受他们的高尚情操和人格魅力，使学生产生内心的体验，促进其进行深入的人生思考，逐步形成正确的道德判断和价值取向，激发出爱国主义的情怀。因此，在"纲要"研究性教学中，培养学生的爱国主义精神，是一项重要的责任。

"纲要"课除了培养大学生的爱国主义情感外，还要培养他们的社会责任感。"对学生而言，加强责任教育，培育责任心，还是保证他们顺利走上社会，实现人生价值的重要条件，是促进其健康成长，完善道德素养的内在驱动力。"❷ 社会责任感是指每个人在心里和感觉上对其他人的伦理关怀和义务。"纲要"课要培养学生对社会负责、对其他人负责的责任感，为建设和谐社会

---

❶ 张瑾. 《中国近现代史纲要》教学中爱国主义教育现状调查分析 [J]. 大学教育, 2013 (8).

❷ 任平, 孙文云. 现代教育学概论 [M]. 广州：暨南大学出版社, 2013：182.

尽心尽力。

大学生是为社会培养的高级专门人才，能否树立强烈而牢固的社会责任感，不仅关系个体理想信念的实践，更与国家前途和民族命运悠悠相关。在全面建成小康社会的今天，对大学生进行责任感教育，使其积极承担人生责任，度过一个有意义的人生，具有重要的现实意义。

当代大学生多数思想纯净，理想高远，富有正义感和同情心，具有较强的责任感。但是，少数大学生缺乏责任意识，呈现功利化倾向，不关心他人，集体责任感淡化，社会责任感虚无。因此，加强大学生社会责任感的教育和培养，是"纲要"课十分重要的任务。"纲要"课通过教学中生动、具体、形象的人物和事件的感染和熏陶，使学生汲取历史智慧和人生经验，进而内化为一种内在的精神，为学生树立正确的人生观和价值观奠定了坚实的思想基础。

"纲要"课研究性学习，更多的是以小组合作的形式展开的，小组成员之间分工协作，开展平等的讨论与交流，以合作手段获得集体的成功。要求大学生正确处理好个人与他人、个人与集体的关系，学会与人合作，对他人和集体负责。学生自主承担项目或课题研究工作，能感受到自身所肩负的责任，进一步增强责任感。

第二章

"纲要"研究性教学的理论基础

第一节　马克思主义关于人的全面发展学说

马克思主义经典作家对于教育学的最重要、最直接的贡献是他们关于人的全面发展的学说，这一学说是我国制定教育目的的指导思想和理论基础。马克思关于人的全面发展学说，是一个具有丰富内涵的理论体系。完整、准确地理解马克思关于人的全面发展学说的内涵，对于推进教育工作全面发展具有重要意义。

马克思主义关于人的全面发展学说的主要内容可以归纳为以下几个方面：

一、"人的全面发展"的具体内涵

马克思主义关于人的全面发展学说的内涵，是指构成人的能力和素质的主要的基本方面都能得到全面发展和不断提高，主要表现为：人的本质力量即人的劳动能力的不断提高，人的本质即人的社会关系的全面发展，人的个体需要的全面满足，人的自由个性的全面发展，人类整体的全面发展。

第一，人的劳动能力的全面发展。马克思在《1848 年经济学哲学手稿》中指出：自由自觉的劳动是人类的特性，是人区别于动物的本质性活动；正是在劳动中人的存在才得以体现，人的本质才得以反映，人才成其为人。劳动是

人的能力的支出，是"人的本质力量的公开的展示"。❶ 马克思指出："我们把劳动力或劳动能力，理解为一个人的身体即活的人体中存在的，每当他生产某种使用价值时就运用的体力和智力的总和"。❷ 也就是说，劳动"更加需要才能得到全面发展"。❸ 这里所指的能力，主要是体力和智力、现实能力和潜能等诸多方面能力的充分、和谐、统一发展，其中，体力和智力的发展，是人的能力的全面发展的主要内容，也是人的其他能力得以全面发展的基础和前提。

第二，人的社会关系的全面发展。人的劳动从来就是社会的劳动，因而人是社会的存在物，人总是在一定的社会关系中生存和发展。"社会关系实际上决定着一个人能够发展到什么程度"。❹ 人的社会关系越丰富，人就越能突破个体或地域对人的发展的限制，从而在更大更广阔的交往合作中不断融入自身的能力，使自身得到更大的发展。人的社会关系越丰富，人的个体特征和作用越突出，个人的社会性就越强。

第三，人的个体需要的全面满足。人首先是有生命且具有需要的人。他们的需要即他们的本性。人的需要是什么样的，人就是什么样的。人的需要是人追求自己的对象的一种本质力量。马克思曾经批评旧唯物主义由于忽视人的需要而导致对人的忽视。人的所有实践活动都遵循着两个尺度进行：一个是物的尺度，即客观规律的要求；另一个是人的尺度，即人的本性的需要。人总是将自己的需要倾注于对象之中，从而实现其自身的本质力量。人的需要的全面满足过程也即人的全面发展过程。需要的丰富和发展为人的全面发展提供了内部动力。人的本质力量即人的能力素质的不断提高。

第四，人的自由个性的全面发展。指克服人发展的一切片面性，实现人的个性的真正全面和自由的发展。马克思认为，在共产主义社会的高级阶段，由于社会生产的高度发展，迫使个人奴隶般服从分工的状况已经消失，体力劳动

---

❶ 马克思.1848 年经济学哲学手稿//马克思恩格斯全集第 42 卷 ［G］.北京：人民出版社，1979：128.

❷ 马克思.资本论第 1 卷 ［M］.2 版.北京：人民出版社，2004：195.

❸ 恩格斯.共产主义原理//马克思恩格斯选集第 1 卷 ［G］.3 版.北京：人民出版社，2012：308.

❹ 马克思，恩格斯.德意志意识形态//马克思恩格斯全集第 3 卷 ［G］.北京：人民出版社，1960：295.

和脑力劳动的差别也已不再存在的情况下，社会成员能够自由和全面地发挥他所拥有的各方面的才能。这种人通晓整个生产系统，可以根据社会需要或个人的爱好 "轮流从一个生产部门转到另一个生产部门"。

马克思对于人的自由和全面发展的憧憬虽然是指向共产主义阶段的，但是不同历史阶段应当理解为人的个性全面、自由发展的逐步实现的过程。自由和全面发展是马克思主义关于人的全面发展学说的灵魂。

第五，人类整体的全面发展。马克思主义认为，个人的全面发展和人类整体的全面发展是相辅相成不可分割的一个问题的两个方面：一方面，没有个人的全面发展，就不可能有人类整体的全面发展；另一方面，个人的全面发展也只有在人类整体的全面发展中才能实现。真正的人的全面发展必须是人的素质的普遍提高，是全社会所有成员的共同发展，而不是部分阶级、阶层和个人的片面发展，更不是某一个体或社会集团的特殊嗜好的畸形扩张和繁衍。因为，"一个人的发展取决于和他直接或间接地进行交往的其他一切人的发展"。❶

二、人的全面发展的实现过程

人的全面发展，不仅是马克思主义创始人在表述未来社会时提出的一个目标，而且是一个长期发展的历史过程，是目标和过程的辩证统一。

与人类社会发展的三大历史形态（马克思对人类社会历史形态的划分，在不同情况下使用过不同标准。按社会劳动交换方式的不同，他把人类社会划分为自然经济—商品经济—产品经济三种社会形态）的划分相一致，马克思在《1848 年经济学哲学手稿》一文中将人的发展具体划分为三个历史阶段："人的依赖关系（起初完全是自然发生的），是最初的社会形态，在这种形态下，人的生产能力只是在狭窄的范围内和孤立的地点上发展着。以物的依赖性为基础的人的独立性，是第二大形态，在这种形态下，才形成普遍的社会物质变换，全面的关系，多方面的需求以及全面的能力的体系。建立在个人全面发展和他们共同的社会生产能力成为他们的社会财富这一基础上的自由个性，是

---

❶ 马克思，恩格斯．德意志意识形态//马克思恩格斯全集第 3 卷［G］．北京：人民出版社，1960：515.

第三个阶段。第二个阶段为第三个阶段创造条件"。❶ 这段话精辟地揭示了人的发展的三个历史阶段。

在前资本主义时期，由于生产力水平极为低下，人改造自然的能力还极其微弱，人的需要极为简单，人完全受制于自然；生产的社会化程度十分有限，人完全受制于社会，缺乏必要的独立性、自主性，人与人之间的关系具有明显的依附性。这种人与自然、人与社会的一体化状态，导致人的个性发展极为缺失。在这个历史阶段，无论个人还是社会，都无法获得自由而充分的发展。在资本主义社会，资本在运用科学技术全面地调动起全世界上各种自然物的有用属性的同时，也使人的活动和能力呈片面、畸形发展的趋势。人与人之间的社会依赖关系表现为物的依赖关系，集中表现为对货币的依赖关系。只有到了以生产力高度发达为基础的产品经济时代，人的劳动将不再仅仅是谋生的手段，人的需要将呈现出空前的多层次性和不断的超越性，从而实现了人的需要的真正丰富性。随着生产力的发展，人逐渐从机器中解放出来，生产不再是以交换价值为目的的商品生产，而是为满足社会成员个人全面发展其自由个性之需要的产品经济，那时的人们可以根据自己的志趣和意愿自由安排自己的活动与时间。

人的全面发展既是一个无限的历史发展过程，又是一个不断实现的渐进过程。实践条件能为人的发展提供多大的可能性空间，人就有可能在多大范围、多高程度上得到发展。

三、人的全面发展的内在依据及其实现基础

马克思主义关于人的全面发展学说的提出有其内在的依据：即人的全面发展是体现共产主义社会的本质规定性的要求，马克思坚信共产主义社会是"一个更高级的、以每一个个人的全面而自由的发展为基本原则的社会形式"；❷ 人的全面发展是适应社会化大生产需要的客观要求。马克思认为，大工业在本质上是一种用科学技术武装起来的高度分工的社会化大生产，"本性

❶ 马克思. 政治经济学批判（1857—1858 年草稿）//马克思恩格斯全集第 30 卷 [G]. 2 版. 北京：人民出版社，1995：107－108.
❷ 马克思. 资本论第 1 卷 [M]. 2 版. 北京：人民出版社，2004：683.

决定了劳动的变换、职能的更动和工人的全面流动性",它"承认劳动的变换,从而承认工人尽可能多方面的发展是社会生产的普遍规律"。❶ 大工业生产发展本身要求造就全面发展的人。

马克思主义关于人的全面发展的目标观,为促进人的全面发展指明了方向。教育是人的全面发展实现的重要途径,"未来教育对所有已满一定年龄的儿童来说,就是生产劳动同智育和体育相结合,它不仅是提高社会生产的一种方法,而且是造就全面发展的人的惟一方法"。❷ 在社会主义现阶段教育中的主要任务,就是坚持和落实以人为本的理念,真正将学生作为教学的主体。人的全面发展是整个人类全面发展的总趋势和总目标,也是教育活动的总目标。在社会生产发展允许的条件下,教育只是实现人的全面发展的途径之一,但却是最重要的途径之一。学校教育培养德智体美全面发展的人,不仅是贡献于每一个教育对象个体,也是对整个人类全面发展历史进程的巨大推动。根据马克思的观点,社会主义同资本主义机器大工业社会一样,都具有克服人的片面发展的一定的物质条件。人的全面发展并不神秘,在现阶段就有在一定程度上实现的可能性。所以,社会主义的教育目的必须反映人的全面发展的历史趋势和根本要求。

但是,社会主义社会并没有马克思所描述过的共产主义高级阶段所具有的优越的社会条件,因此将人的全面发展做极端理想化的理解是违背历史唯物主义的基本原则的。在现阶段培养全面发展的人,应该一是坚持人的全面发展的目标论和阶段论的统一,二是坚持人的全面发展和社会发展的统一,三是坚持人的全面发展的具体内涵和普遍意义的统一。

四、在教育中贯彻"人的全面发展"的学说

将马克思主义的人的全面发展学说贯彻在教育实践中,对于推进教育工作全面发展具有重要意义。

在教育理念中贯彻"人的全面发展"学说。第一要确立人的主体性地位。从哲学的角度上来说,人的主体性的确立,往往是人自身的觉醒,人获得尊

❶ 马克思.资本论第1卷[M].2版.北京:人民出版社,2004:560-561.
❷ 马克思.资本论第1卷[M].2版.北京:人民出版社,2004:556-557.

严、价值、地位、权利的主体认同，会萌发出巨大的创造性激情和冲动。第二，要重视人的自由性。哲学意义上的自由是指对"必然"的认识和对客观世界的改造。第三，尊重人的自然性。人是自然属性、社会属性和精神属性的统一体。人的自然属性是人存在的基础和前提，人之为人主要体现在精神层面上。在关注人的品德知识的发展、人的理性发展的同时，还要重视人的情感、意志、直觉、领悟、灵感等非理性因素，即塑造主体的完整人格。第四，关注整体的发展，人的全面发展，不只是指个体素质的孤立的自由全面的发展，而且也是指全社会人的整体素质的发展。因此，具体生动、充满个性的"人"是教育的基本出发点，尊重人和尊重人的价值，促进学生个性的充分自由发展，是教育应当遵循的基本原则，同时培养学生的交流能力、合作能力也是教育需遵循的基本原则。

在教育形式中贯彻"人的全面发展"学说。教育主要是培养和提升并发挥人的主体性的实践活动，我们的教学方式必须真正实践以学生为主体，培养学生主体个性、主体精神，提升主体人格。这就要求改革与学生主体性发展要求不相适应的教学方式和教学方法，向现代思想政治教育方式转变。要彻底改变传统的"教师一言堂、从头讲到尾、考试划重点、考前突击背、考完就遗忘"的教学模式。教育方式应该变单向灌输为双向交流，变重视灌输结论为注重过程的训练，变"以教师、教材、课堂为中心"为"以学生、情景、活动为中心"；要求更多地运用交互式、体验式、渗透式和咨询式的教育方法，给学生自主思考、积极探索的空间，让学生成为思想政治教育的主动参与者、体验者、探究者。

在实践课堂中贯彻"人的全面发展"学说。对学生的教育开始于课堂，但不仅仅局限于课堂，且还要超越于课堂，将学生从课内引向课外、校外、社会的大课堂，拓展教育的新渠道。

第二节 认知结构理论

一、什么是认知结构理论

认知结构理论以认知结构为研究核心。认知结构指在感知理解客观现实的基础上，在头脑中形成的一种心理结构，是个人的全部知识的内容和组织。认知结构理论并不是由某一位心理学家单独提出并详加阐述的完整的理论体系，它散见于许多心理学理论，特别是认知心理学理论之中。许多心理学家从不同的角度对它进行了独特的理解和阐述，因此它丰富而不统一。不同的心理学家从不同的角度使用这一术语，具有不同的含义，它体现了认知结构理论的发展过程。

认知结构的理论发展，可大致划分为三个时期。早期形成时期，包括瑞士心理学家让·皮亚杰（Jean Piaget）的图式理论，早期格式塔的经验基础上的顿悟理论以及美国心理学家爱德华·托尔曼（Edward Chace Tolman）的认知地图理论。他们相对于行为主义来说，逐步由对外部刺激与行为反应的研究转向对内部认知过程的研究，开始了对学习者内部认知的科学研究。系统深化时期，主要指美国教育学家和心理学家杰罗姆·布鲁纳（Jerome Seymour Bruner）和戴维·保罗·奥苏贝尔（David Pawl Ausubel）的理论。他们对认知结构的形成过程和内在机制作了粗略但系统的研究，使认知结构成为完整的立体和动态的事物。扩展化时期，主要指当代众多认知心理学家对认知结构理论的新发展。他们扩充了认知结构的内涵，展开了并正在展开着对过程和机制的具体而细微的研究，为真实的课堂教学提供了广泛而具体的指导。认知结构理论的发展是近20年来，西方许多学习心理学家在研究学习教学的问题上重点发生转变的表现。过去以研究教学行为如何直接影响学业成绩为重点，即研究过程—产物，现在转变为研究教学如何通过影响学生的内部过程——注意、动机思维和情感过程，从而影响学生的学业成就，也就是研究学生的认知结构在新知识的学习和理解中的作用。

1. 皮亚杰对认知结构的理解

皮亚杰从认知发展的观点看待这一术语，皮亚杰认为，儿童的智慧（智力）是一种认知结构，儿童的思维、认识、智力的发展过程就是这种认知结构不断重新组织的过程。他指出，认知结构包括四个要素：图式、同化、顺应、平衡。这四个要素达到平衡，儿童的智力及认知结构就会得到发展。他认为儿童智慧能力的发展是主体在环境的作用下，借助于其随身携带的两种功能（同化和顺应）改变认知图式的过程。这里的图式与结构大致同义。皮亚杰认为环境为有机体生来就有的潜能提供营养，学习能力则是环境与先天的潜能相互作用的产物。学习过程即通过同化和顺应达到改变认知图式，它最初来源于先天的遗传，如婴儿生下来就有吸吮图式。2岁以前的儿童通过感知与动作的协调，逐渐形成各种感觉——运动图式，以后逐渐形成表象图式、直观思维图式以至到一定年龄阶段形成运算思维图式。主体通过与外在环境的相互作用，使其图式不断改善和转换。图式的改善和转换不只是量的变化，而更重要的是质的改变。皮亚杰的发生认识论可以说是关于认知结构的发展理论。把认知结构理解为一个动态的转换体系，体现了认知结构发展的本质。

2. 布鲁纳对认知结构理论的体系化

认知结构理论的体系化者是布鲁纳，他用类目及其编码系统来描述这一术语。布鲁纳从最一般的意义上把存在于头脑中的所有知识看作整体的认知结构，并对认知结构作了最抽象的概括。他认为，认知结构是知识的有组织结构，它们以编码系统式的结构结合在一起。编码系统的一个重要特征是对相关的类别做出有层次的结构的安排，这种结构对新习得的知识加以一般编码并做出解释，决定这种新知识能否获得意义。布鲁纳认为学习就是类目化的过程，从具体的、特殊的、水平低的类目发展到一般的、概括的、水平高的类目。教学活动的目的应该是最大限度地促进学生主动形成完善的认知结构。他对认知结构进行了较为系统的阐述，他的学习理论被称为认知结构学习理论，即足见他对认知结构理论做出的突出贡献。

3. 奥苏贝尔及其他认知心理学家对认知结构的理解

奥苏贝尔是认知结构理论的具体化的实用者，他非常重视认知结构对个体学习的重要影响，并对人类的认知结构进行了深入研究。他说："如果要我只用一句话说明教育心理学的要义，我认为影响学生学习的首要因素是学生已经知道了什么，根据学生原有的知识状况进行教学"。❶ 所谓学生原有的知识状况，就是学生的认知结构。他通俗地认为认知结构就是书本知识在学生头脑中的再现形式，是有意义学习的结果和条件，而有意义学习是通过新信息与学生认知结构中已有观念的相互作用才得以发生的，这种相互作用的结果导致新旧

---

❶ D P 奥苏贝尔. 教育心理学//认知取向 [G]. 台北，远流出版社，1991：1.

知识的意义的同化。每个学生的认知结构各有其特点，奥苏贝尔发现在每个学生的认知结构中有三个认知结构变量，即认知结构的"可利用性"、认知结构的"可分辨性"和认知结构的"稳固性"。● 认知结构的"可利用性"，是指学生已有的认知结构中存在可以与新知识发生意义联系的适当观念，它们为新知识与原有认知结构之间提供一个契合点，使新知识能固定在原有认知结构中，进而与认知结构中的其他有关的观念联系起来。认知结构的"可分辨性"，是指新知识与原有的起固定作用的知识间的可分化程度，如果新旧知识之间差异很小，不能互相区别，新知识就会被原有的知识取代或被简单地理解成原有知识，而失去它所内含的新意义。这就是一般说的遗忘。认知结构的"稳定性"是指学生对原有知识的理解是否明确，是否已经巩固。稳定、清晰的观念能为新知识的学习提供适当的关系和有力的固定点，提高新旧知识的可辨别程度，有利于新知识的保持，防止遗忘的发生。他着重强调了概括性强、清晰、牢固、具有可辨别性和可利用性的认知结构在学习过程中的作用，并把建立学习者对教材的清晰、牢固、适当的认知结构作为教学的主要任务。自他之后，认知结构理论才真正引起人们的重视并为人们广泛理解。

与此同时，美国教育心理学家本杰明·布卢姆（Benjamin Bloom）的掌握学习理论为知识的重要性和意义作了侧面的佐证。他认为如果学生对某一学习任务缺乏必要的认知准备，那么再好的教学质量也不可能使学生就这一学习任务达到掌握水平。

二、认知结构理论的特点

心理学家们对认知结构的研究虽然是从不同的角度进行的，使用的术语也不一样，但抛开纷繁的术语看其本质，我们可以抽取出其中合理的部分，为认知结构找出丰富的特质。对认知结构理论作综合概括可得出以下结论。

1. 认知结构是个体内化的知识经验结构

人类在过去数百万年的发展过程中，对客观世界进行反映、加工、改造，形成了丰富的人类知识经验。但每一个个体除了继承人类已有的知识经验，客

● 莫雷，何先友，冷英. 教育心理学教学参考资料选辑［M］. 广州：广东高等教育出版社，2004：64.

观世界也会直接作用于个体。在这一过程中，个体逐渐建立起各种表征。正如布鲁纳理论中讲到的从动作表征到映像表征，再到符号表征。个体头脑中的知识经验经过加工之后，分化为两种形式，一种是高度组织的知识经验系统，另一种是分散的知识经验。高度组织的知识经验不断积累就发展成为有效获取和产生知识经验的功能结构，这就是认知结构。个体的认知结构就是客观世界与人类知识经验共同作用于个体，经过内化而形成的知识经验结构。

2. 认知结构具有建构的特点

认知结构理论认为，学习过程就是认知结构不断变化和重新组织的过程，存在于人脑中的认知结构始终处于变动与建构之中。其中，环境和学习者的个体特征是两个决定性因素。皮亚杰用同化、顺化、平衡等过程表征认知结构建构的机制。他的建构主义学习论强调了外在整体环境的重要性，认为环境为学习者提供的丰富、良好的多重刺激是促使个体学习者认知结构完善和发生变化的根本条件。现代建构主义者认为，完善的环境应包括真实的问题情境，先进的物质设备环境，经过精心组织的教材环境和教师创造的和谐的心理环境。现代认知心理学家美籍德裔人奈瑟（Neisser）认为，认知过程是建构性质的，它包括两个过程：个体对外界刺激产生反应的过程（基本过程）和学习者有意识地控制、转换和建构观念和映像的过程（二级过程）。建构来自于外界与主体的相互作用，认知建构就是在外在刺激和学习者个体特征相结合的情况下进行具有渐进和累积性自我建构的过程，即自我教育的过程。

3. 强调认知结构与学习的互动关系

从皮亚杰的图式理论、托尔曼的认知地图到现代认知心理学无不强调认知结构在学习中的核心作用。形成良好的认知结构是学习的核心任务，已经形成的良好的认知结构是后继学习的核心条件。研究发现，良好的认知结构对学习有五个功能：建构与理解功能，整合与迁移功能，搜索与预测功能，推论与补充功能，指导与策划功能。认知结构既是知识贮存的形式，又通过加工同化新知识来处理新课题。例如，温故而知新中的"故"是头脑中已有的认知结构，而"新"则是新知识、新课题。通过新旧知识的"同化"过程，将新知识纳入已有认知结构中，使新知识获得心理意义，完成了学习过程。同时，人们的认知结构也不是完全被动地接受新知识，它常常利用已有的概念、命题对新知识进行整合。当原有认知结构无法同化新知识时，认知结构就会发生变化，进行重组，即"顺应"的过程。

4. 认知结构理论凸显了学生主体性的特点

认知结构理论明显表现出由对教师教的研究转向对学生学的研究的特点，把学生作为研究的中心，与大学生自我教育的价值取向不谋而合。对认知结构的阐述包含的理论前提是，学生才是决定学习到什么知识的关键和直接因素，教材、教法、环境条件、社会影响等一切外部条件虽然是重要的，但都是间接因素。对学生的研究以对学生认知结构的研究为起点，不仅研究学生的认知过程、认知策略、认知条件等，还研究认知活动展开的支持系统，如情感、意志等。对认知结构的研究影射到对学生整体的研究。这种研究使得对学生的重视不再停留在思想或经验的水平而是深入到科学行动的阶段，它为科学地发挥学生的主体性提供了科学的依据和实用的操作原理与方法。❶ 认知结构与自我教育思想相互印证、相互促进、相得益彰，它随着学生主体思想的发展而发展起来并不断深化下去，突出了学生自主建构和自我教育的必要性和意义。

5. 良好的认知结构是学习的核心，在学习中具有重要的作用

这句话包含两层意思，形成良好的认知结构是学习的核心任务，已经形成的良好的认知结构是后继学习的核心条件。如上第3点所述，良好的认知结构的作用体现为五种功能，认知结构的核心地位正是来自它的重要功能性作用。在近年来有关专家和新手的解决问题的比较研究中发现，专家之所以能迅速地解决问题，就在于专家头脑中有某类知识的5万~20万个知识组块，这些知识组块按层次网络的方式排列，这使得专家在解决问题时能更注意问题的结构。而新手却相反，他们有关的知识较少，知识之间是零散和孤立水平排列状态，在解决问题时更多地注意问题的细节。对学习成绩落后的学生和新学生的研究表明，特定知识与技能的缺陷是导致学习能力低下的主要原因。可见，认知结构的确在学习中发挥着强大的作用，特别是构建良好的认知结构在学习中更是必不可少的。布鲁纳主张学习应最先建立学科基本结构即学科的知识体系所能抽象概括的具有普遍和强有力适应性的、能广泛迁移的系统构架，奥苏贝

---

❶ 张庆林. 当代认知心理学在教学中的应用 [M]. 重庆：西南师范大学出版社，1995：67.

尔把建立概括性强的认知结构作为教学的主要任务，都是有一定道理的。

三、认知结构理论对教育的启示作用

（一）重视教学设计

认知结构理论的运用为教师进行科学的教学系统设计和课堂教学提供了牢固的理论基础，教学系统设计也将帮助学生形成良好的认知结构。教学设计要以利用和形成学生良好的认知结构作为价值取向和目标指向，基于认知结构的广泛内容和重要作用，教师在进行各方面的设计时要以开发和形成学生良好的认知结构为目标。

这些设计包括学习环境设计、学习内容设计、学生学习活动设计等。它们的总体目标是为学生提供条件，让其自主的进行认知结构的建构。这不仅是学习知识的需要，更是培养学生的主体性和创造性的需要，是基于学生主体思想所做出的必然选择。

1. 创设真实的问题情境的学习环境

环境可以促发学生的认知结构使其处于激活状态，为新旧知识提供接触点。环境设计的代表，是美国学者约翰·D. 布兰斯福特（John D. Bransford）的"抛锚式教学"。该理论认为环境为学习者提供丰富、良好的多重刺激，是促使认知结构完善和发生变化的根本条件。现代建构主义者认为，完善的环境应包括真实的问题情境、先进的物质设备环境、经过精心组织的教材环境和教师创造的和谐的心理环境，它们共同为学习者的自由探索和自主学习提供具有支持和促进作用的场所。这样的环境使学习者的认知结构处于被激活状态，为新旧知识提供接触点，使学生在情境中感知，加强语义知识和形象知识的连接；也可加强师生之间的交流，促进师生、生生之间的互动。在实际的教学中，这种方法对学习者学习效率的提高和学习效果的改善有明显积极的作用。

2. 教学内容的设计要条理化、结构化和整合化

教学内容的设计要符合条理化、结构化、整合化，并不是要求教学必须从基本的概念和原理出发，而是要以形成结构化、层次化的认知结构为最终目标和总的设计原则。教学内容的设计可采取两条互逆的途径：由一般到特殊和由特殊到一般的设计顺序，即遵循逐步分化和逐步统合的原则（奥苏贝尔的观

点）。在实际的教学设计中，两条途径一般进行交叉使用。运用这两条途径的共同前提是，教师对学科的基本结构和各部分的相互关系能精细了解，并且始终以形成学生优质的认知结构为目标。

教师应该深刻反思：教学内容的选择是否构成学生的适宜刺激？学生的头脑不是简单的容器，超越学生认知结构的反应力的任何刺激都是无益的，随意增加教学内容分量、拔高教学要求是徒劳的，甚至还会导致原有认知结构的紊乱。现代认知心理学强调学习的准备性原则也就是这个道理。教学内容的组织和处理是否构成学生最易吸收的形式，即便是符合准备性原则的教学内容，如果组织或处理不当，也难于有效地纳入学生的认知结构中，从而成为学生自己真正的有机的"血肉"。

3. 体现学生活动的设计

教学系统设计要为学生的自主活动留有余地，以学生的现有认知结构为起点，以学生自主建构的良好认知结构为终点。在空间设计上注意广延性、开放性；时间设计上要求有弹性，少讲多练，为学生的自学和思考留下足够的时间；方法设计上注意以教法促学法，教会学生学的方法和策略；内容设计上要循序渐进，以旧知促新知，让学生能够自主吸纳、自主建构。总之要学生做到建构性地学、累积式地学、目标指引式地学、反思性地学。

4. 考虑对教学策略的设计

教学设计不仅要考虑从宏观上对内容、情境进行设计，还要考虑从微观方面对策略进行设计。这些策略包括激活原有认知结构的策略，巩固新建认知结构的策略，促进认知结构条件化、结构化、整合化的策略等。认知结构理论特别强调认知结构的作用，但认知结构并不是时时处于活动状态，也不是一经建立就能永久保持的。为此，进行上述策略的设计就尤为必要。围绕认知所进行的设计都是发挥学生主体性、培养学生主体性的表现。❶

（二）重视学生的自我教育

通过对认知结构理论内涵的探寻和对其特点的分析，我们发现，任何教育

❶ 范利，白建国，张华. 从认知心理学看变革传统教学方式的必然 ［J］. 科技信息（学术研究），2008（8）.

目标的提出和教育措施都必须建立在学习者实际的知识储备之上和知识网络之中，脱离个体学习者知识结构或经验的实际不经其认同、消化和吸收是不会起到教育效果的，课程教学必须实施于个体学习者可接受的范围内，也就是说，我们需要重视学生的自我教育。

1. 完善大学生认知结构，为大学生的自我教育奠定良好基础

大学生头脑中已有的知识经验能同化新知识。大学生头脑中知识结构愈合理，愈能自觉自主地同化更多的知识经验，愈有利于发挥大学生的主动性、能动性和创造性，愈有利于促进大学生自我教育的发展。据此，我们认为，现代教育首先应该培养学生学习和掌握各门学科的知识结构，如基本的概念与原理、基本的态度与方法等。因为这些基本的知识结构可以使学生易学、易记、易迁移，同时也有利于学习动机的激发与儿童智力的发展。因此，教学不能为个别事物而教，要使学生掌握概括化的知识结构。此外，现代教学还应该培养学生主动发现问题的能力，而不是被动地接受知识。培养学生的动手能力和创新精神，对学生自主学习和探究学习的发展有着重要的影响。最后，应该把教师的启发指导，系统传授与学生的自主发现学习结合起来，才能更有效地学习。

2. 引导大学生自我教育，要考虑大学生认知结构的特点

从总体上来说，大学生自我教育就是一种个性化教育。把个性化教育作为大学生自我教育的基本价值取向，尊重个体的个性特征，已经成为一种共识。但是，忽视个体认知结构的差异而仅仅考虑个体个性的差异也是不完全的、是得不偿失的。每个个体的认知结构具有不同的特点，有效地引导大学生自我教育要充分考虑每个个体认知结构的特点。只有对大学生自我教育的引导既要充分考虑每个个体个性的特点，又要符合每个个体认知结构的特点，才能有效地引导大学生自我教育的发展，才能提高大学生的综合素质。

第三节 多元智能理论

一、多元智能理论的含义

多元智能理论（The Theory of Multiple Intelligence，简称 MI）是美国发展

心理学家、教育家霍华德·加德纳（Howard Gardner）在 20 世纪 80 年代提出的关于智能发展的重要理论。该理论认为，"智能是解决某一问题或创造某种产品的能力，而这一问题或这种产品在某一特定文化或特定环境中是被认为有价值的。"● 就其基本结构来说，加德纳认为个体的智能并不是单一的，而是多元的，每个人都至少拥有八种智能：语言智能，即对语言、文字的掌握和灵活运用的能力；数学—逻辑智能，即对逻辑结构关系的理解、推理、数学运算以及科学分析的能力；音乐智能，即个人感受、辨别、记忆、表达、创作音乐的能力以及通过作曲、演奏、歌唱等形式来表达自己的思想和感情的能力；空间智能，即对色彩、形状、空间位置等要素的准确感受和表达的能力，在脑海中形成一个模型或图像从而加以运用的能力；身体运动智能，即身体的协调、平衡能力和运动的力量、速度、灵活性等，运用全身或身体的某一部分解决问题或创造作品的能力；人际智能，即察觉、体验他人的情绪、情感，并做出适当的反映，与他人合作的能力；自我认识智能，即个体认识、洞察和反省自身的能力，有自知之明并能据此做出适当行为的能力；博物学家智能，即对自然界的动植物以及一切事物进行研究、归纳、分类的能力。1999 年加德纳又提出存在智能理论，即对人生和宇宙终极状态的思考，为自己定位的能力。

二、多元智能理论的特点

加德纳提出的多元智能理论和传统的智能理论的根本区别，首先是概念的不同。传统的智能理论，也就是智商（IQ），以及传统学校评估系统体现的智能概念，就是解答智力测验试题或者课程考试的能力。按照 IQ 理论，运用统计方法，与不同年龄接受测试者的解答加以比较，可以从测验分数推断出他们的智能。不同年龄接受测试者在不同测验中所得的结果有明显的相关性，证明智能随年龄、学历、经历的变化不大，是每个人与生俱来的属性或能力。这种理论认为智能是单一化的，IQ 测试是客观公正的，IQ 分数的高低与人的智力水平成正比。多元智能理论认为"智能是一种生物生理潜能"●，强调它与文

● 张晓峰. 对传统教育评价的变革——基于多元智能理论的教育评价 [J]. 教育科学研究, 2002 (4).
● [美] 霍华德·加德纳. 沈致隆, 译. 多元智能新视野 [M]. 北京：中国人民大学出版社, 2008：44.

化环境和社会需求之间的密切联系，认为只要某种能力在一个文化背景中被视为是有价值的，这种能力就应被确定为智能；否则，这能力就不应被认为是智能。加德纳的研究只看重那些对社会的发展和进步有价值的人物，而不是抽象的人的能力。因此多元智能理论的智能概念，"是在特定的文化背景下或社会中，解决问题或制造产品的能力"。❶ 解决问题的能力，就是能够针对某一特定的目标，找到通向这一目标的正确路线。因此多元智能理论对于人类智力的判断，依赖的不是考试成绩，而是解决实际问题的能力，是创新能力，而且特别强调该能力在不同文化背景下受重视的程度，"解决问题的每一种技能都与生物本能有关，多元智能理论就是由这些生物本能构建而成的。但同时，生物的本能还必须与这一领域的文化教育相结合。如语言是人类共同拥有的技能，但在一种文化中可以以写作的方式出现，在另一种文化中可以以演讲的形式出现，在第三种文化里就是颠倒字母的文字游戏"。❷

　　其次，多元智能理论认为智能具有普遍性，不是单一的，每个人与生俱来都拥有八种以上既各自独立存在又相互联系的智能；每个人与生俱来的智能强项和弱项各不相同，不同的人在解决问题和创造产品的时候，组合并运用这些智能的方式和特点不同，因此一个人的智能轮廓和特点固然与遗传因素有关，但后天的人生经历、文化背景和社会环境，对智能的发展也有重要作用；人的智能可以通过后天的教育和学习习得且逐渐增强，智能是动态而非不变的，每种智能都是能够通过学习和训练而掌握的，周围环境在决定一个人智能高低的问题上起着至关重要的作用："只要大脑没有受伤，如果有机会接触到利于培养某种智能的环境和条件，几乎每个人都能在那一种智能的发展上取得非常显著的进步。按照同样的理由，如果一个人根本不具备接触开发某种智能的环境，无论其生理潜能如何，都不可能激发出那种智能来"。❸ 传统的智能概念、IQ 测试和各类考试的成绩，与接受测验考试者的文化背景、社会地位或经济地位有关，并不一定公正和全面。

---

❶ ［美］霍华德·加德纳. 沈致隆，译. 多元智能［M］. 北京：新华出版社，1999：16.
❷ 曾晓洁. 多元智能理论的教学新视野［J］. 比较教育研究，2001（12）.
❸ ［美］霍华德·加德纳. 沈致隆，译. 多元智能［M］. 北京：新华出版社，1999：52.

三、多元智能理论对教育的启示作用

多元智能理论为教师提供了更多的途径来关注学生的差异，可以使教师真正做到"育人为本"，促进教育公平。

首先，教师要形成尊重差异的学生观。多元智能理论的核心要义，在于强调教学改革过程中要充分关注学生的差异性，尊重学生个性化的需求。学生的智能只有差异之分，没有优劣之分。没有哪一种智能天生具有优势，或者哪一种智能天生就处于劣势。从这个意义上来讲，每个学生都是优秀的。教育应该在全面开发每个人脑子里的这些智能的基础上，给每个人以多样化的选择，使其扬长避短，从而激发每个人潜在的智能水平，充分发展每个人的个性。

其次，教师应当从关注学生的"智能有多高"（有多聪明）转变成发现学生的"智能是什么类型"（是怎样的聪明）。❶ 学生的智能不能用高低区分，只能是智能倾向的不同、强弱的差别，每个学生通过适当的教育都能成为不同领域的人才。教师要树立这样一个观念：每个学生都有天才的一面，每个学生都有自己的优势智能。教师就是要运用多元智能理论，发挥每个学生的智能强项，利用多种方式和途径，促进学生对知识的真正理解并学以致用。每个人都或多或少具有八个智能，只是其组合和发挥程度不同，正是每个人身上八种智能独特的组合方式构成了人与人之间的差异，适当的教育和训练可以使每一种智能发挥到更高水平。

再次，教师对学生的评价应该放在特定环境中进行，而且这种评价应该是多元化的。传统的纸笔测验重视学生理论知识和知识的再现，只关注学生的语言智能和逻辑—数理智能，忽视了学生的实践活动和创造力，对学生的评价依据单一的标准，这种评价具有局限性。因此，在我们对学生进行评价时，第一，要与实际的教育教学情境结合在一起，加德纳也指出，评价原来就是教学里的一环，评价应该成为自然学习情境的一部分，而不是在额外的时间里外加进来的，我们应该让评价在自然参与的学习情境中发生；第二，要关注学生的其他多方面智能，应根据每个学生的智能特点和学习类型，让学生以多种变通

---

❶ 刘竑波. 多元智能与教师［M］. 上海：上海教育出版社，2005：4.

的方式展现特定的学习内容，即通过自己的强项智能展现其所知所学，并通过让学生发挥所长，寻找知识以外的技能与能力。以"纲要"课为例，其评价设计可如下：通过故事来解释历史事件；评论历史事件并写成报告；归纳历史人物的贡献；分析整个历史事件的因果关系，并对未来做出预测；用戏剧再现历史事件；分组进行团体研究等。这种评价方式让学生有更多的机会来运用他们的多元智能展现所学的知识，同时也拓展了老师评价的视角，跳脱了僵化的纸上作业，使教师在设计评价时有了更多元、更弹性的选择。多元化的评价方式，使得每一个学生都能以适合自己的方式接受评价，使得人人都能体会到成功的，相比传统上仅局限于通过语言智能和数理逻辑智能对学生进行评价的方式，更具科学性。

总之，多元智能理论运用于教学中，可以促使教师更加明确，教育的起点不在于一个人有多么聪明，而在于怎样变得聪明，在哪个方面变得聪明。并且帮助教师利用个别差异的心理表征的不同方式，以多元智能为教学上的切入点，为所有的学生都提供发展的多元途径，使教学与学生的现实及将来的生活真正关联。从广泛的意义上讲，多元智能理论是适应现代社会、经济科技发展对人才素质和人才类型的新要求的产物。

第四节　主体教育理论

一、主体教育的含义

1981 年，顾明远先生明确提出"学生既是教育的客体，又是教育的主体"的论点，引发了教育界关于"学生主体地位"的大讨论；1992 年，王道俊、郭文安先生正式提出了"主体教育"的概念。随后，北京师范大学的教育专家王策三、裴娣娜、周玉仁、刘秀英等开展了以发展学生主体性为主要内容的教育实验。主体教育研究从 20 世纪 80 年代萌芽，到 90 年代初正式开始实验，至今共经历了 30 多年的发展历程，取得了世人瞩目的成就，并对中国教育理论与实践产生了深刻的影响。

所谓主体教育，简单地说就是依靠主体来培养主体的教育，具体来说主要有三层含义：第一，把学生培养成未来社会生活的主体，弘扬人的主体性，这是主体教育的基本价值立场；第二，在教育活动中，学生是正在成长着的主体，他有一定的主体性，又需要进一步培养和提高，这是主体教育人性论的体现；第三，只有发挥人（教育者和受教育者）的主体性，才能培养主体性强的人，这是主体教育所采取的基本策略。主体教育的终极目标是使每个人全面、自由、充分地发展。因而，主体教育是为了人和依靠人的教育。[1]

目前，在教育中，人的主体性发挥得仍不充分，尤其是学生的主体性没有得到有效的发挥，这是我国基础教育存在的突出问题。发挥人的主体性和培养主体性强的人是主体教育的基本问题，也是我国教育研究一个长期的课题。

主体教育研究大致经历了三个阶段：一是 20 世纪 80 年代末至 1993 年，以马克思主义关于人的发展学说和教学认识论等为理论基础，确立了在教育活动中弘扬人的主体性以及通过实践活动促进学生主体性生成和表现的基本命题，并构建了包括自主性、主动性、创造性三个特质的个体主体性发展的基本要素；二是 1994 年至 2003 年，引入了交往理论，进一步丰富理论基础并完善了基本命题，即在活动、实践基础上通过交往，促进主体性发展，并在实际教学中形成了主体参与、合作学习等具体策略；三是 2003 年至今，因应社会转型以及基础教育现代化的时代背景，从宏观层面探讨区域性及学校整体的现代化与主体性发展问题，从微观层面积极吸收现代哲学、心理学等学科的研究成果，通过对课堂教学教与学行为的分析，探究学生主体性发展的机制问题，深入探讨学科教学与学生主体性发展的问题。[2]

二、主体教育的特点

主体教育是针对传统教育中严重忽视人的发展问题而提出来的，它在价值论上所关注的提高人的主体性的问题，仍是当今社会的根本问题。在中国社会转型过程中，使人不再单纯作为社会工具而存在，不再只充当被动服从的角色，是社会发展和人的发展的需要。

[1] 宗秋荣. 全国首届主体教育理论研讨会综述 [J]. 教育研究，2004（3）.
[2] 周晓燕. 反思·建构·超越——全国主体教育理论第二届专题学术研讨会综述 [J]. 教育研究，2005（4）.

教育的主体性是主体教育的根本特点。教育的主体性意味着在教育教学的全过程中要始终把学生放在首位，教师自始至终要把学生看作一个活生生的主体，而不要把学生作为教育的客体来看待，更不能把学生看作教育的附属物。相对应的，教师在教育教学过程中也有主体性的一面，但相对学生而言，只是处于客体的地位，教师是给学生提供一种教育环境，并且是一种有充分准备的环境，是通过对教学内容、教学环节及教学方法的设计过程来体现教师的主体性，并且教师主体性的发挥与否主要看是否真正发挥了学生的主体性，因为就像矛盾论所说"外因通过内因起作用"，教师知识为学生的发展提供外因。在教学过程中，应遵循"主体间性"的教师和学生地位观，意思就是在教育教学中教师和学生互为主体，教师教的过程其实也是自我学习、不断增长知识的过程。

所谓主体性，有四个基本特征，即自主性、主动性、创造性和社会性。

自主性是人作为主体的前提和基础，是指在一定条件下，对自己的活动有支配和控制的意识和能力，体现为对自我的认识和实现自我的不断完善。主体教育理论要求将责任与权力真正还给教育主体，以现代教育理念为指导，与社会经济、政治、文化发展相适应，以人的发展为价值尺度，不断推进学校教育的重建、重构。

主动性是人之所以成为主体的重要表现，指有目的、有意识地认识和改造世界，其实质是对现实的选择和对外界适应的能动性。主动性需要通过实践活动来实现，在实践活动基础上通过交往促进主体性的发展：实践是人特有的存在方式，主体性是实践主体的个性，主动性在活动中生成，在活动中发展，在活动中表现。通过个体在群体中的主动交往，人的主体性才能得以真正的展现，通过在实践活动基础上主体和客体的双向建构以及个体和群体的双向建构，解决科学实践观与主体能动性的统一，才能实现主体性发展。

创造性是主体发展的最高表现形态，是在主动选择的基础上对现实的超越。学生的主体性必须通过学生这个特定的主体来发展，这是主体教育的内涵之一，这就必然意味着主体教育必须具有能动创造性，作为主体教育主体的学生也必须具有能动作用。学生要在社会化过程中实现创造性的个性化发展，没有创造的个性的主体性是虚假的主体性。无论是个体还是群体，个性的形成才使主体成为一个现实的主体、完整的主体、发展的主体。个性是在社会化过程中生成的，是主体通过自我建构，在全面、充分、自由发展基础上生成的。个性的形成使主体成为责与权相结合、自主与依附相结合的真正自由的主体。因此，主体教育必须充分体现创造性个性意识、特色意识。

社会性也是主体性的基本特点之一，主体的社会性主要体现在以交往为特征的社会实践活动中。主体的社会性的特点，一是整体和谐性；二是不断地与交往主体共同构建。个体主体性的发展需要主体的社会性作保障，只有充分发展主体的社会性，个体主体性的发展才不会走入歧途。人要成为主体、发挥主体性，必须要处理与外界（包括与他人、与社会）的关系。社会适应性强的人，表现出好的合群性、利他性和社交能力。发展人的主体性并不必然导致极端个人主义，相反，通过主体教育的主体参与、合作学习、尊重个性、体验成功等教学策略，能促进人的全面和谐发展。

三、主体教育理论对教育的启示作用

中国作为一个后发外生型现代化的国家，与其他国家相比，中国社会的现代化仍处于从农业社会向工业化转变时期，处于社会主义市场经济的完善时期。在教育活动外，因循守旧对教育决策的影响依然存在，在教育活动中，上下尊卑的等级关系或人身依附关系在人的发展过程中仍然起着重要的作用，教育活动的主体性和学生的主体性的发展还很不够。按照马克思的理解，人从来都是个体、群体、类三种存在形态的统一，只是在人的不同发展阶段凸显出不同的特征。主体教育中的"主体"并不是简单指自由的个体，而必然包括个体主体、群体主体和类主体。即便是作为主体的个人，它也应该全面地占有自己的全部的现实的社会关系，即作为个人的主体也必然同时具有个体性、群体性、类性。人在个体、群体、类的关系中协调发展，才称得上自由、全面、充分的发展。

这就要求我们在教育教学过程中，要充分考虑到学生的特点（比如性别、性格等），调动他们的积极性和创造力，摒弃传统的灌输式教学，使主体的能动性得到最大限度的发挥。

首先，要优化育人环境，实现个体主体与群体主体有差异的发展。在主体

教育中，实现个性发展、差异发展，学校教育起主导作用。通过学校、社会与家庭的一体化，优化育人环境，提升主体的生活质量，改善主体素质结构。

其次，树立"教"、"育"并行发展的教育观。主体教育思想使学生在教育者为其创造的学习和生活环境中，经过自身的"知、情、意、行"等身心活动过程，对各种内外影响加以消化吸收。教育不仅包括"教"（教知识及其他），更要重视"育"（培育良好的人格及品质）。教师教得怎么样，不仅要看他教会了学生什么，更要看他是否教会了学生怎样学以及为什么学。教师是教育行为的主体，而学生则是自身学习与生活活动的主体，只有在这种"双主体"的共同作用下，教育活动才能达到我们期待的目的。

再次，探索新型的教育管理模式。主体教育思想追求在教育过程中尽可能尊重每个学生的主体地位，重视发挥每个学生的主体性，而要实现这一理想，需要相应的教育管理模式作为保障。探索新的教育管理模式的意义在于激发教师的工作热情，使教师从被动地接受管理转为主动地参与管理。教师与学生都是具有主体性的人，在肯定学生是主体的时候，应该尊重和承认教师的主体地位，师生双方是一种我（主体）与你（主体）的关系，而不是我（主体）与它（客体）的关系。应赋予教师管理多一些自主性，使得教师可以自主地创造机会让学生在学习过程中唱主角，以保证学生的主体地位。

最后，建立科学的教育授课模式——教师启发引导、学生主体参与。主体教育提倡的"主体性"要求我们在实际的教育教学中，在尊重教师主体性发挥的同时，更提倡学生平等的参与，应该在教师和学生这两个主体间建立起平等的、民主的交往关系，树立师生主体间的平等交流与知识共建理念；应该提倡多元、差异和宽容的教学和学习氛围，转变传统的控制与被控制的师生关系，创造一种民主的课程、民主的教育。

第五节　发现学习理论

一、发现学习理论的基本观点

美国心理学家杰罗姆·布鲁纳（Jerome Seymour Bruner）是当代发现学习

理论的主要倡导者，他致力于发现学习理论的研究，其理论包括以下主要内容。

第一，学习的实质是主动形成认知结构。布鲁纳非常强调和重视学生学习的主动性。他认为学习是一个积极主动的认识过程。学习者不是被动地接受知识，而是主动地获取知识，并通过把新获得的知识和已有的认知结构联系起来，积极地建构其知识体系。在布鲁纳看来，认知结构是指由人过去对外界事物进行感知、概括的一般方式或经验所组成的观念结构，认知结构可以看成编码系统，一切知识都是按编码系统排列和组织的，这种各部分存在联系的知识，使人能够超越给定的信息，举一反三，触类旁通。因此，他十分重视认知结构在学习中的作用，认为认知结构的形成是学生进一步学习和理解新知识的重要内部因素和基础。

第二，学习包括获得、转化和评价三个过程。布鲁纳认为学习任何一门学科的最终目的是构建学生良好的认知结构，而这常常需要经过获得、转化和评价三个过程。新知识的获得是与已有知识经验、认知结构发生联系的过程，是主动认识、理解的过程。在此过程中，新知识同已有知识有各种各样的关系：可能同学生的已有知识相违背，或相替代，或者是先前知识的重新提炼。这些新知识通过"同化"或"顺应"，被纳入学生已有的认知结构中或形成新的认知结构。转化是对新知识的进一步分析和概括，使之转化为另一种形式，以适应新的任务，并获得更多和更深刻的知识。评价是对知识转化的一种检查，通过评价可以核对我们处理知识的方法是否适合新的任务，或者运用得是否正确。评价通常包含对知识的合理性进行判断。

第三，强调学习的内部动机。他认为，学习的最好动机是对学科本身感兴趣，这样学习的积极性才会得到充分发挥。布鲁纳承认奖励和惩罚等外部强化对学生学习的作用，但是他认为当学生的认知结构和认知需要有了一定的发展后，内部的动机变得更为重要。他认为应该降低外部强化在学生学习中的作用，因为外部强化可能使某个特殊行为激发起来，并可能导致它的重复，但是它对学生长远的学习过程并没有裨益。

二、发现学习理论的基本特征

(一) 强调学科结构

布鲁纳认为,要解决有限的学习时间与无限的知识增长之间的矛盾,必须要让学生掌握学科的基本结构,与开发智力结合,不要过多地强调支离破碎的知识点。在布鲁纳看来并非所有知识都能促进学生智力发展,而只有那些"给经验中的规律予以意义和结构而组成的一个模式"的知识才是有效的。他强调:"不论我们选教什么学科,务必使学生理解该学科的基本结构。即掌握某一学科领域中科学知识体系、基本概念、基本原理以及它们之间的相互关联性以及掌握该门学科的态度和方法"。❶他认为,这样有利于记忆、有利于迁移、有利于减轻学生的负担。

(二) 强调学习过程

布鲁纳认为,在教学过程中,学生是一个积极的探索者。教师的作用是要形成一种学生能够独立探究的情境,而不是提供现有的知识。强调让学生自己去思考,参与知识获得的过程。"认识是一个过程,而不是一种产品"。可见,学习的主要目的不是记住教师和教科书上所讲的内容,而是让学生参与建立该学科的知识体系的过程。所以布鲁纳十分强调的是,学生不是被动的消极的知识的接受者,而是主动的、积极的知识的探究者。

(三) 强调直觉思维

布鲁纳认为,直觉思维与分析思维的差别在于它不是根据仔细规定的步骤和程序,而是采取起步、跳跃、越级和走捷径的方式来思考问题。他认为直觉思维对科学发现活动极为重要。直觉思维的形成过程一般不是靠言语信息,更不是教师指示性的语言、文字所能起作用的,其本质是映像或图像性的。所以,教师在学生的探究活动中要帮助学生形成丰富的想象,防止过早语言化,防止过早下结论。

(四) 强调内在动机

布鲁纳认为,学生在一般教学条件下,学习的动机往往很混乱。有些学生

---

❶ 王王. 学校教育心理学 [M]. 郑州:河南大学出版社,1988:95.

谋求好成绩，很大程度上来自如求职、嘉奖、竞争、惩罚等外来的动机。布鲁纳强调的是培养和激发学生的内部动机，或把外部动机转化为内部动机。布鲁纳认为，与其让学生把同学之间的竞争作为主要动机，还不如学生向自己的能力提出挑战。因此，他提出要形成学生能力动机，就是使学生有一种求得才能的驱动力。通过激励学生提高自己才能的欲求，从而提高学习的效率。事实表明，对自己能力是否具有信心，对学生学习的成绩有很大的影响。

三、发现学习理论对教育的启示作用

布鲁纳的认知—发现学习理论对美国的传统教育产生了巨大的冲击，在国际上产生了广泛而深远的影响。应该说，布鲁纳的理论强调学生学习的主动性，重视认知结构、内在动机等在学习中的作用，既注重知识的理解，又注重对学生能力的培养，符合学习和教学的一般规律和本质特征，对我们的实际教学策略是很有启发意义的。

第一，问题教学法。在传统课堂教学中，主要采用灌输式的教学方法，学生是被动的接受者，他们的注意力很难一直保持较高水平，甚至会逐渐下降，学生的学习潜能也无法充分地发挥出来，以致影响教学效果。问题教学法就是在问题意识的基础上，教师有意识地对课堂教学进行特别设计、组织和控制，让学生参与到教与学的过程去发现问题、分析问题、寻找解决问题的思路和方法，以至解决问题这一系列活动中，体验获得成就的教学法。在学生独立发现的过程中，学生感到心理自由和心理安全，体验到发现的快乐，它能很好地激发学生积极主动的探索精神和内在的学习动机，培养学习的兴趣和自信心。而布鲁纳的发现式教学就是从学生感兴趣的问题出发，突出学生学习的主体性和主动性，注重学习的过程而不仅仅是学习的结果，重视获得知识的方法而不仅仅是知识本身。

第二，情景教学法。为达到让学生学到知识并提升能力的教学目的，应根据教学内容和学生特点，采用多种教学手段，创设于教学内容相符的具体情景，让学生置身于特定的教学情景之中，使学生感受到特定情景的吸引力，投入到特定情景中去做出呼应，进行学习以提高教学实效。布鲁纳重视学生学习的内部动机的培养与激发，动机是影响学习的重要变量，培养与激发学生学习

动机是学校教育的一项重要目标。特定的情景教学法有助于激发学生的学习动机和学习兴趣，也可以激发学生的批判性思维和创新性思维，使学生进行探究性学习和创新性学习。

第六节 建构主义学习理论

一、建构主义学习理论的基本观点

建构主义于 1966 年由瑞士心理学家让·皮亚杰（Jean Piaget）提出，根据皮亚杰的观点，他认为知识既非来自主体，也非来自客体，而是在主体与客体之间的相互作用过程中建构起来的。一方面，新经验要获得意义需要以原来的经验为基础；另一方面，新经验的进入又会使原有的经验发生一定的改变，使它得到丰富、调整或改造，这就是双向的建构过程。后经由许多专家、学者从各种不同角度进行研究，形成一套学习理论，即认为，人是在与周围环境相互作用的过程中逐步建构起关于外部世界的知识，从而使自身认知结构得到发展。建构主义理论认为，知识不是通过教师传授得到，而是学习者在一定的情境即社会文化背景下，借助获取知识过程的其他人（包括教师和学习伙伴）的帮助，利用必要的学习资料，通过意义建构的方式而获得。建构主义的基本观点包括以下内容：❶

第一，建构主义的知识观。建构主义强调知识并不是对现实世界的绝对正确的表征，它只不过是人们对客观世界的一种解释、假设或假说，它不是问题的最终答案，处在不断的发展中，会随着人类的进步而不断的改进，出现新的解释和假设；知识也并不能绝对准确无误地概括世界的法则，提供对任何活动或问题解决都实用的方法。在具体的问题解决中，知识具有情境性，在具体的问题解决中，需要针对具体问题的情境进行再加工和再创造；尽管通过语言赋予了知识一定的外在形式，甚至这些命题获得了较为普遍的认同，但这并不意

---

❶ 温彭年，贾国英. 建构主义理论与教学改革——建构主义学习理论综述［J］. 教育理论与实践，2002（5）.

陈威. 建构主义学习理论综述［J］. 学术交流，2007（3）.

味着学习者对这种知识有同样的理解。真正的理解只能是由学习者自身基于自己的经验背景而建构起来，取决于特定情境下的学习活动过程。知识是情境化、个体化的产物。应该看到，知识是认知主体的一个意义建构的过程，具有相对的正确性，没有哪一种人类知识的客观性是绝对、纯粹而不需要进一步质疑的，任何一个时代的人们都需要对前人获得的知识进行新的审视、修正或扬弃，并发展出适合于自己这个时代需要的新知识。科学知识包含真理性，但它只是对现实的一种更接近正确的解释，强调从相对正确的意义上去理解科学知识和书本知识。

第二，建构主义的学习观。建构主义认为：人的认识本质是主体的构造过程，所有的知识都是主体自己的认识活动的结果，主体通过自己的经验来构造自己的理解。学习不是被动接收信息刺激，而是主动地建构意义，这种建构是无法由他人来代替的；这种建构是根据自己的经验背景对外部信息进行主动的选择、加工和处理从而获得自己的意义，这些已有的经验在学生的知识构建中有着积极的作用。学习不是由教师把知识简单地传递给学生，而是由学生自己建构知识的过程；学习也不是简单的信息积累，更重要的是包含新旧知识经验的冲突，以及由此而引发的认知结构的重组，也就是学习者与学习环境之间互动的过程。因此，建构主义学习理论认为学习环境中有以下四大要素。①情境。情境是学生进行学习活动的社会文化背景，学习环境中的情境必须利于学生对所学内容的意义建构。②协作。协作发生在学习过程的始终。协作对学习资料的搜集与分析、假设的提出与验证、学习成果的评价直至意义的最终建构均有重要作用。③会话。会话是协作过程中的不可缺少的环节。学习小组成员之间必须通过会话商讨如何完成规定的学习任务的计划。此外，协作学习过程也是会话过程，在此过程中，每个学习者的思维成果（智慧）为整个学习群体所共享，因此会话是达到意义建构的重要手段之一。④意义建构。这是整个学习过程的最终目标。在学习过程中建构意义是对当前学习内容所反映的事物的性质、规律以及该事物与其他事物之间的内在联系达到较深刻的理解。学生获得知识的多少取决于学习者根据自身经验去建构有关知识的意义的能力，而不取决于学习者记忆和背诵教师讲授内容的能力。建构主义学习理论重视学习的质量，而不强调重现教师思维过程的能力。

第三，建构主义的教学观。建构主义认为教学不能无视学生的经验，从外部装进新知识，而是要把学生现有的知识经验作为新知识的生长点，引导学生从原有的知识经验中生长出新的知识经验。教学不是知识的传递，而是知识的处理和转换。教师不是简单的知识的呈现者和传递者，他们需要与学生共同就某个问题进行探索，重视学生自己对各种现象的理解，倾听他们的看法，并在此过程中相互交流和质疑，了解彼此的想法，洞察他们这些想法的由来，以此为根据，引导学生丰富或调整自己的理解。教师应是学生主动建构意义的促进者、合作者和帮助者，是整个教学过程的组织者、指导者和协调者。建构主义把教学看成是一种培养学生主体性的创造活动。学生是教学活动的积极参与者和知识的积极建构者，建构主义要求在教学活动中尊重学生的主体地位，发挥学生的自觉性、主动性和创造性，不断提高学生的主体意识和创造力，最终使学生成为能自我教育的社会主体。认为教学应重视学生原有的知识经验背景、社会历史文化背景、动机以及情感态度等多种智力因素和非智力因素在认知学习过程中的综合作用。

二、建构主义学习理论对教育的启示作用

建构主义对当今世界各种学习与教育理念产生了深刻而广泛的影响。

首先，建构主义认为，有效的学习只能由个体学习者基于自己的经验背景而构建起来，即学习是学习者通过新旧知识经验反复的双向的相互作用过程而建构成的。学生的学习是对外部信息做主动的选择和加工，并不是被动的刺激接受者。而且，知识或者意义也不是简单地由外部信息决定的，它是由学习者新旧知识经验间反复的、双向的相互作用过程而建构的。也就是说，学生知识的主要获得方式不是通过教师传授得到，而是学生在一定的情境下，通过与学习伙伴和老师的协作、交流，利用必要的学习资源，最终以意义建构的方式来获得。因此，学生参与课堂的学习活动是至关重要的。建构主义理论主张让学生建构他们自己的世界观、生活理念、技术专长和知识结构，强调学习的主动性、社会性和情景性，侧重于培养学生的学习动机。就具体学习环节来说，教师要培养学生提出问题的能力，让学生通过问题解决来学习，通过学生提出的问题，教师还应帮助学生分析问题，鼓励学生主动搜寻资料以解决问题，即要

培养学生解决问题的能力。

其次，对于教师而言，教师应是教学过程中的组织者、指导者和帮助者，而非传统上的"知识权威"。教育要以人为中心，突出学习者的主体性，反对机械灌输和照单全收，教师要能激发学习兴趣，设计教学活动，适时提出反馈和指导，可采取如下方法。①协作式学习。协作式学习是在学生和学生、学生和教师乃至教师和教师之间进行相互交流，共同进行知识的建构从而帮助学生实现认知发展。或建立学习小组，在组内针对问题解决与成员进行交流，逐渐地认识问题、分析问题，产生解决方案，以解决问题；或形成实践社群，即由对同一个课题具有相同兴趣的学生组成的实践群体，学生在这个实践社群内进行协作式的知识构建。②情景式学习。任何学习、记忆和理解都有着具体的环境和背景，不同的环境和背景都对学生知识建构的过程有一定影响，学生并不是只在书本中学习知识，而是通过实践并与环境中的各个角色进行交流来达到知识建构的目的。

第七节　创新教育理论

一、创新教育的内涵

创新教育是 20 世纪 90 年代后期开始兴起的一种教育思潮，对创新教育的具体界定，目前学术界主要有以下几种观点。❶

第一，创新教育是一种新型的教学方法，"所谓创新教育，是指以人类创新活动的深度开发成果为教材，通过创新机理学习、创新案例分析、创新设计等环节的教学，以培养受教育者的创新精神、创新意识、创新思维、创新能力和创新习惯为目标的教育形式"；"创新教育是根据创造性发展的原理，运用科学方法，实行启发式或讨论式教育教学方法，培养学生的创新意识、创新精神和创新能力，造就创新人才的一种新型教育教学方法"；创新教育追求在德、智、体、美、劳等方面全面发展的基础上，激发学生的创新精神，培养学生的创新能力，启发学生创造性地学习知识和使用知识，而不是使学生成为被

❶ 熊吕茂，薄明华. 创新教育理论研究综述［J］. 当代教育论坛：宏观教育研究，2003（2）.

动地接受知识、消极地存储知识的"记忆仓库";"创新教育也就是根据创新原理,以培养学生具有一定的创新意识、创新思维、创新能力以及创新的个性为主要目标的教育理论和方法"。

第二,创新教育有广义和狭义之分。广义的创新教育,是指对人的创造力的开发,主要是创造技法和创造性思维的训练;狭义的创新教育,是指在学校教育中,对学生的创造品质和创造性思维能力的培养。

第三,创新教育不仅仅是对教育方法的改革或教育内容的增减,而且还是教育功能上的重新定位,是带有全局性、结构性的教育革新和教育发展的价值追求。创新教育是"以培养人的创新精神和创新能力为基本价值取向的教育";"创新教育是培养全部教育对象的创新精神和能力,促进他们素质全面提高的教育。"创新教育应该包括教育观念创新、教育模式创新、教学内容创新、教学方法创新、教育评价创新和教育教学制度创新等内容,是一项宏大的社会系统工程。

第四,还有观点认为想真正反映出创新教育的理想追求,只能从它的价值取向、根本性变革以及操作层面进行综合分析与提炼,只有这样,才能较为准确而全面地反映出创新教育的实质。

创新是知识经济时代背景下各个国家大力推崇的新理念,实施创新教育是学校教育发展的必然选择。无论学界从何种角度对其界定,其基本的价值取向都是培养学生的创新精神、创新意识与创新能力,为社会造就创新性人才。

二、创新教育的基本特征

创新教育具有以下一些特点。❶

第一,创新教育既是一种带有新质的教育思想,更是需要付诸实践的教育行为。

第二,创新教育注重对教育方法、教育内容等客体因素的变革,但更强调教育思想和观念、教师创新意识等主体因素的更新,强调适合创新的人文环境的营造。

---

❶ 熊吕茂,薄明华. 创新教育理论研究综述 [J]. 当代教育论坛:宏观教育研究,2003 (2).

第三，创新教育在价值观上集中体现了教育的民主化和个性化特点，尊重和保护人与人之间存在的必然的差异，承认每一个人在价值、才能、情意和行为方式上都是极富"个性"的个体，给予每一个人充分发展其自身，激发其内在潜能的平等机会。

第四，创新教育是素质教育的一个重要组成部分，创新教育是开发人的创新潜能的最重要和最有效的途径。

第五，创新教育不只重视全面发展人的素质，而且还着重追求人格发展的和谐性与特异性相统一的理想化人格。

第六，创新教育在学习观念上要实现由传统的"维持性学习"向"自主创新性学习"的转化。

第七，创新教育不是一种单纯地训练发明创造技巧的教育，而是一种以培养创新精神为目的的全方位改造教育的过程和学生成长教育的过程。

三、创新教育理论对教育的启示作用

创新教育理论是人们对教育现象和教育规律的系统化的理性认识，是教育实践与教育现象的本质和规律性的反映。创新教育理论对教育实践具有指导作用，而这种指导作用是通过具体化来实现的。

第一，提升教师创新素质。教师是实施创新教育的关键，进行创新教育需要教师具备一定的素质，除了具备一般优秀教师的基本特征外，还须具备健全的创新型人格和教育创新能力。创新型人格主要表现在：具有开放性——敢于开放自我；具有主体性——正确认识和接受自我；具有创新性——勇于实践创新，改变自我，这是创新型人格的核心特征；具有社会协同性——善于与社会"兼容"，善于进行自我心理调适。此外，教师还应提升创新能力，能积极学习钻研教育理论；能够从身边的教育现象中发现有价值的新问题；能从理论与实际结合的角度确定自己的研究专题，并能持之以恒探索研究；且能运用现代信息技术手段从各种信息渠道获取教育信息。

第二，运用多种教学方法进行教学。首先，教师应贴近学生实际，采用参与式、启发式和探究式教学，运用生动鲜活的事例、通俗易懂的语言、新颖活泼的形式，启发学生思考，增强学生的创新思维。其次，教师应掌握现代教学

技术，在课堂教学中充分应用多媒体网络技术教学，活跃教学，激发学生学习积极性、参与性和创造性。最后，教师应善于组织社会实践活动，通过形式多样的实践教学活动，理论联系实践，提高学生的认识能力，提高学生的观察问题和分析问题的能力。

第三，注重创设问题情境。新思想、新观念、新思路、新方法是在发现问题和解决问题中产生的。人类发展史上，所有的创新都源于问题，创设问题情境就是为学生搭建创新的平台。创设问题情境的关键是问题设计。问题设计要抓住以下几点。首先，紧扣教学目标。问题是教学目标的具体化，教学目标必须问题化。其次，问题要有价值。问题价值的体现主要在于能否促进学生心理发展。从情感角度说，问题设计要有利于学生情感、态度、价值观的培养；从认知角度说，问题设计要有利于训练学生思维，培养创新和实践能力。❶

第四，加强实践教学，为学生自主学习创造机会。自主学习是学生明确学习目标后，选择适合自己的方法进行学习的方式，对问题的选定、问题的解决方式都需要学生自主解决，这个过程是一种自觉梳理、反思知识点和学习方法的过程，这种自我反思的过程同时也是一个思想升华的过程，可以为学生进行创新活动提供灵感，实践教学为学生自主学习提供了机会。实践教学的主要形式有两种：课内实践教学和课外实践教学。无论是哪种实践教学，目的都在于引导学生充分发挥主动性和创造性，应以学生为主体，从学生的接受能力、理解能力和思维特点的现实状况出发，采取切实可行、生动活泼、入情入理的形式和模式，构建创新体系，使得学生对周围生活世界各种现实性、综合性问题和现象或事件进行积极探索，以帮助他们主动获取直接经验，增强对知识的理解，提高综合运用知识的能力。

第八节　素质教育理论

一、素质教育的内涵和特点

素质教育是相对于传统教育提出的，1999 年中共中央国务院发布了《关

---

❶ 张向葵，关文信. 实现创新教育理论具体化的思考与实践［J］. 教育探索，2003（2）.

于深化教育改革全面推进素质教育的决定》，指出"实施素质教育，就是全面贯彻党的教育方针，以提高国民素质为根本宗旨，以培养学生的创新精神和实践能力为重点，造就有理想、有道德、有文化、有纪律的、德智体美等全面发展的社会主义事业建设者和接班人"。

在素质教育概念正式提出以前，教育界已经开始对其进行研究，对于其内涵，教育界有几种代表性的定义。❶

第一，所谓素质教育，简言之，就是提高人们的自然素质和社会素质的教育；详言之，则是身体素质教育、政治素质教育、思想素质教育、美德素质教育、专业素质教育和心理素质教育的有机结合。

第二，素质教育有两种表述方式：①素质教育是以开发儿童身心潜能、完善和全面提高新一代合格公民应具备的基本素质为根本目的的教育；②素质教育是以人类自身的身心素质为对象的再生产和再创造，是人运用自身创造的物质文明和精神文明的历史成果去开发、塑造和完善年青一代身心结构与功能的社会实践方式。

第三，素质教育就是通过科学的、行之有效的教育途径，充分发挥其天赋条件，提高人的素质水平；同时在某些本来不具备的或者是在心理或能力上有缺陷的方面，通过教育、实践、锻炼、培养，得到弥补和完善。

第四，素质教育是指以人为的调控方式使受教育者身心发展的环境与教育过程各种因素形成最佳组合，创造出使学生和谐发展的环境，从而促进受教育者素质由低级向高级不断完善的过程。

第五，素质教育是依据人的发展和社会发展的实际需要，以全面提高学生的基本素质为根本目的，以尊重学生个体性和主动精神，注重开发人的智慧潜能，注重形成人的健全个性为根本目的的教育。

这些定义虽然表述不一，但却都强调了素质教育的根本目的是全面提高全体学生的基本素质，强调了要依据社会发展和人的发展的实际需要开发人的智慧，培养学生的个性品质，反映了素质教育思想基本特征：❷

---

❶ 李海生．素质教育理论研究综述［J］．上海教育科研，1997（6）．

❷ 柳斌．实施素质教育中的几个问题［N］．中国教育报，1996－1－9．

（1）素质教育是面向全体，使每个学生都尽可能发展的教育；

（2）素质教育是全面发展的教育，素质教育不仅重视智育，还要重视"德、体、美、劳"各"育"；

（3）素质教育是张扬学生个性，使学生得到主动发展的教育；

（4）相对于专业性、定向性而言，素质教育向学生提供的是基本的素养，强调的是"为人生做准备"，是为了提高国民的素质。

（5）素质教育具有发展性，它着眼于培养学生自我学习，自我教育，自我发展的知识与能力，真正把学习的重心转移到启迪心智，孕育潜力，增强后劲上来。

总之，素质教育是在传统教育和现行教育基础上发展起来的以提高国民素质为根本宗旨，以育人、育德为首位，以健体、育智（智育）、育心（心理健康教育）为基础，以培养对知识技能和信息的获取、掌握和灵活运用能力为核心，以培养创新精神和实践能力为重点，以培养造就高素质的国民为最终目标的教育。

二、素质教育理论对教育的启示作用

知识经济时代是知识化、信息化和学习化的时代，对人才要求更高，适应时代需要的人才应是高素质的复合型人才，应具备全面的综合素质，包括文化素质、思想道德素质、心理素质以及良好的协调能力、团队精神、创新意识等。素质教育的终极目标是普遍提高全体受教育者的整体素质、综合素质，以达到最终实现提高国民素质的目标。

为实现这一目标，首先须提高教育者的素质。高等教育正由应试教育向素质教育转变，由精英教育向大众化教育转变，这对高校教师的素质提出更高要求，学生素质及其创新精神的高低，取决于教育。只有首先提高教师这个第一主体的素质，在学校的所有教育者中树立起跟上时代发展要求去培养学生创新精神的观念，积极推进课程与教学内容朝着培养创新型人才的方向改进，积极推进课堂教学操作模式、教育教学管理、考试内容与方法、考试评价标准与方法的不断改进，吸收国内外一切有利于培养创新精神的好方法、好措施，这样，培养学生的创新精神和教育创新的实施才有根本上的保证。在提高和发展教育者素质的前提下，在教育过程中去充分发挥全体教育者和全体受教育者两个方面的教育和学习主体性，才可能使得全体教育者和全体受教育者在充分发挥其主体性的过程中，各自在素质方面都共同得到发展。

其次，从培养学生基本素质角度来讲，须培养学生思想道德素质、专业素质、文化素质、身心素质和能力素质。专业素质教育是主体，文化素质教育是基础，思想品质素质是根本，身体心理素质是物质保证。

"青年兴则国家兴，青年强则国家强"，当代大学生处在中国社会巨大变革的时期，能否在竞争、挑战和机遇并存的社会中发展自己，实现自我价值，关键在于较高的综合素质，而思想道德素质是自我价值实现的核心素质，是大学生应具备的首要素质，它包括良好的思想政治素质以及良好的道德品质。一定要加强学校的思想政治教育，要坚持教育为社会主义现代化建设服务，培养社会主义现代化建设所需要的合格人才，是学校坚持坚定正确的政治方向的集中体现，政治素质对一个人的成长至关重要。另外还要加强对学生进行中华民族优良道德传统教育和革命传统教育，增强学生思想道德素质对学生的成长也具有不可忽视的重要作用。

专业素质是指从事社会职业活动所必备的专门知识、技能。主要包括三个方面：扎实的理论基础、熟练的专业技能、全面的业务能力。我国的高等教育方针和实际状况都表明，具有优秀专业素质的人才，是国家立身安民的重要因素，经济发展尤其需要各种专业人才。素质教育还应该根植于课堂教育，依据专业教育为主、素质教育为辅的模式进行，"高等教育首先是专业教育，培养的是高级专业人才，不能光讲通识教育，但专业教育也要教书育人，转识成智，化性为德也应该是适用的"。❶

文化素质是大学生成才的底蕴。文化素质教育的中心在于融知识、思维、方法、原则、精神教育于一体，大力促进科学教育与人文教育的融合，将实践列入教育过程，而其现实要求则是强化人文教育，其中重点又在于高度重视民族优秀文化的教育。❷ 文化素质教育要让每一位学生都能接受包括社会经济、道德伦理、文学艺术、外国文化、历史研究、数理思维等方面的比较全面而系

❶ 章仁彪. 专业教育背景下，精神育人何以可能 [J]. 河南教育，2010（1）.
❷ 杨叔子，余东升. 文化素质教育与通识教育之比较 [J]. 高等教育研究，2007（6）.

统的知识与能力，完善其知识结构，形成合理健全的知识与能力链条；在培养学生文化素质教育时还要放眼国外优秀教育经验，从自身需求出发，设置相应教学环节，强化学生的文化素质水准。

身心素质包括身体健康和心理健康两个方面，身体健康是健康的物质基础，心理健康是健康的精神保证。大学生只有身体和心理都健康才能适应社会需求。

能力素质。社会的进步、人类的发展、科技的飞跃，归根结底在于人的创造性劳动。创新是人类进步的不竭动力。高度的创新能力是 21 世纪人才必备的素质。教师要深化教学改革，积极探索与创新教育相适应的教学方法，充分调动学生自主学习的积极性，激发学生创新意识；教师要培养大学生重实践、重创新的意识，大力加强大学生创新教育；教师可适当鼓励大学生参加科研学术活动，形成有效的创新教育模式。

再次，调整对学生的评价体系。素质教育中如何进行人才素质的评价，将对人才素质培养起到导向作用，传统的大学生评价体系有以下几个明显缺陷：①重分数、重知识、轻能力；②重考试结果、轻学习过程；③重智力因素、轻创新意识、创新精神和实践能力等非智力因素。这种评价体系没有测评学生个体创新精神和创新能力，不能客观地反映每个学生的综合素质发展水平。因此，在评价体系方面，应该设计科学、合理、全面的评价指标体系，定性与定量相结合、个性与整体性相结合，要重视测评的过程化、个体化、细节化，可以实行教师评价、学生互评、学生自评相结合的多级评价系统，使人才素质的评价的过程和结果成为激励人才提高全面综合素质的动因。

素质教育的思想、理念及其实践探索，是我国教育改革发展的必然要求，也是世界科学技术和时代发展对我国教育提出的必然要求。由以前的应试教育向素质教育的转轨是教育发展的一个连续过程，是对应试教育的"扬弃"过程，这一过程必将会持续下去。

第三章

"纲要"研究性教学的实施

在"纲要"研究性教学理念、教学目标、理论基础的指引下，可实施以下教学环节：确定问题、专题或项目；组织研究性小组；指导—实施；展示、交流成果。

第一节 确定问题、专题或项目

当前，高等教学方法改革的趋势以发展学生的智能为出发点，突出教学的发展性；以调动学生学习积极性和主动性为中心，突出教学的双边性；以发展非认知因素为手段，突出了教学的情感性；以多种方法、手段的优化组合为目标，突出了教学的综合性。❶"纲要"研究性教学的实施要顺应高等教学方法改革的这种趋势。

问题、专题或项目是"纲要"课研究性教学的出发点和归宿。一般而言，研究性教学中的问题、专题或项目应该具备情境性和价值性等特征。首先，教师应该保证问题的情境性。在社会情境下发生的真实问题，更容易调动学生的学习兴趣，激发学生对问题进行深入思考的热情。例如，学生可表演微电影或话剧《戊戌变法》《五四运动》《建党伟业》《西安事变》等。其次，问题的价值性包括"有意义"和"有意思"两个维度；因为知识经验和能力水平的

---

❶ 吴文侃. 比较教学论 [M]. 北京：人民教育出版社，1996：304－309.

差异，师生之间要互相沟通协商，努力对问题、专题或项目达成价值认同。

"纲要"课题可分为学习性课题和科研性课题。学习性课题是帮助学生学好课程知识并养成相关能力的课题，如拓展性课题（拓宽知识面，培养获取知识能力的课题）。通过设置恰当的问题，教师激发了学生的积极思维。教师的启发应当能够激起学生紧张、活泼的智力活动，从而使学生深刻地理解掌握中国近现代史，获得多方面的体验和锻炼发展。因此，启发应当选择那些具有一定难度、需要学生进行比较复杂的思维活动，但又是他们通过自觉积极的思考能够得到基本正确结果的问题来进行。例如，教师在讲授洋务运动时，可出题："阅读日本近代历史，比较日本明治维新和中国洋务运动的异同，探究明治维新成功的原因与洋务运动失败的原因和教训。"学生研究后会发现，由于资本主义的发展，日本社会中已出现了资产阶级，他们在经济上有了一定的力量。在幕府末年，大商业和高利贷也有较大发展，城市中已经出现了一批商业垄断组织。有些商人已凭借手中的经济势力参与政治。无实权的天皇和下层的资产阶级联合夺取实权，这些条件在中国是没有的。中国的洋务派一直以维护封建社会制度为己任，不想对现存的封建制度进行任何革命性的变革。通过这样的比较，可以让学生更深刻地理解洋务运动失败的原因，从而认识到仅仅依靠地主阶级洋务派，中国不可能走向近代化。科研性课题是引导学生跟踪学科发展进程并使学生学会研究和创造知识的课题，例如，可设置理论研究性课题——"五四时期，在众多主义中，先进的中国人为何选择了马克思主义"、实验研究性课题——话剧或微电影《建国大业》等。根据其研究方式课题可分为自研性课题（学生根据教学要求自主选题和研究的课题）、导研性课题（学生在教师指导下选题和研究的课题）和同研性课题（教师和学生共同选题和研究的课题）。❶ 研究性教学所选专题来源的调查结果表明，专题由教师指定、学生自定和师生共同商讨的比例分别为41%、14%、42%。"在研究性教学中，教师起主导作用，学生自定选题不占优势，说明教师要进一步让学生独立或半独立地参与研究性教学，增强师生之间的深层互动和共同探索。"❷

---

❶ 沈云林. 大学学科课程研究性教学之方法［J］. 大学教育科学，2007（2）.

❷ 周振微，屈林岩，钟文周. 本科研究性教学的调查与分析［J］. 湖南科技学院学报，2008（2）.

专题的选择不能偏窄，所涵盖的内容要有一定的深度和广度；所选择和确立的专题应既是中国近现代社会发展进程中的重大历史问题，又要紧扣思想政治理论教育的主题。选择适合课题或问题时需注意以下几点：一是课题或问题的选择要与学生已有的知识水平、需要、经验、兴趣等相适应。当学生缺乏与课题相关的知识、需要、经验和兴趣时，往往会失去研究的热情、主动性和积极性。也就是说，只有学生能够从自己的生活与学习环境、心理状态、经验和兴趣中获取信息，并将自己的知识、心理、经验和兴趣与新的课题或问题联系起来，才能使学生热情、主动、积极地学习与探究。例如，可设计演讲"五四精神"。教师拟定的探究题目必须以提高学生的素质、能力，提升情感为宗旨，贯彻课程目标。要想让学生有研究空间，教师所拟定的探究题目必须难度适中。例如，有教师给学生出辩论题"大革命失败主要由陈独秀还是由共产国际负责"，该题即使由中国近现代史专业的学生来回答，也存在很大的难度，因为这个问题学术界迄今一直争论激烈，难有定论。题目的难度也不能太小或不具备足够的挑战性，否则难以引起学生的兴趣。同时，它们还应该有利于知识的学习和积累。因此，问题的选择与编排非常重要。二是课题或问题的选择是具体的而不是抽象的。学生通过亲身参与和体验调研、课题研究等各种活动，形成对某些问题的认识和态度，获得丰富的直接经验，发展综合能力。只有这样，学生才能以最有效的方式研究所遇到的问题、专题或项目。例如，可设计话剧《建党伟业》《建国大业》。三是课题或问题的选择与课程教学目标相一致。大学各门课程教学都有明确的目标，课程教学目标往往是选择课题或问题的重要依据。当教师认识到培养学生的研究意识、研究习惯和研究能力这一课程教学目标时，就有可能设计出有关提高研究能力方面的研究课题来引导学生。❶ 例如，可设计专题"清朝已于 1901 年实行'新政'，为何仍然发生辛亥革命？""太平天国农民运动能拯救中国吗？"

从 2006 年 9 月起，北京大学开设"纲要"课，在导言之外设计了以下 11 个专题：外国入侵与近代中国半殖民地半封建性质；对国家出路的早期探索；资产阶级共和国的试验及失败；马克思主义的早期传播与中国共产党的成立；

---

❶ 李宏祥，姚利民，史曼莉，等. 大学研究性教学内涵、特征和过程 [J]. 湖南社会科学，2008 (5).

国共合作与国民革命；中国特色革命道路的探索；全民族抗战的胜利；两个中国之命运的决战；社会主义基本制度的确立；社会主义建设在探索中曲折发展；改革开放与现代化建设新局面。❶

华中师范大学"纲要"课采取专题教授的形式，突出教材的重点、难点和热点问题。如在"辛亥革命与君主专制制度的终结"教学中，教师根据教学要求，提出了三个问题组织教学：为什么辛亥革命是历史的必然选择；资产阶级民主革命方案的基本内容与局限；怎样认识辛亥革命的成功与失败。在讲"中华民族的抗日战争"时，集中讲授以下5个大问题：①日本发动灭亡中国的侵略战争；②中国军民从局部抗战到全国性抗战；③国民党与抗日的正面战场；④中国共产党成为抗日战争的中流砥柱；⑤抗日战争的胜利及其意义。❷

西北大学"纲要"课分10个专题：总论；近现代中国的基本国情；近现代中国人民抵御外来侵略和争取民族独立的斗争；近现代中国各阶级阶层探索国家出路的努力；近现代中国思想文化的演进与马克思主义中国化；近现代中国的政党与中国共产党的历史地位；近现代中国各种政治和社会力量追求中国现代化的努力及失败；社会主义制度在中国的确立；中国共产党对社会主义建设道路的艰辛探索；改革开放与中华民族的伟大腾飞。❸

天津师范大学设置8个专题：近代中国贫困落后的根源；中国农民反帝反封建的斗争；资产阶级反帝反封建的斗争；中国选择了马克思主义；历史选择了中国共产党；中国共产党领导的民主革命；中国社会主义道路的选择；探索社会主义建设道路，实现民族腾飞。❹

北京科技大学"纲要"课设计了以下问题、专题或项目（见表3-1）。

❶ 康沛竹. 关于开设"中国近现代史纲要"课的几点思考［J］. 清华大学学报（哲学社会科学版），2006（S2）.

❷ http：//course. jingpinke. com/details/methodology？ uuid = 8a83399b - 19cc280d - 0119 - cc280e11 - 00e9&courseID = B070089&column = method。

❸ 李志松. 论"中国近现代史纲要"课的教学创新［J］. 教育评论，2011（1）.

❹ 王同起. 对开设"中国近现代史纲要"专题讲座的思考［J］. 思想理论教育导刊，2007（6）.

表3-1 北京科技大学"纲要"课设计的问题、专题或项目

对应教材章节	研究性问题、专题或项目
上编综述	(1) 了解英国圈地运动、血腥立法和海外掠夺的历史,考察英国资本主义的诞生过程,明了中英在近代发展中的巨大差距及其原因 (2) 西方列强东来,给各国人民带来了福音还是灾难
第一章	阅读马克思的著作:《不列颠在印度的统治》《不列颠在印度统治的未来结果》,谈读书体会
第二章第一节	太平天国农民运动能拯救中国吗
第二章第二节	(1) 考察日本近代历史,比较日本明治维新和中国洋务运动的异同,探究明治维新成功的原因与洋务运动失败的原因和教训 (2) 李鸿章是中国近代化的功臣还是大清帝国的裱糊匠
第二章第三节	(1) 话剧或微电影《戊戌变法》 (2) 评价康有为
第三章	(1) 清朝已于1901年实行"新政",为何仍然发生辛亥革命 (2) 话剧或微电影《辛亥革命》
中编综述;第四章第一节	(1) 五四时期,在众多主义中,先进的中国人为何选择了马克思主义 (2) 话剧或微电影《五四运动》;或演讲《五四精神》
第四章第二节	话剧或微电影《建党伟业》
第四章第三节	国共为何能进行第一次合作,有何意义
第五章第一节	如何评价国民党在全国的统治(1927—1937)
第五章第二节	演讲《长征精神》
第六章	(1) 话剧或微电影《西安事变》 (2) 如何评价国、共的抗日业绩
第七章	(1) 抗战胜利后,国民党为何很快陷入全民包围中,国民党在大陆失败的原因是什么 (2) 话剧或微电影《建国大业》
下编综述	演讲《我爱你,中国》

在"纲要"课研究性教学中,教师指导学生围绕一些专题、项目提出问题、分析问题和解决问题,在获取知识的过程中始终贯穿科学研究的方法,如布置专题讨论题、组织模拟辩论赛、撰写研究报告、查阅原始档案资料、运用历史分析方法、归纳总结形成结论、创作微电影或话剧等艺术作品。就学生而

言，在研究性学习中主要是进行自主性学习，在教师的指导下，选择课题、专题、项目进行研究，在完成课程教学要求的过程中感受、体验发现和创造知识或项目的全过程。这样，就真正体现出了教师的主导地位和学生的主体地位。

第二节　组织研究性小组

学习小组合作解决问题是研究性学习的一个重要特征。以北京科技大学"纲要"课为例，以班为单位，每班分成 3 个小组，每组 8 人左右。建议分组时以自愿为原则；男女同学搭配，以利于项目表演时角色齐全，提高效率，方便演出；每组中至少有一位制作视频技术能力强和组织能力强的学生。开学第一周向学生布置分组任务，第二周确定。如此，大多数学生将有至少两周或以上的时间进行准备工作。

合作的意识和能力，是大学生所必备的基本素质。在"纲要"研究性教学中，这种合作的意义在于以下几点。

首先，学生围绕问题、专题、项目等进行讨论，可以激活学生先前的中国近现代史知识储备，在原有知识背景与问题、专题、项目之间生成更多的联系。

其次，讨论可以使学生的思维过程外显化，学生会经常感受到观点的冲突，从而可以更好地进行中国近现代史学习的反思和评判；最重要的是给学生创造了一个人人积极探索、主动参与、独立思考与创新的优良环境。只要"纲要"研究性课题本身具有较为丰富的内涵，就能使所有的学生都有参与探索的机会，而且需要对问题、专题、项目生成多层次的理解，而后再将各个方面的见解集合起来。这实际上是共同建构知识或作品的过程，每个成员都在贡献着智慧和力量。

第三节　指导—实施阶段

指导学生进行课题研究，此阶段是"纲要"研究性教学的中心阶段。它以系统实施研究方案为任务，以学生整合知识、收集信息、研讨求索、解决问题为目的，以学生自主参与、自主思考、自主探索、自主设计、自主实施为特征。联合国教科文组织在 1972 年出版的《学会生存》的报告中提出"教会学生学习"，即学生通过教学不仅掌握系统的知识，而且获得独立地学习与更新知识的方法与能力。教学要充分发挥学生的主动精神，使学生成为积极的学习者，正如联合国教科文组织干事埃德加·富尔所说，未来的文盲不是那些不识字的人，而是那些不会学习的人；大学生如果不学习，当然不能说是文盲，但却有可能成为"功能性文盲"。因而，要重视培养学生的中国近现代史自学能力及信息选择、分析、综合能力，使学生具备终身学习的能力。❶

在应试教育模式下走入大学校门的学生，大多数没有进行探索性学习和研究的经历，缺乏研究性教学所需的科学研究素养。大部分学生除了课堂上所学的几本教材以外，对于中国近现代史和世界近现代史的书看得甚少，很多学生不清楚中国近现代史的著名期刊和网站，不了解学术动态和学术前沿，欠缺信息收集处理、人际关系协调等进行研究性学习的基本技能，因而在研究性教学活动中不知从何入手。调查表明，45% 的教师认为学生研究性教学所需的科研素养一般，27.7% 的教师认为学生不具备研究性教学所需的科研素养。尽管有54.7% 的学生认为自己的科研素养能适应研究性教学的需要，但也有 45.3%的学生承认自己的科研素养不适应研究性教学的需要。❷ 这就需要教师对"纲要"课研究性教学进行精心的指导。

教师的指导包括以下几个方面：①提高学生对课题研究意义的认识；②帮助学生形成合作的研究团队，尽快确立各研究小组的负责人；③对学生的研究工作进行各种技术指导，如指导学生查找资料、分析资料、构架论文结构和写作论文，指导学生实施项目研究和创作，指导学生使用多媒体的技术，指导学生胜任演员和导演的技术等。

教师开始指导时，首先要求组长给小组同学分配研究任务——搜集文字资料、图片资料、影像资料、准备道具、撰写剧本等任务。学生搜集和分析有关课题的信息资料，了解和学习搜集资料的方法，掌握访谈、上网、查阅书刊杂志等获取资料的方式，并选择有效方式获取所需的信息资料。要学会判断信

❶ 顾建民. 高等教育学［M］. 杭州：浙江大学出版社，2008：184.
❷ 姚利民，康雯. 大学研究性教学现状与原因分析［J］. 中国大学教学，2009（1）.

息资料的真伪、优劣，识别对本课题、项目研究具有重要关联的有价值的资料，学会有条理、有逻辑地整理与归纳资料，发现信息资料间的关联和趋势，最后按照时间的顺序综合整理信息进行判断，得出相应的结论。其次，召开小组研讨会，让同学们进行初步的交流。同学们通过交流、研讨，分享成果，学会欣赏和发现他人的优点，学会理解和宽容，学会客观地分析和辩证地思考。总之，学生通过设疑、质疑、交流、合作、研讨等，使问题得到解决、项目得以完成。

具体说来，教师指导设计微电影，要求学生做到：

（1）剧情流畅、紧凑；

（2）简易化妆；

（3）演员台词熟练；

（4）台词幽默；

（5）使用小道具；

（6）录音清晰；

（7）制作字幕；

（8）剪辑合理；

（9）剧长 15 分钟左右。

教师指导设计话剧，要求学生做到：

（1）6~8 幕；

（2）剧情紧凑、流畅

（3）背景要有图片氛围；

（4）演员台词熟练；

（5）台词幽默；

（6）制作小道具；

（7）剧长 15 分钟左右。

教师应随时了解学生的项目进展情况，及时提出反馈意见。反馈对于控制研究过程和提高研究质量十分重要。学生在课题、项目研究中常常有"临时抱佛脚"的现象，如果教师不经常进行反馈控制，他们可能"随便交差"。因此，教师必须重视反馈、经常反馈和多形式的反馈。只有这样，才能真正提高课题研究教学的质量和效果。

指导教师应成为学生信息交汇的枢纽，成为交流的组织者、建议者与引导者。要注意观察每一个学生在品德、能力、个性方面的发展，给予适时的鼓励和指导，帮助他们建立自信并进一步提高研究的积极性。

总之，研究性教学中教师的职责是：创设探究的情境；建立良好的群体；提供丰富的资料和信息；创造融洽的氛围；赋予适当的时空；实施适当的教学控制、问题的把握、方向的引导、思维的点拨、时间的调节、情绪的互动等。❶

"纲要"课教学的目标不再是教师独自传递中国近现代史知识的过程，而是创造情境让学生以自己的理解方式去解释历史、"创作"历史，师生共同参与知识创造的过程。此过程类似科学研究的过程，虽不像真正的学者或科学家那样专门以知识发现或问题解决为己任的"类标准"研究过程，但它也需要"个体标准"研究所具备的素养：较强的问题意识，实事求是、一丝不苟的科学态度，不畏困难、勇于探索的科学精神，对问题进行判断、分析、探究、尝试解决的研究意识与创新能力等。无疑，"纲要"课研究性教学有利于形成学生的科学涵养，培养研究意识与研究能力。❷

学生学习成果一般没有重大成果和重大发现，可以是已有中国近现代史研究成果的"再发现"，也可以是新的创造，譬如产生原创话剧、微电影等作品。

总之，在"纲要"研究性教学中，教师的职责应是越来越少地传授中国近现代史知识，越来越多地激励学生思考，越来越成为一位学习的引路人和"顾问"、一位交换意见的参与者、一位帮助发现问题而不是充当真理裁判者的人。

在"纲要"研究性教学中，教师与学生之间不再是灌输与被灌输、征服与被征服的关系，而成为一种双向、平等的交流关系。在这样的关系中，教师与学生之间能相互信任、相互倾听，获得精神的交流，从而将生命感、价值感从沉睡的自我意识中唤醒。

---

❶ 孙元清. 对研究性学习和研究性教学实践的反思 [J]. 化学教学，2004 (12).

❷ 严启英. 关注高校研究性教学提高大学生的创新能力 [J]. 高教论坛，2009，3 (3).

第四节 展示、交流成果

成果汇报的意义在于：一是通过竞争以提高项目研究的质量；二是通过成果汇报，达至成果的共享；三是通过项目汇报提高学生的表达、组织、协调、合作、表演能力。

汇报由以下环节构成。

（1）形成书面报告或口头报告材料。要求学生将自己的研究成果制成PPT、话剧或者微电影。

（2）准备材料。做好汇报材料的准备工作，包括论文材料、作品材料和汇报过程中的安排材料；选好课题汇报的表现形式，如微电影、话剧、演讲、PPT等作品；做好汇报过程的策划，包括方案设计、角色分工、手段选择、氛围营造、互动安排等。

（3）交流成果。用演出、报告、研讨、辩论等各种形式进行。在课堂上由每组的一个代表或者几个代表或者全组同学向全体同学演示。

（4）组织点评。教师既要点评成果质量，更要关注研究态度、研究过程与方法的评价。要求其他组或其他班的同学对演示小组的成果进行评价。这样做的好处是：无形中迫使其他组或其他班的同学认真观看演示同学的材料和活动，达到全体同学都在学习的目的。

（5）引导反思。使学生对研究性学习获得更深层次的理性认识和操作体验。教师的点评很重要，既要肯定学生的劳动成果，又要指出他们的不足，并引导他们朝着更高的目标前进。

以下是北京科技大学"纲要"课研究性教学案例。

1. 专题研究

题目："了解英国圈地运动、血腥立法和海外掠夺的历史，考察英国资本主义的诞生过程，明了中英在近代发展中的巨大差距及其原因"。

以下是学生的体会。

学生A：

上课时我认真听讲，将老师布置的作业记录在教材上，然后在课下认真完成。

由于我们班人数较少，因此分为两组，男生九个人一组，女生八个人一组。一次需要一个组去做PPT。因此我们将课题划分为三小块，刚好将男生分为三小组，每个小组做课题的一小块，然后小组内部再去划分任务各自去搜索图片和文字资料，最后将做好的PPT交给一个同学，让他去综合所有的PPT，重复的删去，不足的弥补。

我们做PPT到深夜两点半，上网努力地搜索每一张图片、背景，每一张图片都精挑细选，以求达到最完美的地步。比如我做的经济方面中英差距，就上网搜索与经济有关的图片，每一张幻灯片上的图片都要符合其中的内容，经济就去搜铜钱和英镑，分析原因时如果此页与中国封建制度有关就去搜索与皇室有关的图片，与英国有关就搜索工业革命时期的图片。这样一点一点去琢磨，最终做好了自己的那块。

通过研究性学习，我有以下两点感受。①通过查阅网上资料，我了解了很多鸦片战争时期中国总体的落后情况，以及那个时期中国政府的腐败和封建制度的腐朽，让我更加了解了那个时期的中国人民是如何处在水深火热的环境之中的；英国等西方资本主义国家工业革命时期，生产力是如何的发达，但是他们的发展又是建立在农民的血与肉的基础之上的，令人心寒，他们的圈地运动使多少农民失去了土地，血腥立法又带给人们多大的伤害，海外掠夺虽然给他们带来了巨大的财富，但是又对殖民地的人民造成多大的肉体和精神上的损失，永远无法弥补。②查阅资料可以让我感到对知识的渴望，有极大的热情投入学习，我希望在以后的学习中继续保持这种状态，继续努力。

学生B：

我在这次活动中扮演着一个制作者的角色，虽然我的作用不是特别特别大，但也是不可或缺的一部分。我是做"血腥立法"部分的。为了完成我的任务，我在图书馆里待了一下午，一直查找关于血腥立法的内容。可是这部分过于生僻，我只好上网去寻找，也用了图书馆里的一本《英国皇室》的书里的相关内容。

历史是一门大学的必修课，可见历史对于人们的重要性。历史对于人类来说，是人类的根本。我们在做事情时，会用到历史知识与当前事件做对比。对于历史的感悟，我觉得历史这东西，和人类的发展是无法分割的。人类不能忘记历史，不能篡改历史，历史对于我们来说是神圣的回忆，能让我们对比和参考，来衡量现在的对与错。历史丰富了我们的生活，充实了我们的内心世界。总之，历史于我们，是段回忆，是一本美丽的书籍。

学生C：

我在做关于英国资本主义萌芽的作业中了解了很多历史事件，包括他们之间的关系和他们发生的原因。英国的资本主义如何产生发展的？

（1）在经济上，它们并不是依靠生产力的发展求得资本的积累，主要是依靠政权的强制力量进行"原始积累"，以国内"圈地运动"和国外疯狂的殖民掠夺为主要形式。资产阶级是以血与火的文字写就了它们经济发展初始阶段的历史。处在初期阶段的资本主义经济关系并不稳固，作为这一经济关系轴心——雇佣劳动对资本还处在"形式隶属"的阶段。

（2）在政治上，英国的封建统治阶级当时施行的政策给英国的资产阶级带来了压力，或者说威胁。都铎王朝最后一个统治者伊丽莎白女王死后，由詹姆士继续斯图亚特王朝的统治，他为专制主义暴政大造舆论，还疯狂迫害清教徒（清教徒大多数是资产阶级），还加紧搜刮人民，与西班牙实行友好外交等。总的来说就是封建统治阶级和资产阶级的矛盾过于尖锐。

（3）在战争上，长达百年的英法战争给英法两国带来了巨大影响。在政治和经济利益的驱动下，英王室调整了商业政策，挟持本国商人，大力发展生产，积极拓展海外市场，建立海上霸权。战争在一定程度上刺激、推动了正在成长中的资本主义生产关系萌芽。

其实不止英国的这段历史，每个国家在每段时期的发展史都是丰富多彩的。

学习历史并不是没用的，也许就像卖菜的用不上高等数学一样，但这是一种素养，懂历史不一定就要处处都把历史用上，但懂历史的人一定有着较高的素质。历史并不只是一种学问。

学生D：

大一下学期开设了"中国近现代史纲要"这门课程，在还未正式接触这门课之前一直以为也是和高中时期所上的历史课差不多。但真正上了课之后才发现，相比中学时的历史课，大学的历史课更加生动，也更具有感染力，不再是以前那样为了应付考试而一味把历史知识硬塞给我们的历史课。第一次让我这个理科生感觉到了历史的魅力。

这次老师给我们布置了有关英国资本主义的发展及中国与英国各方面文化差异的PPT的作业。通过这次作业，我们对英国资本主义的发展历史有了更深刻的了解。无论是英国资本主义萌芽时期的海外掠夺还是后来通过资本累计达到的日不落辉煌的时代都给了我很深的触动。

通过这次的作业，历史对我的吸引力有了很大的提升。我的幻灯片制作能力和资料查找能力也获得了很大的提升。

学生 E：

这次我们小组的研究性学习课题是有关英国的历史。在确认了研究性学习的课题和范围后，我们进行了分工。我的任务是查找英国圈地运动的历史文字和图片资料并将其归纳总结做成PPT，以供小组代表演示讲解。

接到任务后，我先在网上查找了圈地运动发生的时间和大概概念，然后我去了学校图书馆查找了相关书籍，如《欧洲史》（世界知识出版社），《英国史》（中国社会科学出版社）和《英国王室》（百花文艺出版社）等。在阅读了相关资料后，我又在网上仔细搜寻了专家学者的看法。最后我综合了各方资料，也结合了自己的一点想法，完成了PPT的制作。

通过了这次研究性学习，我受益匪浅。首先，我体会到了团队的力量，没有合作，谁也不能单独轻易地完成这次研究性学习。当老师说看出了我们投入了精力时，我们都为参与了这次活动而自豪。其次，参加这次活动也让我了解了一些英国历史和社会道理。英国圈地运动让我知道，在人们眼中利益永远第一位，为了利益，不知多少人无家可归，也不知多少人流血牺牲；同时哪里有压迫剥削哪里就有反抗；有很多时候国家社会的发展必然伴随着部分人和事物的牺牲。虽然我对英国只了解了一点点，然而重要的是这次活动让我产生了对英国历史、欧洲历史以及世界历史的兴趣。兴趣是最好的老师，相信以后我会在兴趣的引导下主动去了解更多的历史，充实自己。

学生 F：

在这次的研究性学习活动中，我参与了关于英国海外掠夺部分的资料搜集及PPT制作。我们在做的过程中发现英国海外掠夺和圈地运动、血腥立法有着深刻的联系。所以我和另外两名小组成员决定从图书馆寻找资料。于是在星期六的下午，图书馆中出现了三个男生，每个人手中都捧着一堆厚厚的书籍，从欧洲尤其是英国的人文到其历史的发展，再到其独特文化和在此特定文化下孕育出的可能的独特心理、潜在意识和世界观。各种相关的书籍都查阅了一遍。虽然很可惜，从中得到的资料不多，但对我们获得信息、自主学习的能力有着很大的帮助。

在泡图书馆的一个下午中，我感觉到学习原来也可以这样学，可以这么有趣、自由。通过这次的学习，我感受到了图书馆的魅力，体会到了自己探索知识的美妙，而且，这样的学习方法让我对所学知识有一个立体、直观的认识，并且印象深刻。

学生 G：

中国近代史纲要，一门崭新的历史课，向我们展示了一个全面的近代中国。开课第一节，就是中国近代史的开端——鸦片战争。

作为第一个汇报的班级，我们班的主题是"了解英国，对比中国"。恰好我们大组里有 9 个成员，正好主题可分为三个大块。于是，我们就 3 人一组，分块做 PPT，最后再综合起来。我们小组的板块是"对比中英在近代发展中的巨大差距及其原因"。我们小组 3 人经讨论，由兴趣确定方向，决定从"文化"、"经济"和"军事"三方面进行对比。于是，我就选择了"军事"的角度。

起初，我以为搜集资料是个非常简单的事情。在网络如此发达的今天，只需打开搜索引擎，输入关键字，轻轻一点鼠标，轻松获得海量资讯。可是，当我键入"中英近代军事对比"，跳出来的海量资讯瞬间将我淹没。而其中的大多数内容，于我毫无价值，甚至背道而驰。当我发了数十次牢骚，点开上百个网站，浏览数千万个汉字，我终于理出了我自己的思路：英国（包括整个欧洲）相互竞争，科技发展，正在迅速崛起；而此时此刻，东方的泱泱大国却故步自封，自以为是，急速没落。在这种情况下，平行发展了上千年的东西双方相遇了，打响了鸦片战争，开启了中国的近代史。耻辱之后，在孙中山、毛泽东等伟大领袖的带领下，中国走上了复兴的道路；而与此同时，作为两次世界大战主战场的欧洲，以英国为首的一些西方国家遭遇重创，经济、军事等各个方面陡然下滑。此后，时间便来到了现代。

67

厘清了思路，便知道该如何搜集资料了。我先查找英国的近代发展史，意外收获了"世界近代军事史"系列丛书。不仅了解了英国的崛起到没落，还顺便了解了在同时代，欧洲各国相互促进、相互竞争、相互发展的精彩过程。同时，在同时期的对比中，我还看到了亚洲以及美洲革新与发展的步伐。欲了解英国，却扫描了世界，着实是一举多得啊！

整理了英国的军事发展，便从中英的重要交会点——鸦片战争为重点，进行武器装备上的对比，其中又以海战的最大特色——战舰为主，从吨位、火炮数、火器等各个方面，一一以数据、图片、文字描述等形式展开。在比较中，我看到的是中英在武器装备上的巨大差距：英军使用的，是在工业革命中诞生的、代表世界最新生产力的新型武器；而清军使用的，却是仿造明朝引进的西方武器样式制作的。就形状样式而言，这种老式的武器与英军相比整整落后了200 余年，更别说其性能与威力了。

此后，中国便像我们所知的那样，一步步地沦为了半殖民地半封建社会。两次世界大战可以说在一定程度上拯救了我们中国。欧洲是世界大战的主战场，西方列强在大战中抽不出身，在一定程度上降低了对中国的控制。这对于被压迫的中国来说，无异于在即将窒息的时候突然吸到一大口新鲜的空气，从死亡的悬崖边上拉了回来。这条缓过神来的东方巨龙，在被欺辱了60 年之后，终于腾空而起，飞往通向现代的伟大复兴的天空。

通过这次研究性学习，我感觉收获颇丰：不仅了解了英国在近代史上的发展，还宏观、大致地了解了同时期世界的军事发展，更在对比当中，认清了当时中国的境遇。从数据、文字描述、图片等方面，形象地了解了世界在近代的发展与革新。从各国的崛起与没落的过程当中，初步地摸索、感受到了历史发展的客观规律。同时，在搜集资料的过程中，我锻炼了整理资料的能力；制作PPT 的过程，又是一个熟悉 PowerPoint 的过程。

一次研究性学习，一次全面发展的机会！

2. 辩论赛

题目："比较国共抗日的业绩"

参加人员：经济 1301 班第三小组

第一次会议记录

会议时间：2014年4月8日（周二）

会议地点：一斋楼下凉亭

参会人员：A、B、C、D、E、F、G、H同学

记录员：A

会议内容：

（1）讨论课题——如何评价国共的抗日业绩。在讨论过程中，大家大致了解了抗日战争的过程，了解国共两党在抗日战争中分别扮演了怎样的角色。

（2）确定汇报形式——辩论短剧。在讨论的过程中，大家一致认为需要制作成视频，有人认为可以选几幕场景拍成话剧，但场景的选择成了问题。最终大家决定选择以辩论的形式汇报，以国共两党为正反两方展开辩论，至于如何增加视频的活泼性，减少话剧的严肃性，大家决定在台词上做文章。

（3）分配任务。会议决定让A同学做辩论主席，B同学执行拍摄任务，C、D、E同学为共产党一方辩手，F、G、H同学为国民党一方辩手，各自查找相关资料，并在QQ群中互相分享与分析，并决定由G、H解决技术问题。

第二次会议记录

会议时间：2014年4月15日（周二）

会议地点：一斋楼下凉亭

参会人员：A、B、C、D、E、F、G、H同学

记录员：A同学

会议内容：

（1）汇报各自感想。在此次会议中，大家都发表了各自的一些看法。首先，辩论的严肃性不符合活泼性的汇报要求，虽然可以在写台词上注意，但是仍十分具有局限性。最终决定在表演上增添一点幽默的元素。

（2）确定具体辩论步骤。一场正规的辩论赛环节较多，时间较长，经过商讨，我们只保留了正规辩论赛的一辩立论、二辩质询、四辩对辩的环节。另由于我们小组人数较少，遂决定每方只有三个辩手，并且共产党、国民党双方分别由A同学饰彭德怀、B同学饰薛岳担任立论工作，C同学饰刘伯承、D同学饰李宗仁担任质询工作，E同学饰毛泽东、F同学饰蒋介石担任对辩工作。

（3）会议决定本周周五进行彩排，并请大家尽快写好各自的稿子。

第三次会议记录

会议时间：2014 年 4 月 19 日（周五）

会议地点：经管楼 504

参会人员：A、B、C、D、E、F、G、H 同学

记录员：A 同学

会议内容：

本次会议其实从根本上说就是一次彩排，按照预先设计好的流程，我们大致走了一遍，如何入场、如何拍摄等都是我们需要解决的问题。会议决定统一穿黑色外套录制视频，并且加入场外观众采访这一环节。

经济 1301 小组研究性学习报告

在此次研究性学习中，我们小组的课题是如何评价国共的抗日业绩。通过此次研究性学习，我们收获的不仅是历史知识的延伸，更是团队合作的欢笑与努力。

对于抗日战争，我们每一个人都只是了解一个大致的过程，而且这些了解大多来自于历史课本，有一定的局限性与主观性。而这次研究性学习，让我们了解到抗日战争的胜利是整个民族的胜利，他少不了共产党在敌后战场坚持不懈的努力，也离不了国民党在正面战场枪林弹雨的拼杀，国共两党的通力合作才有了抗日战争的胜利。8 年抗战，国民党正面战场共进行过 22 次重大战役，歼灭日军 100 余万人，国民党伤亡 321 万人，这是血的数字，铁的贡献，不可抹杀。所以说，国民党在抗战中有着至关重要的作用。当然，共产党在抗日战争中发挥了中流砥柱的作用，用游击战的方式，凭借自身优势，在敌后作战，取得了不少的胜利，课本里提及的百团大战等战役，都是共产党巨大功绩的展现。

关于此次学习成果的汇报，不管最终的结果如何，我们都认为结果不是最重要的，重要的是小组成员在共同追逐同一目标的过程中的努力与拼搏。会议中无数次的讨论带来的不断加深的知识与见解，录制过程中每一次 NG 带来的欢笑，面对某一个问题的沉思与分析……我们的收获不仅仅是最终录制出来的那一份 AVI 文件，这些更是我们的收获。

另外，此次活动也让我们每一个小组成员展示了不一样的自己，看到不一样的他们。比如，一向羞涩可爱不愿在镜头面前展示自己的 A 同学，这一次大大方方地站在镜头前饰演一个日本男人；一向沉闷普通的 B 同学这次变身大神，掌控着本次活动中的一切技术性工作；C 同学立论中的那一曲《没有共产党就没有新中国》铿锵有力、掷地有声；D 同学那带着娇羞的蔑视，虽然不是表演所要求的，但极尽可爱之风……

进行一次研究性学习不容易，但它给我们带来的收获确实是值得的，不管是知识的积累，还是合作的美好；不管是友谊的加强，还是技术的提升；不管是欢声笑语，还是愁眉紧锁……这一切的一切，都是我们生命中最美好的回忆。

学生 A：

在此次历史研究性学习中，我们小组的课题是如何评价国共的抗日业绩。经过讨论，我们小组决定以辩论赛表演赛的形式来表现我们对这一课题的理解与探讨的成果。很荣幸，我担任我们小组的组长，并在表演赛中担任国民党二辩李宗仁的角色。

从组队之后，我便组建 QQ 群，以此作为讨论的平台，分享各自寻找的资料，发表各自对这一课题的观点，提醒组员各自的任务，掌握各组员的工作进度，发放通知。

拿到这个课题，就觉得这个很适合以辩论赛的形式来展现，但是辩论赛太过古板严肃，不够活泼。但是经过讨论，大家还是选择了这一形式。在我们的整个工作过程中，我们分工明确，每个人都有自己的工作任务，都尽自己最大的努力来做好自己的事情，扮演好自己的角色。

我是一个理科生，对历史事实的了解完全来源于课本。很小的时候，主观地认为共产党在抗日战争中的作用绝对是国民党无法比拟的，国民党有可能起的还是副作用。再大一些，虽然知道国民党在战争中有很大的作用，但具体是怎样一个作用，都没有兴趣去了解。很幸运，这次研究性学习给了我这次机会去深入了解。我在表演中担任国民党重要将领李宗仁的角色，了解到他参加了徐州会战、随枣会战、豫南会战等重要战役。另外，8 年抗战，国民党正面战场共进行过 22 次重大战役，歼灭日军 100 余万人，国民党伤亡 321 万人，这是血的数字，铁的贡献，不可抹杀。所以说，国民党在抗战中有着至关重要的作用。

当然，共产党在抗日战争中发挥了中流砥柱的作用，用游击战的方式，凭借自身优势，在敌后作战，取得了不少的胜利，课本里提及的百团大战等战役，都是共产党巨大功绩的展现。

抗日战争的胜利并不是某一个党派的胜利，而是整个民族的胜利，所以国共两党的作用的是巨大的，两党携手合作，共同赢得了这场胜利。

通过这次学习，我不仅了解到我本来不了解的历史知识，还看到我们小组成员通力合作的美好：D 大神的技术，C 同学扮演的那位可爱的日本参谋总长……感谢小组里的每一个人，感谢你们给我带来的欢笑。

学生 B：

近几周，我们历史小组一直在为历史剧忙碌。我们主要以辩论赛的形式分析抗日战争中国共的抗战业绩这一主题，我觉得这样的表现形式会把问题分析得更全面。在展示中，我是国民党一辩，主要负责立论和回答反方二辩质询这两块。在写立论稿的时候，我在网上查阅了关于抗战时期国共抗战业绩的相关历史描述与一些网友的评价，看了之后发现国共抗战的业绩不完全是我们初高中时历史课本所描述的那么简单，其实还有很多课本没说到过的历史细节。所以我觉得如果要想学好历史，就要广泛涉猎各种历史资料，然后辩证地分析问题，这样才能达到深刻认识的效果。

学生 C：

在此次历史小组活动中，我积极参与每次的活动会议，和小组成员一起讨论活动创意和汇报形式、查找资料、组织视频的拍摄、参与后期音频的录制等。通过此次历史活动，我不仅比较全面地了解了抗日战争中国共两党各自的业绩，对历史人物及政党有了更加客观的认识，不会再只是单一地通过教科书了解历史，学会了通过互联网等多渠道了解历史，更加趣味化地学习了解历史而不是死背教科书，而且在活动中体验到了一项工作要想做得好不容易，要想收获就一定要付出，也了解到要多方面发展自己不仅仅只是学习书本知识，感受到了团队合作的快乐。

3. 微电影《李鸿章》

物流 1302 班第一小组研究性学习报告——拍摄历史剧短片的趣味

在教学周的第 4 周，我和班里的同学们一起创作并拍摄了几幕关于日本侵略清朝过程中，李鸿章中堂在签订条约期间的短片，播出后在同学们中间反响很好，并且被评为了近代史教学研究性学习的样板。在感到十分高兴和荣幸的同时，我希望把拍摄过程中的趣味和大家分享一下。

说来十分惭愧，我既不是编写剧本的编剧，也不是举着摄像机拍摄的导演，但是在我们小组拍摄的过程中我收获了任何一次课程都无法给予的东西，就是实践的趣味。在参与的过程中，我觉得有以下几点收获。

（1）准备。由于拍摄背景是关于日本侵略中国的，没有很多道具的我们想到了：把自行车当作轿子、把剧本当作签订的条约、把涂成全黑的纸片粘在鼻子下面当作胡子、把枯树枝当作枪支、把床单当作担架、把红墨水当作血迹。

正如视频中所示，我们还想到了用主持节目的方式带领同学们进入情境，既不显得枯燥，也没有勉强的感觉。期间也添加了小广告等搞笑轻松的环节，增加了趣味性。

（2）拍摄。拍摄地点我们选在了离西门很近的凉亭，由 A 同学担任主要拍摄。拍摄过程中难免出现笑场、忘词的现象，大家没有觉得着急，反而乐在其中，一下午就在欢乐的气氛中度过了。

（3）出现并解决了问题。拍摄到一半的时候，摄像机突然出了问题，之前拍摄的片段很可能都丢失了，大家的第一反应是着急，但随即便耐心地等着机器恢复正常。我们最终解决了这个问题。

（4）制作。需要女生演出的部分在外边已经拍摄完毕，剩下的李鸿章受伤和伊藤博文签订条约的片段都由男生在宿舍拍摄完成，这也是我非常感谢和佩服我们组男生的原因。为了让女生少一些辛苦，他们自己完成了剩下部分的拍摄、剪辑、拼接、配音以及打字幕的环节。也正是因为有他们的辛苦，最终的历史短片才能呈现在大家眼前。

（5）成品。第 4 周周五的近代史课上，老师播放了我们制作的视频，同学们全神贯注地看着，被我们带领进当时的历史情境、被我们逗笑、被我们的认真感动。

经过这次拍摄历史剧短片，我体会到团体合作的力量，也体会到了在课程教学的过程当中，我们应该更多地去践行我们学到的知识，去体会老师让我们体会的东西。不要以为光是想想就能懂得实践的趣味，只有在自己努力做并尽力做好的过程当中才可以真正地体会到那种发自内心的快乐。

感谢老师给我们这次来之不易的机会，让我们激发自己的创造力、团结协作以及自己动手的能力，这次活动学到的知识是任何一堂教学课都无法比拟的。

学生 A：

上周，我们小组完成了研究性学习关于李鸿章的微电影的制作，从课堂检验来看，效果还是不错的。

我在此次微电影制作中扮演一名来电观众，在拍摄之前，熟读了剧本，背记了自己的台词，想好了自己那幕需要的情绪，拍摄时用了两次才满意。起初由于出去拍摄时比较匆忙，没有准备道具，中途的时候，大家一起商讨了要准备哪些简单的道具，由于我较先拍完，就回宿舍为大家拿了黑笔、卫生纸来做小胡子，红笔模拟血迹，书供广告时使用。

通过此次微电影的制作，我对李鸿章有了更深层次的理解，了解到了许多之前在课本上没有涉及的知识，在拍电影的过程中也进行了学习，很有趣味，并且印象深刻。在这次活动中也培养了团队合作意识，有所提高。我觉得这次活动也有些不足，就是拍外景时天气不是很好，风声有干扰，还有道具准备的不是很丰富。

总体来看，这次研究性学习还是比较成功的，并且很有收获。

学生 B：

参与过程：

经过前面几周在我们前面展示的其他组的情况让我们知道 PPT 的表达效果远不如视频的效果，而且 PPT 演示容易让人产生困意，还有 PPT 的互动效果也不是那么强，所以我们组决定走出前几组的圈子，做一个幽默而又客观反映历史的视频，然后我们在网上搜相应的资料，接着就进入了视频的拍摄过程，拍摄过程也比较搞笑，因此有的过程拍了一遍又一遍。当天我就演了一位来电观众，之后有事伊藤博文的部分就没拍，由于台词有点多，有的地方台词被我们改了一下，第二天我们拍完了所有部分，最后进行视频制作时发现之前拍的片段有的由于风声太大而效果不好，又重新拍了一遍，声音重新录了一遍。花了一两天来进行视频的后期制作。

收获与不足：

最大的收获就是通过此次的视频制作与拍摄过程让我们对李鸿章的认识更加深入，而不再片面以卖国贼来评价他。之前一提到他也许我们首先想到的是卖国贼，但经过此次拍摄，让我们知道时代的无奈，一个弱国的外交强手，为了那个腐朽的大清王朝，他确实失去了很多很多！

不足就是视频虽然做好了，但放映的时候视频效果不是很好，与另外一组的视频制作功底有很大差距，这一点有待提高。借这个机会应该与别的成员的关系更近一步，但却没发生在我的身上，所以这也算一个不足吧。另外就是参与的时候没那么积极！

学生C：

上周我所在的物流2班第一个小组开展了关于李鸿章的学习讨论和微电影拍摄，我们在一起讨论了李鸿章的成功失败，讨论他是历史功臣还是卖国贼，而后共同完成了一部创新幽默又有历史意义的剧本，拍成了微电影。

在微电影的拍摄过程中，我饰演的是女主持人，联系收集来电观众对李鸿章的看法，带给观众一个关于李鸿章那段历史的重演。在这个过程中，我们几个人合作很欢乐，也在假想故事中对李鸿章进行了深入的了解。

我觉得，对于李鸿章我们应该用辩证的观点来评价他，也希望我们铭记历史，利用前车之鉴，更好地为祖国做贡献。

学生D：

我们物流2班第一小组的成员利用第4周的时间对洋务运动进行了研究性的学习，并以洋务运动的代表人物李鸿章为主题进行了微电影的拍摄和制作。

在电影中我负责旁白的角色，虽然并没有参与到表演中，但一直参与了拍摄的过程。从确定主题、敲定剧本到拍摄、视频制作，小伙伴儿们都尽心尽力，我们在轻松愉快的气氛下完成了整个学习任务并从中收获了很多。最终在课堂展示时也有非常好的效果，使更多的同学在幽默风趣的对白中了解历史、反思历史。

通过这次研究性学习使我更加全面客观的认识了李鸿章，也更加深入地了解了清朝晚期衰落的原因。通过对历史的反思也使我更加清楚地认识到现在自己肩上的责任，今后会不断鞭策自己努力学习科学文化知识，将来投入到祖国的现代化建设中。

学生 E：

此次我们小组近代史研究的课题是评价李鸿章。在得到题目后，我们小组的十一位同学便积极收集、整理材料。经过一天的努力，我召集大家开了个会，商量展现的形式，大家积极发表意见，我则负责引导大家分析各自意见的利弊，最终确定通过拍摄视频来展示。会后，我把大家收集的资料集中，编写了剧本，然后交由其他人审核修改，最终敲定。之后，我把大家的角色分配好之后，便去借拍摄工具，寻找拍摄场地，其他人准备小道具。

在拍摄过程中，我观察表演情况，发现并改正不合理的地方，在没有我的戏份时，偶尔帮忙拍摄。在不断的欢乐声中结束了我们的拍摄过程，接下来就是视频制作。给大家分配了任务后，我便开始深入的学习视频制作软件，在大家完成后，我把大家的成果汇总在一起，并对其进行了优化，制成最终的视频。

通过将近一周的准备和讨论分析，首先，我们对李鸿章有了初步的了解。其次，我们对洋务运动、甲午中日战争和《马关条约》以及《辛丑条约》的签订等过程有了充分的了解和掌握。

研究性学习期间，我们团队合作意识强烈，分工明确，目标认识足够清楚。小组的每个成员各司其职，没有丝毫的懈怠和疏忽。每个组员各有所长，充分发挥自己的特点，也是活动赢得好评的重要保证。通过学习，不仅增长了知识，而且培养了团队合作意识和个人能力，使我们每个人获益匪浅。

经过此次研究性学习，我发现我的视频制作功底有较大问题，以至于展示的视频不是很好。由于自己不喜欢说话，所以与组员的交流不是很多，没有更进一步的拉近与他们的距离，等等。

学生 F：

我们小组上周做了关于李鸿章的研究性学习，具体是以视频作为展示方法向大家展示了我们的研究成果。

在研究性学习的过程中，大家都能够积极思考，提出了许许多多的想法和建议，因此，当这许许多多的想法建议汇集起来之时，就成就了我们内容丰富、形式幽默的视频。

在这段历史故事中我扮演的是与李鸿章进行谈判的一个日本官员——陆奥宗光，作为一个传统意义上的"日本人"，我给自己贴了极富日本地域特色的小胡子，虽然很搞怪，但也在复制着曾经的历史，向曾经在历史上真实存在过的人与事致敬。

在演绎历史的过程中我也学到并感悟了不少。对李鸿章也好，对当时的历史背景也好，都有了新的认识和见解，正视曾经的历史，正视国家的过往，才能以史为鉴从中领悟到可以用于现今的方法论。

在活动中，大家一起为同一目标而努力，过程非常有爱，中途也会因为忘词紧张而出丑，在表演过程中，我就像个 NG 王，不停"喊卡"，但好在最后成功录制完！这一切一切都将成为我们美好的回忆，永远在我们的记忆里鲜活。

最后，向历史致敬。

学生 G：

在制作的过程中，我学到了很多的东西，开始我对那个制作是一点的概念都没有，我们是用 DV 拍的，当我从同学手上接过 DV，我心里就没有底了！①DV 这个东西，这是我有生以来第一次接触，根本不知道怎么从 DV 上转存视频到电脑上；②我从来没有制作过视频，对视频制作没有一点的概念；③我心里没有一点的计划方案和灵感。虽说这几个问题中任何一个问题都有可能让我丢面子，但是我在接过那个 DV 的时候还是没一点犹豫。回到寝室，第一个问题就让我和另外一个同学忙了一个晚上，开始打算拿出去让别人搞，可是那些打印店都不会搞，我们只能自己搞。第二天，终于搞好了！从 DV 里面转出来了长达 3 个小时的一些视频片段，开始我和同学打算一人制作一个，到时候让人去选。但是种种原因，最后还是合起来制作，我负责视频部分，他负责图片处理。就这样忙了四天，最后终于完成了，不容易啊！

在制作的过程中，我学到了很多的制作知识，也学到了很多和人交往的知识，知道了什么叫作管理者，什么叫作自私，呵呵……同时知道了，做事情要讲究团队精神，不能一个人独断、独干，人多力量大，点子多。在这个过程中我得到的最大的经验就是：人无压力不行！世间没有做不成的事情！人多力量大！

学生 H：

对于整个活动，我非常感谢撰写剧本的同学们，以及提供器材的同学们，还有幕后制作的同学们。在这几天里，大家各司其职、积极准备，期间也不免出现各种不可预知的状况，但是经过大家的齐心协力，我们克服了种种困难，才能给大家呈现出一部完整的作品。

在剧中，我扮演的是一名日本官员，在剧中的表现为"李鸿章"被刺客行刺时，抓住刺客，并报告给"陆奥宗光"。戏份不多，但是也见证了这个事件的发展。我想，如果真的回到历史现场，我一定会为事实现场所震撼，内心对整件事的发展也会更加透彻，感想也会更加深刻。即使只是历史演绎并包含了戏说的成分，但是当"李鸿章"签下契约的时候，内心还是沉重了一下。当他落笔的那一刹那，他的眼前是否会浮现台湾及各地人民饱含热泪企盼的眼神，是否会想起赶赴东洋的路上想到的种种应对方案以及心理活动（是充满信心，是担忧，抑或是耻辱），是否会瞬间体会到整个国家整个民族都压在肩上的感觉？我想，应该都会有吧。

最后非常感谢老师安排这个活动，让我能更深刻的了解整个历史真相，了解李鸿章这个人。

学生 J：

在这次的关于李鸿章的研究中，我们小组是 11 人拍出了一个微电影。有人饰演李鸿章，有人饰演伊藤博文，有人饰演来电观众等。我们在一下午的时间里十分默契地拍出了这个微电影。其中我扮演了来电观众，发表了关于李鸿章的见解，评论了他的功与过。

我们围绕他展开了关于洋务运动和他签订的一些条约的讨论，探讨了他是否是卖国贼这一基本话题，生动地还原了这一历史场景，向大家展示了这一真实的历史，以便大家更好的评判这一晚清英雄人物。

在此次活动中，我们以幽默诙谐的形式展示，大家拍得很开心。同时我们也收获了关于那样一时期的历史，让我感触良多。

学生K：

一、活动发起

这次我们研究的课题是"李鸿章"，最初拿到课题的时候，我们都有一些为难，毕竟由于一些历史因素以及一些偏见观念的形成，人们已经对李鸿章形成了一种固有的、根深蒂固的负面印象。然而，近代史研究性学习的严谨性要求我们必须严格、客观而又全面的评价一个人，因此，在激烈的讨论之后，我们小组的人决定通过视频的形式来展现和评述李鸿章的一生。

在前期讨论结束之后，我们开始了剧本的创作活动，这时我们的组长担起了剧本创作的大梁。在剧本的创作过程中，我们查阅了许多资料，通过网络、音视频资料、图书等多种途径，使得我们对李鸿章的生平及其事迹有了更为细致的了解。

二、学习认识

每每提及晚清权臣李鸿章，人们总是会想到"卖国贼""千古罪人"这样的评价。但是，当我们平心静气、理性来思考李鸿章所处时代，大厦将倾的尴尬境地的时候，我们发现，李鸿章无法也不能承担晚清对外交往失败的悲剧后果。通过这次活动我对李鸿章有了更加客观、全面的认识。

李鸿章，一个在传统和现代之间徘徊矛盾的人，一个处于夹缝中的人。戊戌变法的健将梁启超曾评价李鸿章："吾……敬李之才，惜李之识，而悲李之遇也"。李氏认为自己不过是个"裱糊匠"。适逢内忧外患，从里到外都烂透了的清王朝，"裱糊匠"将一个破屋（清王朝）装饰一新嘘嘘人尚可。偶有小风雨修修补补也能看得过去，但真的遇到大风雨，破屋必然原形毕露，又岂是一个半个"裱糊匠"所能补补贴贴支撑起来的呢？

三、体会感悟

在视频中，我扮演的是李经芳——李鸿章之子，在演绎过程中我更深地体会到李鸿章在处理外交事务中的无奈，内心中的辛酸，以及左右为难的境遇。当然，在活动中我也有许多不足，比如计划不周全，人物形象扮演不够深刻等。

在参加活动的过程中我收获了很多，希望以后还有机会参加这样的活动。

4. 微电影《戊戌变法》

小组总结：

对于这次小组活动，作为编剧加导演，我感觉很累，但也很满足。

刚接到这个任务时，我首先构想的，是演一部真正的历史剧，几乎完全契合历史的剧本。然而，就像《微电影》中所说的那样：理想很丰满，现实很骨感。我开始为服装、场地、道具而发愁。在这样的背景下，历史剧只写完了第一幕，就不幸夭折了。

后来，经小组成员 A 同学提醒，我头脑中灵光一闪：既然演不了历史剧，那就把它挪到现代背景下，拍一部以搞笑为主的都市现代剧！

大体方向找到了，我开始查关于戊戌变法的资料。在查资料的过程中，我惊愕地发现：我之前对戊戌变法的很多了解都是错误的！我本以为当时几乎所有读书人都支持变法，只是因为守旧派大权在握，慈禧坚决不同意，这才导致变法失败的。然而，在看完资料后，我知道了，原来慈禧最开始是支持变法的，只是因为康有为等人变法激进，绝了天下读书人加官晋爵的路，又伪造诏书，围园捕后。可以说，这次失败真的不能怪别人，只能说康有为几人认不清形势，以为靠一个手中并无多少实权的光绪帝就能成功，得罪了所有人，焉有成功之理？

等写完剧本开始拍摄时，大家都很配合。困难很多，我们经常为找一个适合的场地而发愁。万幸的是，我们终于克服了所有困难，用了一周半的时间，将所有拍摄部分完成了。

之后，B 同学进行电影制作，C、D 同学几人在网上找各种资料，可以说，缺少一个人，这部微电影就很难面世了！

最后，感谢老师给了我们这个机会，通过这个活动，相信我们组的人都会对中国现代史产生浓厚的兴趣。更加感谢老师对我们的努力成果的肯定，这对于我们，尤其是我，影响很大。

学生 B：

当我们组的微电影搬上荧屏并受到大家的一致赞扬、获得老师给的最高奖励时，我们觉得值了！

做视频是大家共同劳动的结果。从构思到确定素材；从写剧本到录视频，从录音到视频剪辑，我看到了大家的努力，不仅是为夺得最高奖励而奋斗，更是对自己能力的一种肯定，对自身的一种锻炼。

在这次微电影的录制中，我扮演的是梁启超，不用我多说，大家都知道梁启超是一个什么样的人。在原来，我们有两种选择——历史剧和现代剧。由于服装问题，我们就选择了后者，大家又商量了一下，就确定下来用一个公司的形式来录制此次视频，大家异口同声说好。在三四天后剧本写好了，随后就进行录制。基本都是一天一幕戏，经过一个星期的录制和一个星期的视频剪辑后，终于做好了。

成果很喜人。不过我们也有不足的地方，由于大家都不是专业的，视频录制较粗糙，比如清晰度不高、视频没字幕等。当然，演员也有不足的地方……不管怎样，此次经历给了我们一次锻炼的机会，让我们了解到了我们的不足，我相信，我们的路会越走越远！

学生C：

在这次近代史微电影拍摄中，我所在的小组要诠释的主题是戊戌变法。在微电影中我扮演的角色是慈禧太后——一个颇受争议的历史人物，在活动中我收获了许多，也产生了思考。

收获：

（1）精心的前期准备是必不可少的环节。我觉得，我们小组之所以能得到老师期末85分的最高奖励，不仅仅是大家默契的配合和专业精神，前期在剧本上的创新、台词上的雕琢也是我们拍摄完整流畅、也比较精彩的原因。

（2）任何任务都要下功夫，不轻视细节。为了拍摄好我们这一部"穿越"历史剧，作为"大清公司董事长"的慈禧——我，准备了正装；电影中我们也有白胡子、睡帽等自己准备的道具；在拍摄时不断寻找最好的角度，一个镜头的偏差都要再来，甚至是棋盘的摆放仔细看都独具匠心。这都是我们在活动中专注细节的表现。

思考：

戊戌变法是中国近代史上具有重大意义的事件，是一次爱国救亡运动。它要求发展资本主义经济和扩大资产阶级政治权力，符合近代中国发展的历史趋势，因此也是一次进步的政治改良运动。它传播了资产阶级新文化、新思想，批判封建主义旧文化、旧思想，又是一次思想启蒙运动。它有利于资本主义发展和西方科学技术的传播，为资产阶级思想的传播奠定了基础，具有爱国和进步作用。就其本身而言，有它的局限性，但是它还是对历史带来了不可小视的推动作用。我们要吸取历史教训，读史使人明智，从历史中总结世界发展的规律，为己所用。

学生 D：

在同学们的笑声和掌声中，我心里的一块石头也落了地。一个作品经过组内小伙伴们数周不断地努力，终于能获得众人的认可，是一件十分愉快的事。感谢所有和我一起努力的人，是大家让作品完成。感谢近代史课、近代史老师，让我们组有了展示作品的机会。而我，也在这次活动中获得了许许多多宝贵的经验，它们将成为我一生的财富。

首先，机会总是出现在不经意间，而成功就是在机会出现的时候把握住它。当我们组最初接到戊戌变法这个任务时，我们组的组长一时愁眉不展。如果要拍个历史剧，要道具，要服装，要场地，这些到哪里要？我也为此感到困惑。在这个问题困扰我们组几天后，突然一个想法激发了我，为什么不能做一个现代版的"戊戌变法"呢？于是，现在这个剧本的初步想法就出现了。其次，组员内的分工对于任务的完成有着重大的意义。如在此次活动中，组长A同学负责剧本，而B同学承担了十分辛苦的后期制作过程，而其他组员则通过在镜头前的紧张演出来为微电影的完成尽一份力。可以说，如果没有分工，那么想要完成这个作品是不可能的。通过分工，让每个组员得以"人尽其才"，加快制作效率，并且在如今这个社会中，分工也必不可少。最后，组员要对自己的责任负责也是一个重大的感悟。这里我再次以A同学为例，A同学为了获得更好的效果，不断地对着未完成的作品进行修改。曾经有一次，即使是熄灯了，A同学仍然在进行修改。当然，组内其他人也是十分尽职的，靠着每一个人的努力，这部作品终于能出现在大家面前。

尽管在制作过程有过一些小问题，但大家都能尽力克服。俗话说得好，人心齐，泰山移。在此，再次感谢所有和我一起奋战过的队友。

学生 E：

经过两周的拍摄和制作，我们的微电影《戊戌变法》终于完成了，并且在课上得到了老师和同学们的好评，这是对我们的努力的肯定，给了我们极大的信心。

在这部微电影中担任了两个任务，饰演睡帽老头（酱油男a），同时承担后期制作的任务，为了能够有时间构思剪辑，我选择了睡帽老头这个只有三句台词的角色，从影片开始录制我就构思每一个镜头如何取、一个镜头到下一个镜头如何转场、加上什么图片或者视频能够达到娱乐搞笑的效果等。在整个过程中B同学也很给力，尽量拍地让我好剪辑一些。拍摄完成之后，我开始了紧锣密鼓的剪辑，中间得到了C同学等的大力支持，帮我找图片、试配音都做得很积极。有了他们的支持，一周之后我们的影片终于在近代史课上得到了大家的肯定。

这个活动让我看到了我们班级同学的团结，也看到了他们的坚持和优秀，感谢这个活动给了我们一个相互了解相互肯定的机会。并且为以后的合作打下了基础，相信我们的合作会越来越默契。

学生F：

经过了长达近2周的不停歇工作，我们组出色地完成了有关戊戌变法的微电影的拍摄。

在这次活动中，我感慨良多。首先，在这里感谢一直陪伴在一起的伙伴，一直共同坚信劳动的伙伴们。在活动进行中，同学们配合井然，勤劳刻苦，勇于担当。

当我在切身体验劳动时，我才更进一步地融会了这句话的精髓。劳动不止于辛苦，还带有微微苦涩的甘甜，这些都不是能从我们平时的学习生活中所能触摸到的，作为一名劳动者内心深处的，最平凡而又不一般的感受。

在为期2个工作周的过程中，我们都从刚进入大学的无所事事到看着自己平生第一次制作的作品渐渐成行时的喜悦和自己心中那份小小的骄傲，从看着陌生的道具时的手足无措到熟练摆弄手中的道具作挥舞状时的沾沾自喜……这些都无疑在我们的成长反应方程中添加了强烈催化剂。学工时碰到这样那样的"跷脚"也是在所难免，不同于平常的是这次没有父母的帮助和宽慰，需要自己给自己坚强地打上满满的鼓气，加上独立的思考和数次的尝试，或许失败的最后还是失败，但在精神上却早已是成功了的，因为有所努力、有所付出学会独自解决问题就是学习的目的和做人的方向标。

这次微电影拍摄的成功的背后是同学们的汗水、导演出色的统领能力以及后期制作同学强大的创造力及我们共同的动手能力。

总之，这次活动让我们感受到了另一种快乐，另一种满足。

学生G：

在近代史的研究性学习中，我所在的组选择了拍短片的形式。我在短片中饰演慈禧太后的侍女。要演好角色，我需要对历史背景有一定了解，并且需要熟记台词。虽然参与过很多现场表演，这是我第一次参加拍短片这样的活动，对于表演很是陌生，还有些不好意思面对镜头。但是为了做好这件事，我需要克服所有这些的困难。我在百度上看了戊戌变法的相关资料，认真地记了台词，在心里模拟我的戏份，并且克服了面对镜头的不安。

我认为此次活动带来的收获不仅是让对历史一窍不通的我了解了戊戌变法这段历史，也给了我一段有趣的经历。这次活动也让我见识了我们的导演，A同学出色的领导能力和同学们出色的演技。在拍摄过程中，大家都很敬业地揣摩角色心理活动，每句台词都根据人物心境思考该用怎样的语气说出来。另外，和我同组拍摄、扮演光绪帝的B同学是退役军人，刚来到我们班几个月，不是很熟悉，而在拍摄过程中我们渐渐熟络起来。而在遇到分歧时，我们进行讨论和磨合也是对团队合作的一种考验。而后期制作的同学们更是惊艳，让短片的效果大大出彩。

而在这次研究性学习活动中也有诸多的不完善、不成熟之处。例如戏份的分配不够合理，有的同学太多，要记得台词多，负担太重，有的同学又戏份太少，参与度不够高。但是不管戏份多少，大家都参与其中、乐在其中，学习了历史知识，参与了团队建设。这次活动还是相当成功的。

5. 话剧《戊戌变法》

话剧《戊戌变法》排演报告——资源1201班第二组

从周五接到老师安排的《戊戌变法》历史剧排演任务后，我们小组就划分成了三队，第一队负责戊戌变法历史资料的初步搜集与整理，第二队负责编写《戊戌变法》历史剧的演出PPT并寻找音频材料，第三队则负责仔细研读第一队搜集与整理的资料并编写剧本。有赖于正确的分工，我们小组在星期六完成了关于"戊戌变法"这一历史事件的历史经过的搜集与整理，并于星期天拿出了初步的《戊戌变法》剧本。而后经过周一小组成员对剧本的修改，例如：融合时代性元素，增强了历史剧的趣味性；同时，简化了部分相对冗长的桥段，当然这是在保证该剧具有相当真实性的情况下。最后确定了《戊戌变法》历史剧的演出剧本，接下来就是连续几天抽出课余时间排练该剧。

同学A：

梁启超，这位中国近代史上维新变法的倡导者，在轰轰烈烈的戊戌变法运动中发挥着核心领袖的作用。在历史课的话剧表演中，我就扮演了这一角色，收益良多，感触颇深。

为了扮演好这个角色，我特意从网上搜集了一些有关介绍梁启超的资料，以便对角色的性格、行为特征有一定的了解。百度百科中如是说道："梁启超，中国近代维新代表人物。近代中国的思想启蒙者，深度参与了中国从旧社会向现代社会变革的伟大社会活动家，民国初期清华大学国学院四大教授之一、著名新闻报刊活动家。"梁启超是一位中国近代史上的伟大的思想启蒙家，在中国近现代史上影响巨大，但是人们对他的评价却褒贬不一，多人批判他是保皇派和反革命，直到近几十年才对他进行了深入的研究，给予正确的评价。而通过我对梁的研究，我觉得，他绝对是中国历史上少见的奇才。

先不说别的，光从思想上讲。梁先生最早将西方的民权、民主自由思想系统地介绍到中国，促使国人觉醒，使国人产生了近代化意识。以戊戌变法为界，中国思想此前是封建正统思想，此后是启蒙思想兴起。所以，我认为，在思想上，他为中国开创了中国民族民主革命的新阶段。

接下来，他还是一位杰出的宣传家。他把报刊作为宣传思想的阵地，先后创办了《中外纪闻》《实务报》《清议报》《新民丛报》《国闻报》《大中华》《申报》等有重大影响的报刊。他的文章反映了当时最科学的思想，广受知识分子的欢迎，影响广泛。他将西方的哲学、政治学、政治经济学、财政学和法学等当时先进的学科和学说介绍到中国。如此种种的宣传方式，使得民主的思想更快地在中国普及。在当时的那种环境下，这确实是难能可贵的。

还有，他更是世界上罕见的社会活动家和杰出的政治家。梁启超先生是资产阶级维新运动的主将、君主立宪的倡导推动者、革命共和的大力鼓吹者和立宪派领袖。辛亥革命后任进步党党魁，熊希龄主阁时任司法总长兼财政总长。袁世凯称帝，他愤然拒绝重金收买，发表著名文章《异哉所谓国体问题者》公开讨袁，与蔡锷等组织护国运动。"一战"后任巴黎和会中国代表团会外顾问，极力主张力争国权。他事先探听到日本欲接管山东这一帝国主义图谋，及时将消息传回国内并在报纸上发表，引发了标志中国民主革命转入新阶段的"五四运动"。所以说，在社会活动上，梁先生极大地促进了中国民族民主革命的进程。

他的这些杰出的思想和行为，无不证明了他是一位划时代的人物和百科全书式的学者。面对这样一位伟大的人物，我在话剧中刻意地塑造了一种个性鲜明、热情洋溢、具有一定的浪漫气质的形象，以期能更好地演好历史人物。另外，我还对原始台词做了一些修改。根据梁先生文章"半文半白"的特点，我在台词中加入了一些更多的白话文的因素，以期在语言上跟历史人物更接近。

通过这次历史话剧的排演，我不但对梁启超这个历史人物和戊戌变法运动有了更深的了解，我还体会到团队精神的重要性。整个排练的过程可以说还是比较艰辛的，毕竟十个人，课外时间有的社团有事，有的有一些特殊事件，时间上，大家都不好统一，而从角色上，大家对角色的感悟也不尽相同。最终我们确定了三个时间，进行了有数的三次排练。期间，我们精诚合作，对每一个历史人物进行研讨，最终确立了每个人物的表演方式，每次讨论都会让我们对历史人物有一个新的了解。团队讨论的一幕幕和取得的成果，使我深刻认识到了团队协作的重要性。一个人，力量再大，也总是孤单的，做事情总是不能够尽善尽美。而如果是一个团队，通过思想的碰撞，总能在一个问题上找到最佳的实行方案，一步步地让所要做的事趋近于完美。

通过这次活动，我收获了很多，希望以后还能有更多的这样的活动，让我们去感受历史，感受完成一件事情的快乐。

同学B：

在这次话剧演出中，我表演的是那位统治了封建社会的中国近半个世纪的慈禧太后，虽说只有短短的第三幕，但在其中不难看出，光绪帝与慈禧太后的对抗中，前者是没有多少实权的，对于光绪帝，我自认为他是中国历史上最无能的皇帝之一，而对于慈禧太后，很多人都认为她是阻碍历史发展的最大罪人，几乎所有对她的评价都是负面的，甚至在教科书中，她也没有什么正面的影响，以至于在众多学生心中，她就是神话故事中女巫婆的代言词。

但对于慈禧的评价，我们还是应该从她的功过出发。慈禧太后不仅仅有负面影响，她的正面影响也是不可小觑的。

首先从负面观点出发。根据史料记载，慈禧太后个人人格方面，从宫廷斗争中夺得政权，她素有残忍和狡诈之名。1861年咸丰皇帝驾崩于热河避暑山庄后，甫成为皇太后的叶赫纳拉氏，联合恭亲王奕訢等皇室近支，发动政变从以皇室远支怡亲王载垣、郑亲王端华为首，实际以能臣肃顺为核心的顾命八大臣集团手中夺得政权，并将其中三位（载垣、端华、肃顺）处死。后为建立及维系其独裁权力，慈禧皇太后对于政敌之整肃绝少留情，即使对亲生儿子同治皇帝，以及继位皇帝光绪皇帝的操控及管制，亦极为高压严峻。

从中国国家主权的角度出发，许多人对慈禧皇太后当政的结果做出负面评价。包括1885年在对法战争中赢得镇南关大捷，并成功阻止法军登陆台湾的优势局面下，却以主动求和、签订令清帝国丧失安南宗主权的中法《天津条约》来结束战争。此外，令中国丧失重大主权的1895年中日《马关条约》、1901年《辛丑和约》等，肇因于1894年中日甲午战争，以及1900年庚子拳乱。慈禧皇太后的执政及决策，对此事件的发生，均有不可推卸的责任。

慈禧是历史上著名的"奢侈"太后，生前酷爱珍珠、玛瑙、宝石、玉器、金银器皿等宝物，死后其棺内陪葬的珍宝价值高达亿两白银。她的陵墓超越了她的丈夫，是清东陵中最精美的。然而，令她没有想到的是，正是这种精美令她死后陵墓被盗、灵魂不得安宁。1928年7月4日至7月10日遵化驻军军阀孙殿英部勾结守陵员盗掘了乾隆帝的裕陵地宫和慈禧陵地宫，制造了震惊中外的东陵第一起大盗案。慈禧饮食之奢侈、花样之繁多，也是中国历史上少有的，这也是晚清宫廷之中最大的一项消费内容之一。每天数百个品类的美味，花样繁多，一一端上御桌。清室专门为她一人准备膳食的寿膳房，就达三百余人。加上1881年中俄《伊犁条约》、1895年《马关条约》、1901年《辛丑条约》等卖国条约的签署及对维新运动的激进派代表谭嗣同、杨深秀、林旭、杨锐、刘光第、康广仁"戊戌六君子"的杀害和"义和团"等事件，使慈禧成为几代人心目中败家亡国的女人、阴毒奸诈的妖后、中国落后的罪魁祸首。

但是，慈禧太后也是有些历史功绩的。慈禧太后当权时期，清廷的中央集权以及中国主权面临来自内部及外国的种种威胁，她从捍卫清帝国权威及其本身权力的立场出发，所做之举措收效虽不尽成功，但放在历史脉络下做持平之论，多数应称合理。自鸦片战争以来，来自欧美列强的挑战，以及镇压太平天国等民间反抗势力，慈禧皇太后重用李鸿章、张之洞等能臣，在地方上开办洋务运动，是中国发展近代化工业的开始。在洋务运动成果的支持下，清廷得以弭平内部反抗势力，在帝国体制下维系中国相对稳定的局面，并且建设近代化陆海军军备，造就"同治中兴"的气象。

总结慈禧执政48年中，对于政务掌握相当严格，即使在病中亦然。在她统治中国近半个世纪的时间里，一直勉力维系并且牢牢掌控着中央集权帝国的局面，中国因此免于陷入割据乱局。此外，除袭"承恩公"一虚爵外，并无慈禧太后家人干涉朝政。相对当时一人得道、鸡犬升天的歪风，慈禧于这方面尚算公私分明。

因此，慈禧太后并不像大多数人想的那般无能和罪恶，她的一些功绩，依旧对我们中国有着些许重要的有利影响。

在这次话剧中，作为一位"罪恶滔天"的慈禧太后，我的台词并不多，但从那仅仅几句的台词之中，我们依旧能够看出她并不是一个愚昧无能的人。正相反，她也希望中国能够更好地发展，但迫于中国的形势变化，她也有她的苦衷，因此我们应该以公正的角度来看待她的行为。评判一位历史人物，我们始终应该坚持一分为二，辩证统一的观点看待。

以上就是我对此次话剧的所有感言。

同学C：

我在此次话剧中饰演了卖报童、大臣丁、杨深秀。

通过话剧表演的形式学习历史，可以使你在投入表演的同时，更加深入地了解历史，可以使历史课堂更加丰富多彩。而且话剧表演还能培养团队合作精神，增进同学友谊。

这次话剧表演，我们组的成员都很认真的准备，排练，都为之付出了不小的努力，特别是编剧本的同学，更是熬夜到很晚编出了剧本。虽然到了台上有忘词等瑕疵，但最终还是比较圆满地完成了任务，对此还是很满意的。

在学习这一段历史的过程中，我们看到了腐败无能的清政府，看到了无奈的光绪帝，看到了为了变法而捐躯的戊戌六君子。你了解了中国近代史可能觉得很痛心。但是时光无法倒流，历史终将是历史，我们要做的事了解历史，以史为鉴。了解中国近代史，更能感受到今天的中国是多么来之不易。中国近代史是中国历史中最为跌宕起伏的一段，我们中国人民最不能忘记这一段历史，因为中国几千年来的耻辱便凝聚在这一百多年中。一段历史清清楚楚地让我们懂得近代中国的演变。从中国近代史的开端到农民群众斗争和封建王朝的自救，从资产阶级的改良与革命到中国共产党的诞生和中国革命的新局面，从全民族的抗日战争，人民解放战争与新中国的诞生到社会主义制度的建立和社会主义建设的开展，改革开放与中国特色社会主义道路的探索与开辟，中国人民一直走在保家卫国，捍卫民族利益的道路上。正是这样顽强的民族精神使中国依然能屹立在世界的东方。

同学D：

在本次话剧活动中，我扮演了康广仁及公车上书中的举人。在这次活动中我们小组一起谋划，一起排练，准备道具，分工合作。

刚开始我们分工有些乱，没人想要太监和慈禧还有康有为（台词太多了）等角色，最关键的是一开始没人愿意写剧本。后来焦编剧挺身而出，连夜起草了剧本的雏形，然后大家分配角色，细化台词，调配台词，将康的台词分出了一些给梁。开始大家对排练很不积极，每次排练人都要等人齐，我们一起排练了几次，修改细节，添加笑点，最终有了成型的话剧表演。

在现场表演时，其实有许多不足之处，以及未展示的笑点。但大家都卖力地表演，融入了百分百的热情，虽有不足，但还算成功，让我感到之前的努力有所回报。

参加这次活动，增强了我们小集体的行动能力和团结意识，促进了我们的情感，锻炼了我们的能力。我感觉是一次不错的经历。

同学E：

在该话剧中，我扮演了谭嗣同这一角色，能够得到这一从小就敬仰的人物的扮演机会，起初是非常激动的，为谭嗣同在变法失败后的英勇就义而激动。

但随着对戊戌变法相关资料的研读与探究，让我对谭嗣同及康有为等人有了新的看法。特别是在话剧演出结束后，张老师讲到关于戊戌变法的史家看法，让我对康梁谭等人看法有了更大的改变。

一直以来历史书上都告诉我们，康有为发起了戊戌变法，受到了顽固清朝势力的重重阻挠，最终失败，而慈禧则成了顽固守旧的代表人物，特别是袁世凯更成为胆小怕事的反面典型。最后老师讲出了一些今人对戊戌变法历程的研究，特别提到康有为并未领导公车上书，同时其平时的私人生活并不检点，而且他的一些变法措施非但不能促成变法，反而会阻碍变法的脚步。而慈禧也是支持变法的，但是她并不支持康有为的激进式变法。其中，老师虽未提及谭嗣同在戊戌变法中发挥了怎样的作用。但就我个人及小组所收集的资料来看，谭嗣同能于变法失败后不逃走，英勇就义，实乃真英雄大丈夫所为。

同学 F：

上个星期近代史课上的话剧活动让我获益匪浅，我在这次活动中扮演了两个小角色，还担任了这次话剧的编剧。虽然过程有些辛苦，但是结果还是让人心满意足。

担任编剧的过程中，查阅了许许多多的资料，对戊戌变法这段历史的了解更加深入和透彻。动笔之前，还和同学们沟通交流，努力达成一致，使话剧的效果更好，增进了同学的感情与默契程度，从这个方面看这次活动很有意义。而其中的苦，到了最后也都化为甜了。并且我在以前就想动笔写小说，但是一直没有下决心真正动笔。我想把这次宝贵的经验留在心里，作为以后写小说的经验与动力，脚踏实地，努力前行。

在排练过程中，大家也都付出了不少汗水。从开始的叫不齐人到后来的每个人都认真排练，虽然结果出来后有很多的瑕疵，但是依旧很让人满意，很让我们这些付出的人满意。在每次的排练中同学们都努力发现剧本中的不足，不断改正，努力做到最好。许多同学在最后的表演中添加了即兴成分，但是依旧无法掩盖我们共同努力，共同付出的汗水。

我对这次活动的结果非常满意，虽然无法完美，但是把这次活动当成以后前行的起步，也是一次值得经历的事情。非常感谢老师与同学们给予的这次机会，我会更加努力的。

同学 G：

星期五，我和小组同学近代史课上面表演了话剧《戊戌变法》。在剧中我饰演了大臣、举人、刽子手以及袁世凯。在不同的剧集中出演不停角色，在不同的角色中切换，需要我及时转变个人形象，神态变化，对我来说是个不小的挑战。但是还好我们课前做了大量充分的准备，努力背台词，多次的彩排演练。我终于完成了自己的任务。

其实这个不仅仅是一个表演的过程，这更是一个学习的过程。通过表演，需要我更投入到历史中，体会个中的各个细节。把握人物形象及其历史地位和意义。体会戊戌变法的历史意义和进展过程。使我对变法有了更加深入、透彻的了解。

以康、梁为首的资产阶级维新派提出了学习西方君主立宪的政治制度，第一次把政治主张同救亡图存的实践结合起来，发动了维新变法运动，变法试图对旧的政治经济制度进行改革。这是中国政治近代化的一次尝试。戊戌变法既是一次资产阶级的改良运动，又是一次爱国救亡的政治运动，也是近代中国第一次思想解放的潮流。

而戊戌变法失败原因是极其复杂的，与中国社会当时的环境息息相关，也与康有为认主不清、缺乏相当的政治经验、单纯依靠光绪皇帝，甚至想把皇帝和太后分开是息息相关的。但历史发展不是后人看清后再评价的，当时人有当时的想法做法。我们今天来看已发生的历史，免不了会发现一些历史人物所存在的局限性，也可以说所有的历史人物都具有局限性。但作为历史人物在当时的所作所为都是他在那种历史环境下所最应该采取的做法也是最为正确的做法。再回首看戊戌变法：从整个中国社会来看，当时最为紧要的就是制度的缺失与改革，这点康有为是看到了，而且提了出来。这就是康有为这个人最大的历史意义。主要是由于资产阶级维新派的软弱性和妥协性，缺乏反帝反封建的勇气，只采取改良的办法，并对封建反动势力和列强寄于幻想，远离了民众，又害怕民众，因而也就得不到人民群众的支持，归于失败。同时顽固派非常强大，而西方资本主义国家不希望中国走上独立发展资本主义的道路。于是，中外反动势力共同绞杀了维新运动。归根结底是由中国资本主义发展水平决定，中国资本主义发展水平很低，经济基础还很薄弱，资产阶级力量弱小。资产阶级力量不足以同封建势力相抗衡，这是戊戌变法失败的根本原因。

同学 H：

在资源 1201 班二组的探索性学习——话剧《戊戌变法》中，我扮演康有为的角色。从我拿到剧本，分配到这个角色，我就不断地查阅他的各种资料，无论是正面的还是负面的，无论大作为还是小琐事，好好地感受这个人物。结合一遍又一遍的排练，我对这个角色有了一定的感觉。

在历史的抉择时刻，康有为敢于为天下先，想要以一场变革改变王朝的命运。但这场变革从一开始就误判了形势。依赖没有实权的光绪帝，改革内容激进，社会无法承受，没有采取措施缓和新旧势力的矛盾，关键时候所托非人，失败后仓皇出逃，企图东山再起。这个人的复杂性从中显露无遗。所以我再三感悟其中的情感。当我大声呼喊："下诏鼓天下之气，迁都定天下之本，练兵强天下之势，变法图天下之治。"自己心中依然心潮澎湃。戊戌变法失败了。我想如果增加一个康有为出逃时大喊"纵横计不就，慷慨志犹存"的场景，会更加丰满地表现人物。

这部话剧，同时让我对历史有了更直观，更身临其境的感觉和认识。学习历史，回顾历史，不是让人穿越到古代去算命，而是前事不忘后事之师，以史为鉴。当历史重演的时候，能够更加看清形势，分析格局，不要犯历史同样的错误，做出同样的牺牲，浪费一个国家战略发展的机会。

以史为鉴，反思现在，展望未来！

同学 I：

我在这次的话剧中表演的角色主要是光绪皇帝，光绪在剧本中台词并不多，总共在两幕中出现，第一幕是康有为上书陈述变法之事，虽然我们在近代史的课上已经了解到事实上康有为没有领导众多举人上书，但我们从其他一些关于戊戌变法的历史知识来看，光绪对全国各地的举人和官员的上书请求维新变法的建议还是支持的，只不过由于慈禧太后并不支持这种过于激进的变法方式，以至于他们的维新变法之路困难重重。

第二幕则是光绪向慈禧太后请示变法维新的事情，从那寥寥几句台词当中我看到的是一个急于变法维新的光绪皇帝和一个对变法维新持保守态度的慈禧太后。当时的光绪对于变法的态度是十分支持的，并且迫切希望能够大力进行改革，而太后认为变法事关重大，不应该贸然行动。从这里我们可以看出其实慈禧太后并非不支持变法，而是认为变法应该平缓进行，不应该过于激进。我们以往的印象中，慈禧就是一个百般阻挠变法、顽固守旧的代表，一直是个彻彻底底的反面角色，但真实的历史往往并非这样，每个历史上的人物都不能简简单单划分为好和坏两类，因为每个历史上的人物都是复杂多面的，我们看待这些人物，应当尊重史实，公正地看待这些历史人物，不能因为他们做了哪些坏事就全盘否定他好的一面，也不能因为一个人做出许多贡献就忽视他犯下的错误。比如慈禧太后，虽然她代表了清政府顽固守旧的官僚阶级势力，但她同样是变法维新的支持者，只不过她更趋向于平稳过渡的方式进行变法。又比如康有为，他看到了国家的危机，希望对国家进行一次自上而下的改革，来挽救这个岌岌可危的国家，他的思想对当时的人们产生重大影响，然而另一方面他虚构自己领导公车上书的历史，来为自己增加政治资本，伪造了光绪皇帝的密诏。还有他提倡男女平等、一夫一妻制，自己却妻妾成群、处处留情，这些都是我们以前所没有了解到的历史，只有在知道这些事情以后，我们才不会片面地去看待一个人，才不会由此产生一些片面乃至错误的想法。

我们自学习历史的时候，更多的应当是尊重史实，还原历史，而不应该为了造就一个历史英雄而将他所有的污点全部抹去，为了塑造一个反派而将他的一切功绩全部抹杀。我们应该做的是还原出一个最接近历史真相，最全面的历史人物和历史事件，让大家看到真正的历史是什么样子的。

第四章

"纲要"研究性实践教学

    人是社会的人,人是在社会环境中发展的。个体只有参与社会实践,才能生存和发展。认识人的身心发展的社会实践性,可以使我们不仅认识到教育的重要任务是促进人的社会化,重视教育活动的社会意义,加强与社会实践的联系,而且重视每个人社会实践活动的质量。❶ 教师更要组织学生参加各种形式的社会实践,如社会宣传活动、社会公益活动、生产劳动、社会调查、社会服务等,在实践中丰富学生的感性认识,并给学生提供运用知识解决实际问题的机会,培养学生的各种实际能力。❷

    传统的"纲要"课教学以教师课堂讲授为主,课堂理论教学是对学生进行国史、国情教育的基本环节和重要基础,其不足之处是:学生对问题的理解往往停留于中国近现代史知识认知的层面,并不能自然地转化为自己的内在品质与观念。知识转化为行动,需要经过"情、意、信、行"等重要环节,才能完成从认知到行为的内化过程,而社会实践是实现这一过程的根本途径,也是实现创新能力培养的重要方法。

    创新始于问题、源于实践,要强化实践育人意识,必须切实加强研究性实践教学,提高大学生的实践能力。

    "纲要"课的实践教学是指以马克思主义理论为分析框架,以丰富的中国近现代史知识为依托,以创造性与实践性的主体活动为形式,通过直观鲜活的

---

❶ 任平,孙文云. 现代教育学概论 [M]. 广州:暨南大学出版社,2013:27.

❷ 贺新宇,任永波. 新编教育学 [M]. 成都:西南交通大学出版社,2011:174.

参观素材、影视作品、图像、案例、表演等各种形式引导大学生有目的地参加课内外、校内外的各种实践活动，使学生运用史料、接触人文、学习理论、感知社会、体验人生，实现教化与内化、知与行的统一，进而对"纲要"课所阐述的理论和史实有进一步的理解和运用，从而达到印证理论、感受历史、实践理论、培养能力、坚定理想信念的目的。

第一节 确定实践教学目标

从 2002 年起，美国麻省理工学院率先成功地实施了本科生实践机会计划。很多企业、科研院所和政府部门积极参与这一计划。大学与社会企业合作，使研究性教学走出课堂，与实践接轨，既有利于学生创新精神的培养，同时为其以后就业打下了良好的实践基础。

中国高等教育紧跟世界高等教育发展的潮流。1994 年 8 月中共中央宣传部颁布的《爱国主义教育实施纲要》明确指出，各类学校应"把有关的历史事件、英烈事迹、建设成就编入党课、团课和职工轮训教材、学校的乡土教材，贯穿到思想政治教育和课堂教学中去"。2004 年 8 月中共中央、国务院颁布的《关于进一步加强和改进大学生思想政治教育的意见》指出："社会实践是大学生思想政治教育的重要环节，对于促进大学生了解社会、了解国情、增长才干、奉献社会、锻炼毅力、培养品格、增强社会责任感具有不可替代的作用。要建立大学生社会实践保障体系，探索实践育人的长效机制，引导大学生走出校门，到基层去，到工农群众中去。高等学校要把社会实践纳入学校教育教学总体规划和教学大纲，规定学时和学分，提供必要经费。积极探索和建立社会实践与专业学习相结合、与服务社会相结合、与勤工助学相结合、与择业就业相结合、与创新创业相结合的管理体制，增强社会实践活动的效果，培养大学生的劳动观念和职业道德。要认真组织大学生参加军政训练。利用好寒暑假，开展形式多样的社会实践活动。积极组织大学生参加社会调查、生产劳动、志愿服务、公益活动、科技发明和勤工助学等社会实践活动。重视社会实践基地建设，不断丰富社会实践的内容和形式，提高社会实践的质量和效果，使大学生在社会实践活动中受教育、长才干、做贡献，增强社会责任感。"

"充分发挥爱国主义教育基地对大学生的教育作用，各类博物馆、纪念馆、展览馆、烈士陵园等爱国主义教育基地，对大学生集体参观一律实行免票。"2005年2月，《中共中央宣传部、教育部关于进一步加强和改进高等学校思想政治理论课的意见》提出：要建立和完善实践教学保障机制，探索实践育人的长效机制。围绕教学目标，制定大纲，规定学时，提供必要经费。加强组织和管理，把实践教学与社会调查、志愿服务、公益活动、专业课实习等结合起来，引导大学生走出校门，到基层去，到工农群众中去。要通过形式多样的实践教学活动，提高学生思想政治素质和观察分析社会现象的能力，深化教育教学的效果。2012年1月，教育部等部门出台《关于加强高校实践育人工作的若干意见》，指出："坚持理论学习、创新思维与社会实践相统一，坚持向实践学习、向人民群众学习，是大学生成长成才的必由之路。进一步加强高校实践育人工作，对于不断增强学生服务国家服务人民的社会责任感、勇于探索的创新精神、善于解决问题的实践能力，具有不可替代的重要作用；对于坚定学生在中国共产党领导下，走中国特色社会主义道路，为实现中华民族伟大复兴而奋斗，自觉成为中国特色社会主义合格建设者和可靠接班人，具有极其重要的意义；对于深化教育教学改革、提高人才培养质量，服务于加快转变经济发展方式、建设创新型国家和人力资源强国，具有重要而深远的意义。""要切实改变重理论轻实践、重知识传授轻能力培养的观念，注重学思结合，注重知行统一，注重因材施教，以强化实践教学有关要求为重点，以创新实践育人方法途径为基础，以加强实践育人基地建设为依托，以加大实践育人经费投入为保障，积极调动整合社会各方面资源，形成实践育人合力，着力构建长效机制，努力推动高校实践育人工作取得新成效、开创新局面。"

"纲要"课实践教学就是在上述背景下展开的。"纲要"课实践教学开展以来，取得了一定的成绩，但存在着以下问题：由于总学时少，难以在学时内安排实践教学；教师素质参差不齐，导致实践教学水平不一；学生人文素养强弱不均，实践效果时好时坏。

在"纲要"课实践教学中，目标的确立是教学活动的首要环节，也是实践教学活动的出发点和最终归宿。它不仅制约着"纲要"课实践教学的设计方向，也决定着实施教学的基本步骤、形式方法和评价管理。

"纲要"课的实践教学目标是：向学生传授历史知识、理论观点，注重将知识、理论和观点与现实社会生活和大学生的思想实际相结合，引导学生身体力行，努力实践，化知识为德行，化德行为行动，进而实现是非判断、价值判断与价值选择的统一。具体来说，引导学生理论联系实际，用马克思主义立场、观点、方法认识国情、认识社会，科学分析各种社会现象与问题，加深对党的理论、路线、方针、政策的理解，树立和巩固科学的世界观、人生观、价值观。另外，促进大学生了解社会、了解国情，锻炼毅力、培养品格，增强历史使命感和社会责任感。❶

第二节　实施实践教学

研究性教学需要突破封闭的课堂区域，根据需要到图书馆、实验室、实习基地等场所，或者深入企业、社会进行调研、研究、应用，大大拓宽教学的空间。同时，加强项目训练、综合论文训练、科研训练、学术科技竞赛等实践教学环节，并通过这些环节培养学生的研究能力和实践能力。❷

关于实践教学的范围，学术界存在争议。大多数学者强调一定是走出校门的活动，而有些学者认为存在课堂内实践形式，"纲要"课实践教学方式在空间上可分为课堂内和课堂外。课堂内的实践形式有讨论、辩论或演讲、演出，既可以激发学生的参与热情和学习兴趣，又可以培养学生独立思考、明辨是非、临场应变及语言表达能力。研读经典著作、观看影像资料，不仅可以变换学生捕捉历史信息的渠道，而且有助于激发学生学习的热情。实践是人类发现真理、运用真理、验证真理和发展真理的基础，但发现、运用、验证和发展真理不单单只有社会实践，教师与学生之间、学生与学生之间的课堂讨论、辩论、案例分析、组织学生观看影视资料片、学生课堂讲课、课外作业等各种课内外教学实践，同样也可以检验和发展真理。❸

时间上，可分为学期假期和暑寒假。学期假期实践，可由教师在教学过程

---

❶ 刘薇."中国近现代史纲要"教学方法的哲学思考［J］.思想教育研究，2013（7）.
❷ 李宏祥，姚利民，史曼莉，等.大学研究性教学内涵、特征和过程［J］.湖南社会科学，2008（5）.
❸ 张维满.《中国近现代史纲要》的课程特性［J］.高教论坛，2012（4）.

中布置学生创作微电影、话剧、演讲等活动。或由教师开学初布置任务，让学生利用周末等假期走出校门，利用本土资源，参观历史遗迹。此外，很多高校利用暑寒假，学生时间充裕的机会，组织学生进行大规模的实践。在时间安排上，各个高校计划不一，有的将社会实践安排在计划内学时，有的安排在计划外学时。北京科技大学"纲要"课程组在开学初布置课外实践活动任务，要求学生利用周末或"五一"、"十一"小长假进行乡土历史文化的社会实践活动，第15周提交实践报告，计入考核成绩，总分20分。

在组织上可分为个人、团队、集体；在管理上可分为学校、学院、授课教师。

从广义的角度，实践教学主要有以下几种形式。

一、影像教学

以欣赏活动为主的方法，是指教师在教学中创设一定的情境，或利用一定教材内容和艺术形式，使学生通过体验客观事物的真善美，陶冶他们的性情，培养他们正确的态度、兴趣、理想和审美能力的方法。以欣赏活动为主的方法主要是欣赏法。❶

影像教学是欣赏法和实践教学的一种较好的形式，具有直观性和形象性，能够活跃课堂气氛，增强"纲要"课的趣味性、说服力、吸引力和感染力，受到学生的欢迎。缺点是形象思维有余，理论思维不足。在调查中，高达98.4%的受访学生支持这种教学方式。关于影像教学的优点，居于第一位的是"形式直观鲜活"（54.9%），其次为"再现历史细节"（24.9%），"视角观点新颖"（11.3%）。好的影像作品，一般具有如下特征：视角独特，立场公正；情节跌宕起伏，不拖泥带水；人物具有代表性与多元性，能够反映出社会群体的差异性；能够表现出以往被遮蔽的某一方面的史实，发出不同的声音，展现新的时代高度上的反思精神与批判意识。❷当前反映中国近现代历史进程题材的影视节目非常多，好的影像作品有纪录片《北洋水师》《1911，再读辛亥》《孙中山》《长征》《李大钊》《毛泽东》《中国工农红军》《抗战》《张纯

---

❶ 贺新宇，任永波. 新编教育学［M］. 成都：西南交通大学出版社，2011：184.
❷ 耿化敏. 历史影像与"中国近现代史纲要"教学的探索［J］. 教学与研究，2011（1）.

如——南京大屠杀》《太行山上》《解放战争》《纪念北平和平解放60周年》《国庆纪事》《周恩来外交风云》《邓小平》《走进西藏》《横空出世》《百年中国》《世纪中国》《复兴之路》《周恩来外交风云录》《新中国》《大国崛起》《复兴之路》《科学发展铸辉煌》《百年潮·中国梦》《国魂》《光辉历程——从一大到十五大》；影视剧有《鸦片战争》《林则徐》《火烧圆明园》《1894甲午大海战》《走向共和》《我的1919》《建党伟业》《我的长征》《西安事变》《七七事变》《南京南京》《喋血孤城》《金陵十三钗》《中国远征军》《滇西1944》《太行山上》《东京审判》《一九四二》《重庆谈判》《大决战》《建国大业》；百家讲坛节目《说慈禧》《道光与鸦片战争》等。这些影像资料选材丰富，制作严谨，其创作手法、表现形式以及对史学最新研究成果的采用，往往令学生耳目一新，思路顿开。

有教师研究了"纲要"课视频应用情况，得出的结论是：从视频素材的内容来看，最受欢迎的是展现历史事件过程的视频素材，其次是剖析事件影响的素材。从视频素材的形式来看，最受学生欢迎的是影视故事片与纪录片，教师在选择视频素材时可以适当考虑。从视频素材的长短来看，一段视频10分钟左右是教师与学生都能接受的，学生可以接受的时间比教师长。从视频素材的播放总量来看，1/4课时是学生期望的最低线，是教师所能接受的最高线。❶

观看影视作品，从时间看，分课时内和课时外进行；从空间看，分教室内和教室外；从人员看，分师生同看和学生独看。

师生同看时，教师对影视作品赏析，重点不是"赏"，而是"析"，也就是要做到科学、严谨、恰到好处的点评。一部作品，分段点评效果较好，能不断地提升学生观看的注意力，启发思维。

东北大学根据"纲要"课不同历史时期的不同专题内容，组织2006级学生在周六和周日分2次观看了6场历史影视片。例如，结合"马克思主义在中国的传播和中国共产党的诞生"这一专题教学，组织学生观看了大型电视文献片《光辉历程——从一大到十五大》；结合"中华民族的抗日战争"，组织学生观看了《太行山上》；有的教师还结合教材"下编综述"的主要内容，即

---

❶ 郭春燕．中国近现代史纲要课程多媒体教学视频应用的探讨［J］．中国现代技术装备，2013（5）．

"新中国成立以后的历史进程和历史性成就"，并联系建军 80 周年纪念活动，在课堂上播放了"1949 年、1959 年、1999 年三次大的阅兵式"，展示了国力和军威，使学生受到了极大的鼓舞和震撼。在 32 学时的分配和使用上，该校既强调课堂讲授 24 学时的重要性，又强调课下 8 学时必须落实的必要性。具体的实践环节安排是：观看历史题材的录像片（4 学时），参观"九一八"历史博物馆（2 学时），举办"让历史告诉未来"演讲会（2 学时）。❶

武汉大学"纲要"课在集体备课时即作合理安排，明确各专题中，哪些观点是应当通过老师讲授得到深化的，哪些观点是通过观看教学音像资料得到深化的。围绕教学目的与要求，选择教学音像资料，对各专题播放教学音像资料的内容与时间做出原则性规定。从实际效果看，较多播放并得到学生充分肯定的教学片有《百年中国》《世纪中国》《百年叱咤风云录》《新中国》《毛泽东》等。❷

北京科技大学"纲要"课布置学生观看电影《1894 甲午大海战》。以下是学生的观后感。

同学 A：

周末观看了电影《1894 甲午大海战》，一时间好像穿越了百余年时光，回顾一番中国人被鞭打的历史，颇有感触。

波涛汹涌，仿佛仰天一声怒吼便能使大地随之颤动。这是 1894 年的黄海。层层弹雨和浓烟烈火已注定这是对于中国不平凡的一天。历史的长卷就这样慢慢铺展开来，那场浩劫也已降临。物资的匮乏、敌人的紧逼，胜负似乎已经十分明确。

但没有人会忘记，就在弹尽粮绝、千疮百孔的"致远号"上，邓世昌毅然驾着烈火之舰决死相拼。舰长一手直指敌国军舰，一手坚持举起冲锋旗——那是他前进的方向！他的姿势分明透露着壮志与霸气，这仿佛是对中华民族的诺言。当他与爱犬的身影如两尊雕塑般淹没在深深的海底，这坚定不移的姿势

❶ 邱秀华."中国近现代史纲要"多样化教学方法的初步探索与实践［J］. 思想理论教育导刊，2007（11）.

❷ http：//course. jingpinke. com/details/methodology？ uuid ＝ 8a833999 － 2031c13b － 0120 － 31c13 bb9 － 01b5&courseID＝B080006&column＝method。

也凝固在那一帧胶片上永远抹不去。这是电影《1894 甲午大海战》中最令人印象深刻的情节之一。

电影中那隆隆的炮声依稀还在耳畔回响，那是被外国列强逼得苟延残喘的大清，那是封建独裁主义的产物，那是慈禧为一己私欲而种下的恶果。贪官横行、民不聊生的晚清又怎会使那些留洋的有志青年大展拳脚呢？那时候的中国像一头沉睡着的狮子，任凭外国欺凌，却又只能眼睁睁地看着大量白银流入国外，无奈地签署一份份的不平等条约。

如今的中国早已不是那个 100 多年前的样子了，现在的繁荣安逸渐渐淡去了战争带来的伤痕，但我们仍不能丢弃我们应有的民族气节，那遇强则强、英勇斗争、永不言弃的民族精神应该在我们这一代人身上发扬光大，继续传承。唯有保持着满腔热血的爱国情怀，才能不忘国耻，让中国屹立在世界之巅。

我们是风华正茂的学子，梁启超有言："少年智则国智，少年强则国强，少年进步则国进步。"是时候拿出自己的爱国之志，为中华之崛起而奋斗，发奋学习，将来在祖国的建设中大展宏图，让全世界都瞩目一个精彩的中国。

恰同学少年，风华正茂，书生意气，挥斥方遒，指点江山激扬文字，粪土当年万户侯，曾记否，到中流击水，浪遏飞舟。让我们在这个火红的季节，为祖国激情燃烧我们的青春！

同学 B：

看完这个电影，心中有感动，有愤怒，有无奈，有哀伤。被那些热血青年的救国热情感动，为日本蛮横无理愤怒，对清政府软弱无能、委曲求全感到无奈，对舰队全军覆没感到哀伤。电影中有一句话：中国就像熟睡的狮子，它有时候会伸伸懒腰，人们以为它醒了，要干一番大事业，但它打个哈欠，又睡下了。

我们的军队不都是懦夫，我们的整体武器装备水平还是很先进的。但是我们却输了。①最根本的原因是社会制度的差异。日本在明治维新以后，走上了快速发展的资本主义道路，不但摆脱了半殖民地的地位，而且成为世界强国，而中国正处在晚清统治下的半殖民地半封建社会，成为列强瓜分的目标。②清朝统治的腐败。慈禧、李鸿章等人寄希望于外国调停，没有把立足点放在自身力量上来。据说日本为了备战，天皇带头捐了 4 万日元，日本各界更是竞相倾囊，而慈禧太后为了举办万寿庆典，挪用了海军军费，以至于北洋水师缺银少饷。③直接原因是指挥不当，贻误战机。李鸿章避敌保船，不准海军出战，最终丧失了制海权。中国国力和军事实力并不比日本差，中国经过洋务运动，重工业和军事都取得不少发展，日本由于是新兴的资本主义国家，重工业比较薄弱，其实力与中国相比不相上下，本来可以一战，但由于指挥者缺乏预见，准备不足是战争失败的原因之一。

经过甲午海战，对中国对日本都产生了深远的影响。

对于中国，被迫签订了又一个丧权辱国的条约，使中国的半殖民地半封建化大大加深，清政府已经完全成为列强统治中国的工具。甲午海战的失败，使洋务派"自强求富"的梦想最终化为泡影。自此，列强掀起瓜分中国的狂潮。而勇敢先进的中国人，也在血与火的交织中奋勇抗击和争取民族独立，拉开了义和团运动和辛亥革命的序幕。

对于日本，不但扩大了殖民地范围，战争赔款也使日本的经济飞速发展。自此，日本走上了对外侵略扩张的道路，在全世界的范围内与列强争夺殖民地的斗争也日趋激烈，为发动新的战争作了准备，最终形成了法西斯策源地，为20世纪30年代大举侵华埋下了伏笔。

120年前，在我国黄、渤海水域爆发了震惊中外的甲午海战，那是场刻骨铭心的战争，给中华民族带来的创伤，至今仍隐隐作痛。120年的国耻，提醒我们"生于忧患，死于安乐"，100多年的屈辱，我们将永不忘记。

今天，我们要学习邓世昌那种气壮山河的英雄气概和坚强不屈伟大精神，现在，我们的国家强大了，她的强大靠的不是别人，靠的正是这一代又一代的人的勤奋与努力。当然还有那在战场上付出了生命与鲜血的英雄人物。我们将高喊着"振兴中华"来祭奠那些在战争中为国捐躯的民族脊梁！

同学C：

我看完甲午大海战这部影片，内心迸发出的情感久久不能散去，填充我的心头。

这部影片讲述了人类历史上第一次蒸汽机铁甲舰队的大海战——甲午海战。它透露出了日寇的野心与惨无人道的侵略手段和当时清政府的懦弱与无能。同时也让我们感受到了邓世昌浓浓的爱国情怀。

　　1877 年，一批少年学子怀着强国之梦登上海轮远赴英国，进入皇家海军学院。在那里他们登上了最新式的军舰，学习到最先进的知识，并亲自驾驶着清政府用重金购买的铁甲巨舰驶回祖国。而他们的同学中就有一批日本留学生，同样带着强国之志，同样驾着日本政府购买的军舰向遥远的东方驶去。

　　当黄昏后的皇宫还沉浸于欢声笑语中，为"天朝上国"广阔的地貌感叹之际，曾经向我们俯首称臣的岛国——日本已经开始重视军队建设。

　　在国家危机时刻，皇宫内还在为慈禧太后做六十大寿，将大量钱财挥霍掉了，最终连一艘军舰也买不起，然而日本这个贫乏的小国，没有钱就把全国官员的工资减少十分之一，买新式铁甲船，没粮就每天只吃一顿饭，来节约粮食给海军，最终抢购下了英国新式军舰，并命名为吉野号。此时，两国差距的序幕也徐徐展开。

　　侵略扩张的野心终于使日本发动了战争。茫茫的大海上，炮声隆隆，水柱冲天，在这场决定两国命运的决战中，日本的快速炮显出绝对优势，而中国海军的炮弹却经常命中敌舰而不炸，北洋舰队的军舰连连被击沉……邓世昌驾着"致远号"，呼喊"我等从军卫国，即使死，也要撞沉吉野！"但是在敌舰队上百门快速炮的集中轰击下，"致远号"终于爆炸沉没！邓世昌本有机会逃走，可他宁死和致远共存亡。他也成为近代的英雄，被世人缅怀。

　　我也进一步明白了"落后就要挨打"这一永恒的道理以及军队建设的重要性。我们在发展经济的同时，也不要忽视军队的建设。我相信，只要我们的国力、军力够强盛，任何国家都不敢前来进犯。我们要永远记住这段屈辱的历史，用它来鞭笞我们前进，不让历史的序幕再次上演。

　　现在是一个物欲横流的时代，信仰匮乏，何不从这部影片中汲取养分，像邓世昌一样将爱国的信仰作为自己的大脑。不然，也许将来的某一天，重蹈覆辙，一批爱国志士用自己的鲜血去警醒与自己流着同样的血却还在醉生梦死的人。

　　无论时代怎样变迁，希望流着中华民族血液的我们不要遗忘了我们民族的信仰与坚持，要传承我们的民族瑰宝——爱国精神。

　　以上学生的感言实在感人至深。

二、社会调查

社会调查，是实践的一种重要形式。要求学生通过调查、采访，发现身边的历史，体会现实中的历史。实践教学，就是组织学生发现历史中的现实和现实中的历史，学生不仅可以获得丰富的感性知识，而且可以验证所学的知识，创造性地综合运用所学的理论知识，分析问题，做出结论，从而加深对理论的理解。

社会调查主要包括以下要素：①明确的调查目的；②具有社会意义的调查对象；③科学的调查方法；④实际的调查效果。

社会调查的内容涉及政治、经济、文化、社会生活等领域的变迁与发展。

教育主管部门对社会调查高度重视，出台了一些激励、表彰措施。例如，为贯彻教育部等部门《关于进一步加强高校实践育人工作的若干意见》（教思政〔2012〕1号）和北京市委宣传部、市委教育工委、市教委《关于进一步加强北京高校思想政治理论课教师队伍建设的实施意见》（京教工〔2009〕4号）精神，充分发挥社会实践在思想政治理论课教学中的作用，引导学生在实践中深化理论认识，不断完善思想政治理论课实践教学机制，北京市委教育工委组织开展2014年高校思想政治理论课学生社会实践优秀论文评选活动。❶

2014年北京高校思想政治理论课社会实践选题范围如下。

1. 政治建设方面

主要围绕中国特色社会主义政治建设涉及的问题展开，具体包括：当前我国人民代表大会制度在基层实施情况；村民自治、社区自治等基层政治制度建设运行情况；不同区域不同行业群体民主政治建设情况；少数民族地区民主政治发展有关问题；我国公民有序政治参与的有关问题；当前我国公民民主政治意识与法治意识发展情况；网络民主表达及疏导相关问题；个人权益表达及合法维护的有关问题；当代大学生政治观现状及其发展问题；涉及我国政治建设方面的其他现实问题。

---

❶ 关于开展2014年北京高校思想政治理论课学生社会实践优秀论文评选工作的通知，http：//xjc. bjedu. gov. cn/tabid/215/InfoID/14832/frtid/222/Default. aspx。

2. 经济建设方面

主要围绕我们中国特色社会主义经济建设中涉及的问题展开,具体包括:社会主义市场经济体制完善与政策改革的有关问题;加快转变经济发展方式与经济结构转型升级问题;地方经济发展有关问题;推动和统筹区域与城乡协调发展的有关问题;良性市场环境培育与公民市场行为规范问题;商品货物流通的相关政策机制问题;居民消费现状与消费意识的有关问题;三农问题;收入分配问题;涉及我国经济建设方面的其他现实问题。

3. 文化建设方面

主要围绕中国特色社会主义文化建设涉及的问题展开,具体包括:促进社会主义文化大发展大繁荣的有关政策机制举措等相关问题;我国文化体制改革与创新的相关问题;加速我国文化产业发展的有关问题;民间非物质文化遗产保护的有关问题;社会主义精神文明建设的相关问题;人民群众思想道德素质与科学文化素质提升的相关问题;丰富人民群众精神文化生活的有关问题;教育改革问题;涉及我国文化建设相关的其他现实问题。

4. 社会建设方面

主要围绕中国特色社会主义文化建设问题展开,具体包括:涉及劳动就业、社会保障、卫生(医疗)、居民住房、安全生产、司法和社会治安等方面关系群众切身利益的民生问题;我国社会管理体制机制创新与社会改革的有关问题;我国志愿服务现状与发展问题;社会民间组织建设的现状及作用发挥问题;社会群体性事件与公共危机处理的对策分析;地方突出社会问题调研及解决对策分析;涉及社会建设的其他现实问题。

5. 生态文明建设方面

主要围绕中国特色社会主义生态文明建设涉及的各方面的问题展开,具体包括:我国生态环境与自然资源的现状调研;我国环境保护政策落实有关情况;地方生态环境与自然资源保护的有关问题;工业企业技术改造升级与落后产能淘汰的有关问题;民众生态意识的现状及培育问题;城乡突出环境治理领域的有关问题调研分析;涉及生态文明建设的其他现实问题。

社会调查的一般程序：

（1）选题阶段（学生自选、教师推荐、师生共选）；

（2）准备阶段（准备调查内容、调查工具，确定调查对象）；

（3）调查阶段（收集资料，实施调查）；

（4）分析阶段（审核、整理、统计、分析）；

（5）总结阶段（撰写调查报告，展示成果，教师点评）

国内一些大学组织学生进行社会调查，取得了一定成绩。

华中师范大学"纲要"课利用假期组织学生进行社会调查。利用寒暑假、学生返乡或外出旅游的时间，指导学生就某个具体问题就近进行调查，并在此基础上写出调查报告，以增进大学生对现实中国社会的了解，正确认识新中国成立以来特别是改革开放以来我国社会主义建设所取得的巨大成就，从而坚定走中国特色社会主义道路的信念。❶

东北大学为 2006 级学生参加暑期"理论之光"社会实践的 4 个团队分别确立了 4 个主题。出征前对 4 个团队的全体成员进行了培训，特别强调把握实践的主题、考察的目的和意义、考察报告撰写的内容以及课堂汇报的基本要求等。南京的考察，主要侧重《南京条约》签订与近代社会走向及国民党政权的垮台与人民共和国建立的历史必然性；井冈山的考察，侧重于农村包围城市的革命新道路对今天中国特色社会主义建设道路的启示（或从井冈山精神看当代大学生理想信念教育的重要意义）；上海的考察，通过参观中共"一大"旧址，看中国共产党的成立与当代青年的历史使命；深圳的考察，围绕当今人们对改革开放的不同评价，让学生从特区的发展看改革开放取得的历史性成就。❷

天津师范大学"纲要"课让学生带着"历史任务"记录考察社会变迁。例如，2011 年为庆祝建党 90 周年，开展了以"踏访 90 处革命足迹，强化90 后青年使命"为主题的实践教学活动，要求学生利用暑假回乡期间，将

---

❶ http：//course. jingpinke. com/details/contents？uuid = 8a83399b – 19cc280d – 0119 – cc280e11 –
00e9&courseID = B070089&column = content。

❷ 邱秀华."中国近现代史纲要"多样化教学方法的初步探索与实践［J］. 思想理论教育导刊，
2007（11）.

自己的家乡作为走访的首要对象，可以自行组队，自行确定走访时间和地点。要求学生不仅了解踏访地的历史发展，还要记录自己的沿途感受和心得体会。●

同济大学"纲要"课给学生布置"家乡历史的调研"任务，让大学生利用节假日对家乡的近现代史进行调查与研究，撰写调查报告，以此作为期中论文成绩。2013年4月，教研室举行了第一届"家乡历史调研"征文大赛，学生提交的调研报告涉及家乡历史的方方面面，如《93年前新华门前的哭声——五四运动中的山东人民》《我对河南近现代史人物的了解与感想》《与祖国共荣辱——我的家乡长春市》《湖南近代史探讨——湘军为我们留下了什么》《历史容不得冲动——从陕甘回变到中菲黄岩岛对峙问题的拙见》等。通过"家乡历史调研"活动，培养了大学生的爱国热情和民族自豪感，激励他们继承优秀的民族文化，并将其发扬光大。●

景德镇陶瓷学院"纲要"课安排学生撰写"景德镇红色资源调研报告"，引导学生开展课后调查研究，走向社会、了解社会。●

福建师范大学"纲要"课在充分挖掘丰厚的人文历史资源时，根据学生的兴趣爱好，相对集中地成立研究性学习小组，指导学生对地方历史人物、历史事件、文物古迹、历史作品、历史材料、历史题材影视作品等不同的专题进行研究性学习，然后撰写小论文或考察报告。既可独自承担某一专题，也可以几个同学组成小组合作完成某一专题。专题有：福州马尾船政局在中国近代海军史、工业史、教育史、思想文化史等方面作用，福建船政文化精神（爱国自强、崇尚科学、对外开放、改革创新、科教人本和海权意识等），马尾历史旅游资源的开发研究，严复思想研究，福州及福州人在中国近代史上特殊贡献的原因，三坊七巷名人故居研究等。●

● 徐志勇."中国近现代史纲要"任务驱动式实践教学探讨［J］.长春师范大学学报（人文社会科学版），2014（2）.

● 万立明."中国近现代史纲要"与理工科大学生人文素质的培养［J］.重庆交通大学学报（社科版），2014（2）.

● 蔡定益.景德镇历史文化融入《中国近现代史纲要》教学刍议［J］.黑龙江史志，2010（13）.

● 兰雪花.试论地方史资源在《中国近现代史纲要》教学中的运用——以福州为例［J］.宜春学院学报，2009（3）.

广西民族大学"纲要"课鼓励学生假期回到家乡进行社会实践调查，与校团委联合组织学生的"三下乡"活动，如寻找自己家乡近现代历史上爱国事件和人物，访问老红军、老革命，了解他们的真情人生；到社区走访，了解当地改革开放前后的变化等。❶

三、参观本地或全国历史文化遗迹

"参观法是教师根据教学目标的要求，组织学生到课堂外对客观事物或现象进行观察，以获得新知识或经验的教学方法。现代教师重视学校、社会、家庭三者教育的联合和整合，重视充分利用学生生活环境和自然环境中的教育资源，强调教育与学生的实际生活相联系，因此，参观的方法比较常用，如参观名胜古迹、博物馆、科学馆及各种各样的展览和表演等。通过参加各种形式和内容的参观活动，使学生开阔视野、增长见识、陶冶情操、丰富人生，达到良好的教育和发展的目的。"❷

大学生可深入到基地进行社会实践考察，了解国史国情。我国各地区拥有数量众多的博物馆、纪念馆、革命遗址等爱国主义教育基地。一些爱国主义教育基地收藏大量的遗物、图片、文献资料等，辅以声、光、电等科技手段，具有良好的视听效果。全国各地还建立起了一批红色教育基地、大学生思想政治教育社会实践基地、"三下乡"实践基地、认知实习基地、专业实习基地。

学生社会实践的地域应以乡土历史文化为主。乡土历史文化主要指高校所在地区的历史文化资源，也延伸包含了大学生家乡所在地的历史文化资源，尤其是红色历史文化资源。中国共产党在长期的革命、建设和改革实践中，在全国各地几乎都留下了深厚的红色文化遗存。地域历史文化资源的类型主要有以下几种：一是近代历史遗址、遗迹，如近代重大历史事件发生地、革命烈士陵园、著名历史人物故居、纪念碑、大型历史雕塑等；二是各类近代历史博物馆、纪念馆；三是各级各类档案馆；四是图书馆收藏的近现代地方历史文化资料，如地方报刊、地方名人手稿等；五是民间资料，包括收藏在民间的具有反

---

❶ 李艾丽. 提高中国近现代史纲要课程教学实效性的策略探析 [J]. 广西教育, 2013 (12).

❷ 任平, 孙文云. 现代教育学概论 [M]. 广州：暨南大学出版社, 2013：233.

映近现代历史变迁的历史文物，民间社会对重要历史事件、重大历史时刻的历史记忆。● 乡土红色文化，在物质形态上主要表现为中国共产党在各个历史时期留存或建造的实体，如革命旧址、遗迹、纪念馆、展览馆、革命烈士陵园、文物、人物故居、文献资料等；在精神形态上表现为中共在不同时期形成的五四精神、井冈山精神、长征精神、延安精神、西柏坡精神、大庆精神、雷锋精神、焦裕禄精神、奥运精神等。"纲要"课的教学在于通过参观访问，帮助学生了解国史、国情，增强学生民族自信心、自尊心、自豪感，培养和激发学生的爱国主义情怀和社会责任感。将地方乡土资源引入教学，一方面，使学生备感亲切，感到身临其境，调动了学生的兴趣；另一方面，使学生重新认识自己的家乡，帮助学生增强热爱家国的情怀。

在"纲要"课社会实践方面，全国一些高校充分利用地域优势，做了大量的学生社会实践工作。

华中师范大学"纲要"课组织学生进行参观活动，充分利用湖北的历史遗迹、遗址等教学资源，如近代武汉的租界、辛亥革命武昌起义陈列馆、武昌农民运动讲习所、八七会议旧址、八路军驻汉办事处、鄂豫皖革命根据地纪念馆、湘鄂西革命根据地纪念馆等，安排、组织学生进行实地参观，并在此基础上写出感想或体会，以增加对重大历史事件及过程的感性认识。●

武汉大学"纲要"课利用武汉的爱国主义教育基地，组织学生参观辛亥革命纪念馆、武昌农民运动讲习所、汉口八路军办事处、八七会议旧址、中共五大会址等地，增强学生对历史的感性认识。

南开大学"纲要"课充分利用天津丰厚的中国近现代历史资源，在每章教学中选择若干教学实践基地，要求学生课后自行参观考察，并提交考察报告，激发学生的学习兴趣。

西南交通大学"纲要"课的调研与实地考察、参观的地方主要分为两类：一类是四川省和成都地区的革命旧址、遗址，如成都市区的辛亥革命保路运动

● 刘进. 地域历史文化在《中国近现代史纲要》中的价值与运用［J］. 思想教育研究, 2008（10）.

❷ http：//course. jingpinke. com/details/contents？ uuid = 8a83399b – 19cc280d – 0119 – cc280e11 – 00e9&courseID = B070089&column = content。

纪念碑、邓小平故居、川陕革命根据地旧址等，主要对学生进行革命历史传统教育，加深学生对中国选择马克思主义、社会主义道路、共产党领导的认识；另一类是改革开放中经济、文化、民主政治建设及社区建设的典型单位，如成都市高新技术开发区、城乡一体化示范农家乐全国典范——三圣乡等。选择这些单位作为考察或社会调研的对象，使学生亲身感受改革开放和现代化建设的成果，增强学生对党的基本理论、基本路线、基本纲领、基本经验的理解。❶

上海一些高校教师鼓励学生参观历史博物馆、名人故居、革命纪念地等，如"一大"会址、毛主席故居、宋庆龄故居，通过历史实物感受中国近现代史的进程。组织学生利用假期进行社会调查和社会实践，比较不同时期社会的发展变化，提交相应的调研报告。同时，结合团委、学工部等组织的社会实践活动，从理论上对活动加以指导。❷

福建省高校"纲要"课组织参访历史事件发生地，如马江战役纪念馆、中法马江海战烈士墓、马尾造船厂旧址、中国近代海军博物馆、福州辛亥革命纪念馆等；名人故居、陵园、墓，如福州市林则徐纪念馆、林则徐祠堂、林则徐墓、林祥谦烈士陵园、严复故居、严复墓、林觉民故居、冰心故居等；红色旅游景点，如福建革命历史博物馆、闽中司令部旧址、上杭县古田会议旧址、毛泽东才溪乡调查纪念馆、漳州市毛主席率领红军攻克漳州陈列馆、长汀县福建省苏维埃旧址、福音医院旧址、县革命委员会旧址、红四军司令部政治部旧址、中共福建省委旧址、福建省职工联合总工会旧址、瞿秋白烈士纪念碑、宁化县红军医院旧址、长征集结出发地、泰宁县红军街、建宁县红一方面军总司令部、总前委总政治部旧址❸、固守在祖国的海防前线的英雄三岛、高集海堤纪念碑等。这些资源是对课堂教学的补充和延伸，提高了学生了解社会和观察

---

❶ http：//course. jingpinke. com/details/requirments? uuid = 8a833999 - 2031c13b - 0120 - 31c13bc2 - 0255&courseID = B080009&column = condition。

❷ 曹景文."中国近现代史纲要"教学中需正确处理的若干关系 [J]. 思想理论教育导刊，2007 (6).

❸ 杨建辉. 中国近现代史纲要课教学实效性 [J]. 河北理工大学学报（社会科学版），2009 (2).

事物的能力，也大大激发了学生的学习热情。❶

东北农业大学"纲要"课教师在讲授第六章中华民族的抗日战争时，带领学生参观位于哈尔滨平房地区的 731 部队遗址，以及杨靖宇、赵一曼、赵尚志、马占山等抗日英雄的纪念馆，让大学生"零距离"地触摸和感受日本侵华史抗日战争史，教育学生们勿忘国耻，珍惜今天的幸福生活，增强学生们的历史使命感和社会责任感。❷

西南政法大学的"纲要"课，每学期联系重庆本地的爱国主义教育基地或者是新时期能够反映改革开放成果的工矿企业、城市建设等机构或设施参观学习，带领学生参观重庆渣滓洞、白公馆，学生们在烈士的遗像前，在国民党特务机构的刑具前，被地下党人为了新中国的诞生不顾个人生命的忘我革命精神所触动。教师还带领学生参观位于重庆两江新区的长安汽车公司、金山科技集团有限公司。参观结束后，学生们自发地写了长达三千多字甚至五六千字的参观感想，从字里行间传达出学生对革命时期中国共产党人带领人民追求民族独立、国家富强的敬佩之情，以及对社会主义建设时期我们所取得的建设成就的自豪之感。❸

红八军纪念馆是广西民族师范学院思想政治理论课的实践教学基地，学校每年都组织部分学生前往参观考察。在红八军纪念馆，大学生们通过讲解员的讲解，通过历史图片、档案实物、模型等展品的情景再现，以及身处赤色龙州历史遗址的直观感受，去触摸、感受活生生的历史。学生还可以参观友谊关、金鸡山、浦寨、平而关、大小连城、胡志明纪念馆、陈勇烈祠、法国驻龙州领事馆、红八军军部旧址等。❹

全国的重点爱国主义教育基地如表 4 – 1 所示。

---

❶ 徐可纯.《中国近现代史纲要》课程新型教学模式的探讨［J］. 党史研究与教学，2008（1）.
❷ 胡万庆."中国近现代史纲要"教学实效性研究与实践［J］. 河北农业大学学报（农林教育版），2014（1）.
❸ 梁勇. 中国近现代史纲要课堂教学方法探析［J］. 当代教育理论与实践，2014（3）.
❹ 王晓军. 浅论国门大学"中国近现代史纲要"课程教学中地方史资源的运用［J］. 梧州学院学报，2011（3）.

表4-1 全国重点爱国主义教育基地●

北京	天安门广场　中国历史博物馆　中国革命博物馆　中国人民革命军事博物馆　中国人民抗日战争纪念馆　故宫博物院　圆明园遗址公园　八达岭长城　周口店遗址博物馆　李大钊故居（文华胡同24号）李大钊烈士陵园　焦庄户地道战遗址纪念馆　北京自然博物馆　中国航空博物馆　中国科学技术馆
天津	盘山烈士陵园　平津战役纪念馆　周恩来邓颖超纪念馆　天津自然博物馆　天津科学技术馆
河北	乐亭·李大钊纪念馆　涉县·129师司令部旧址　唐县·白求恩、柯棣华纪念馆　清苑·冉庄地道战遗址　平山·西柏坡中共中央旧址　隆化·董存瑞烈士陵园　华北军区烈士陵园　潘家峪惨案纪念馆　中国人民抗日军事政治大学陈列馆　河北省博物馆　唐山抗震纪念馆
山西	阳泉·"百团大战"纪念馆（碑）　武乡·八路军太行纪念馆（八路军总部旧址）　文水·刘胡兰纪念馆　黄崖洞革命纪念地　太原解放纪念馆　平型关战役遗址　太行太岳烈士陵园　山西国民师范旧址革命活动纪念馆
内蒙古	呼和浩特·乌兰夫同志纪念馆　内蒙古博物馆
辽宁	沈阳·"九·一八"事变博物馆　大连·旅顺万忠墓纪念馆　锦州·辽沈战役纪念馆　丹东·抗美援朝纪念馆　抚顺雷锋纪念馆　丹东鸭绿江断桥　沈阳抗美援朝烈士陵园　黑山阻击战烈士陵园　葫芦岛市塔山烈士陵园　关向应故居纪念馆
吉林	通化·杨靖宇烈士陵园　四平战役纪念馆暨四平烈士陵园　延边革命烈士陵园　"四保临江"烈士陵园
黑龙江	哈尔滨·侵华日军第七三一部队罪证陈列馆　哈尔滨·东北烈士纪念馆　大庆·铁人王进喜同志纪念馆　黑河·瑷珲历史陈列馆　哈尔滨烈士陵园　马骏纪念馆
上海	中国共产党第一次全国代表大会会址纪念馆　宋庆龄陵园　龙华烈士陵园　上海博物馆　"南京路上好八连"事迹展览馆　海军上海博览馆　陈云故居暨青浦革命历史纪念馆　鲁迅纪念馆

● http：//greatcourse．cnu．edu．cn/zgjxdsgy/jxsjdg13．htm。

江苏	南京·中山陵 淮安·周恩来纪念馆（故居） 盐城·新四军纪念馆 南京·侵华日军南京大屠杀遇难同胞纪念馆 南京·雨花台烈士陵园 徐州·淮海战役烈士纪念塔（馆） 南京·《南京条约》史料陈列馆 梅园新村纪念馆 沙家浜革命历史纪念馆 茅山新四军纪念馆 南京博物院
浙江	绍兴·鲁迅故居及纪念馆 绍兴·禹陵 嘉兴·南湖革命纪念馆 宁波·镇海口海防遗址 余姚·河姆渡遗址博物馆 解放一江山岛烈士陵园 鄞州区四明山革命烈士陵园 舟山鸦片战争纪念馆
安徽	歙县·陶行知纪念馆 新四军军部旧址纪念馆 皖南事变烈士陵园 王稼祥纪念园 淮海战役双堆烈士陵园 安徽省博物馆
福建	上杭·古田会议纪念馆 福州·林则徐纪念馆 厦门·陈嘉庚生平事迹陈列馆 厦门·郑成功纪念馆 泉州·泉州海外交通史博物馆 福建省革命历史纪念馆 毛泽东才溪乡调查纪念馆 长汀县瞿秋白烈士纪念碑 闽侯县"二七"烈士林祥谦陵园 华侨博物院
江西	萍乡·安源路矿工人运动纪念馆 南昌·八一起义纪念馆 宁冈·井冈山革命纪念馆 瑞金·中央革命根据地纪念馆 秋收起义纪念地 （萍乡秋收起义纪念碑、秋收起义铜鼓纪念馆、秋收起义修水纪念馆） 永新三湾改编旧址 兴国革命历史纪念地（纪念馆、烈士陵园） 上饶集中营革命烈士陵园 方志敏纪念馆（烈士陵园、赣东北特委、红十军建军旧址等）
山东	聊城·孔繁森同志纪念馆 枣庄·台儿庄大战纪念馆 威海·中国甲午战争博物馆 曲阜·孔子故居 华东革命烈士陵园 中国人民解放军海军博物馆 济南革命烈士陵园 莱芜战役纪念馆 山东省博物馆
河南	林州·红旗渠纪念馆 兰考·焦裕禄烈士陵园 安阳·殷墟博物苑 新县革命纪念地（中共中央鄂豫皖分局、鄂豫皖军委、鄂豫皖苏区首府革命博物馆、鄂豫皖苏区首府烈士陵园、箭厂河革命旧址等） 河南博物院
湖北	武汉·二七纪念馆 武汉·辛亥革命武昌起义纪念馆 武汉·武昌中央农民运动讲习所旧址纪念馆 蕲春·李时珍纪念馆 红安·黄麻起义和鄂豫皖苏区革命烈士陵园 "八七会议"会址纪念馆 闻一多纪念馆 湖北省博物馆
湖南	韶山·毛泽东同志纪念馆 宁乡·刘少奇同志纪念馆 炎陵·炎帝陵 平江起义纪念馆 湘鄂川黔革命根据地纪念馆 秋收起义文家市会师旧址纪念馆 中共湘区委员会旧址 湘南暴动指挥部旧址 彭德怀纪念馆 湖南省博物馆

广东	广州·孙中山故居纪念馆　广州起义烈士陵园　广州·三元里人民抗英斗争纪念馆　东莞·鸦片战争博物馆（虎门炮台）　毛泽东同志主办农民运动讲习所旧址　叶剑英元帅纪念馆　叶挺纪念馆
广西	百色·中国工农红军第七军军部旧址　兴安·红军长征突破湘江历史纪念碑园　龙州县红八军军部旧址（红八军纪念馆）　八路军桂林办事处旧址　百色起义纪念馆
海南	琼山·中国工农红军琼崖纵队改编旧址　琼海市红色娘子军纪念园　母瑞山革命根据地纪念园
四川	广安·邓小平同志旧居　仪陇·朱德故居暨朱德铜像纪念园　宜宾·赵一曼纪念馆　中江·黄继光纪念馆　都江堰·都江堰水利工程　红四方面军指挥部旧址纪念馆　泸定桥革命文物陈列馆　红军四渡赤水太平渡陈列馆　安顺场红军强渡大渡河纪念地　苍溪红军渡纪念馆　万源保卫战战史陈列馆　陈毅故居
重庆	红岩革命纪念馆　铜梁·邱少云烈士纪念馆　歌乐山烈士陵园　刘伯承同志纪念馆　聂荣臻元帅陈列馆　赵世炎烈士故居
云南	昆明·"一二·一"四烈士墓及"一二·一"运动纪念馆　扎西会议纪念馆
西藏	乃东·山南烈士陵园　江孜·江孜抗英遗址
陕西	延安·延安革命纪念馆　西安·八路军西安办事处纪念馆　西安·西安事变纪念馆　西安·陕西历史博物馆　西安·西安半坡博物馆　临潼·秦始皇兵马俑博物馆　黄陵·黄帝陵　洛川会议纪念馆
宁夏	银川·宁夏博物馆　三烈士纪念碑　中国工农红军长征将台堡会师纪念碑
甘肃	会宁·会宁红军会师旧址　敦煌·莫高窟　宕昌县哈达铺红军长征纪念馆　八路军驻兰州办事处纪念馆　兰州市烈士陵园　华池县南梁革命纪念馆　高台县烈士陵园
青海	西宁·中国工农红军西路军纪念馆
新疆	乌鲁木齐·乌鲁木齐市革命烈士陵园　新疆维吾尔自治区博物馆　伊宁烈士陵园　周总理纪念馆　石河子军垦博物馆　八路军新疆办事处纪念馆
贵州	遵义·遵义会议纪念馆　息烽集中营革命历史纪念馆　王若飞故居　张学良将军幽禁地旧址　赤水红军烈士陵园

北京科技大学"纲要"课实践，一方面，充分利用该校已有突出成效的暑期社会实践活动，与其他思想政治理论课的实践环节一起，分别安排在一年级、二年级的暑期集中进行。实践教学的组织、管理，由共青团干部、学生辅导员和思想政治理论课教师共同实施，思想政治理论课教师根据学生的实践报

告评定成绩，并单独计入学生成绩单。由于"纲要"课结束之后，暑期实践即开始了，二者相隔时间较短，因此，很多学生暑期实践的目的地大多选择了革命圣地，考察的主题也以历史事件与现实环境相交融为主，他们纷纷聘请本课程组的老师担任指导教师，很多老师全程参与了学生的实践。另一方面，"纲要"课依托北京市历史资源实施社会实践教学。教师结合北京市历史资源，组织学生寻访历史遗迹遗址，参加社会调查，使其直接受到感染，有助于培养其分析、解决历史问题的能力，增强其社会责任感。学生参观了圆明园、颐和园、天坛、故宫、天安门、人民英雄纪念碑、景山公园、北海公园、长城、国家博物馆、军事博物馆、鲁迅故居、郭沫若故居、李大钊烈士墓、毛主席纪念堂、鸟巢、卢沟桥、中国人民抗日战争纪念馆、"三一八"遗址。此外，有的学生还参观了全国其他地区历史遗址，如中山陵、泰山、直隶总督署、甲午战争纪念馆、南京总统府、大沽口炮台遗址等。

以下是一些同学的感想。

同学 A：游圆明园有感

随处可见的残雕断柱，给我一种难言的悲愤和无奈。回想她辉煌的兴建历程和惨痛的毁灭历史，伴随着无尽的惆怅和叹息。而如今，她拖着残破的身躯饱经一百多年的风霜雨露，既是为了证明当年辉煌的中国，更是为了警示我们当年那不堪忍受的历史。

当年，康熙爷为躲避紫禁城单调乏味的建筑色彩，以避喧听政为旗号，开始兴建后来被称作万园之园的圆明园。经过一个多世纪数位清代君主的坚持，山环水绕、绿柳红花，楼阁亭台、馆轩殿院，逐渐形成了圆明、绮春、近春等园，人称四十景，胜似仙境。美丽的圆明园不仅是清政府的骄傲，更是中国人民勤劳勇敢智慧的结晶。然而，就是这样一个恬淡美好、山高水长、富丽典雅的圆明园，在 1860 年 10 月 18 日，这个悲惨的日子，被英法联军焚毁。罪恶的火焰把圆明园包围熊熊燃烧了三天三夜。当大火终于熄灭，当初富丽堂皇的圆明园已化成我们脚下的尘土。法国文学家雨果以愤怒的笔触写道：有一天，两个强盗闯进了圆明园。一个抢了东西，一个放了火，胜利者把口袋装满，他们手拉手，笑嘻嘻地回到欧洲，这就是两个强盗的历史，——在历史的面前，这两个强盗，一个叫英吉利，一个叫法兰西……

法国著名历史学家伯纳·布立赛曾说：圆明园劫难是中国历史，也是世界文明史上的一次巨大灾难。

坐着观光车终于来到了圆明园遗址景区，断壁残垣赫然显现在眼前，刚进园时的疑虑一扫而空，心里只剩下震撼与愤怒：那一座座残缺不全的石碑似乎在诉说着曾经的苦难；那幸存的石狮怒睁的双眼似乎正在仇视着践踏这里的侵略者；那一片片瓦砾与石块似乎在告诉人们当时八国联军是怎样贪婪的掠夺。歹毒的八国联军火烧圆明园使108所园子中的107所木质园林所剩无几，又在大肆掠夺，火烧之后，采用轰炸的办法使得石质的园子也这般惨不忍睹，偌大的石碑从中变为两半，厚实的石墩也被劈为几块，这些惨绝人寰的人啊！这里的一砖一瓦、一草一木都在向世人诉说着它曾经的不幸和遭遇。走在断垣残壁中，体味着它的辛酸历程，感受着时空的痕迹，似乎自己也回到了那个战乱的时代，火烧圆明园时，那近300多个苦苦挣扎的宫女和太监，当权者的不执政与寻欢作乐，不战即退的军队……

圆明园被毁灭了，昔日繁花似锦，而如今只有狐兔出没，蔓草荒野。强盗们满船满载，兴高采烈地回到了欧洲，留给中国人的是一枚侵肌入肺的苦果。

圆明园遗址是中华民族的一个缩影，也是我们中华民族的一份珍贵的历史文化遗产，它是帝国主义侵华的铁证，无时无刻不在告诫着我们勿忘国耻；它提醒着我们，虽然时间如滔滔江水，但那段历史永远留在我们心中，激励着我们不断向前进。

同学 B：亲历历史、鉴今明志

怎能忘，甲午的硝烟曾经暗淡了祖国的天空，怎能忘丧权辱国的痛苦曾经萦绕在人们的心怀。走进旅顺，这个富有近代历史气息的城市，历史的硝烟似乎并未远远的散去，处处遗迹烙刻在中国大地，印刻在每个中国人心中。

东鸡冠山，满山葱翠，林海莽莽，静静地矗立在旅顺城边。百年前，这里是炮火连天、硝烟弥漫的战场。山中遍布暗道、暗堡、护垒壕等设施，是沙俄侵占旅顺后耗时多年修建的东部防线中一座重要的功守兼备的堡垒。日俄战争中，旅顺要塞争夺战的重要战场之一。

一百多年前，北洋舰队从旅顺港出发，再无一人回来。北洋水师的浩荡大军激荡着保家卫国的豪情，出战旅顺迎击日本。然而，正是这次战争，彻底使我国丧失了尊严，沦为半殖民地半封建国家。耳边回荡起邓世昌等仁人志士在甲午硝烟中义愤填膺保家卫国的呐喊，心中充满无尽的激动，那是一腔中国人的热血在沸腾。在故垒的废墟中穿梭，从心底萌生出今日的誓言：决不能让这些残堡旧垒再成为对准祖国母亲胸膛的炮台。

一百多年后，旅顺港凭借得天独厚的不冻港优势，成为我国第一艘航空母舰——辽宁号的港湾，同时这也赋予了它新时代的新意义，实现我们的强军梦。它既承受了一段屈辱的历史，同时承载了我国的未来。

离开旅顺港，来到日俄监狱。这是一座20世纪初由沙皇俄国始建，后由日本扩建而成的富有历史意义的监狱。这座由两个帝国主义国家在第三国先后建造的监狱，是帝国主义列强侵华和反人类的铁证，其野蛮和残忍程度更是在世界上罕见。这所监狱设置牢房253间，还设有刑讯室、教诲室、检身室和绞刑室。当年，许多革命党人、爱国同胞和日本、朝鲜、俄国、德国、埃及、土耳其等国人员深陷其中。朝鲜爱国志士安重根刺杀日本前首相伊藤博文后被俘，也被关押在这里，就义时年仅32岁。我的心情愈发沉重，感叹曾经有多少纯洁而炙热的灵魂在这人间地狱里煅烧，但追求真理的灵魂不灭，坚定的信念始终永存人间。无论何时，我们都不能忘记那段屈辱的历史，更要时刻铭记我们肩上的使命，不断努力为祖国的建设做出贡献！

从书本上的读到的历史是模糊的、遥远的，但是身处旅顺，历史竟变得如此真实。一幕幕祖国被列强侵略、人民抗争的场面，清晰地在眼前呈现。历史并未走远，警钟始终长鸣，如果世人不以史鉴今，不知自己从何而来，不醒悟，不觉悟，谁也无法预知历史的车轮将驶向何处。再灿烂的文化也经不起炮火的摧残，列强的践踏。为了无法忘却的过去，要时刻提醒自己，个人虽然渺小，却仍要不惜奉献那微弱的力量。当所有的人力量汇聚在一起，我们的国家必定愈发强健而有力，决不让历史重演。我们要为祖国实现统一以及民族复兴的伟大中国梦而不懈奋斗！

同学C：游大沽口炮台有感

在这个夏天，我来到了位于我的家乡——天津塘沽区的大沽口炮台遗址。据我之前所了解，大沽口炮台是第二次鸦片战争的重要战场，这里爆发了清兵与英法联军的激烈战争。但也是仅此而已，我对关于它的详细情节还不甚了解，并不了解在那样的地势优势下清兵是如何惨败的。正是带着这份疑惑我走进了大沽口炮台遗址。

进入大沽口炮台遗址，给我最大印象的便是那一座座直指大海的大炮，想来对于那个以冷兵器为主要兵器的清朝来讲，这便是令人震撼的无坚不摧的武器吧。经过了解我得知在明代，大沽口开始设防，炮台初建于明代嘉靖年间，不能不说能够在那个时候建造这样的炮台还是比较先进的，之后渐渐形成了"南有虎门，北有大沽"的形式，成为中国近代史上重要的海防屏障。直到鸦片战争前后更加大规模扩建，咸丰八年（1858 年）为加强海防，确保京城安全，大沽地区更成为北方的军事要地。直到第二次鸦片战争，大沽口炮塔被英法联军摧毁。

以"亚罗号事件"和"马神甫事件"为借口，英法对华发动战争。在炮击广州并接受投降后，英法联军为继续扩大优势继而北上天津，于是有了大沽口之战，而可能是第一次鸦片战争对国人的影响过大导致了直隶总督谭廷襄等毫无斗志，弃守逃亡。尽管清兵占据地理优势，并努力抗争，但由于设备老旧加上人心不齐，终于得到了惨败。这一次大沽口之战以中国惨败而告终。而这就是我的记忆里的失败，可让我没有想到的是，其实大沽口也有一场胜利。英法政府不满足于一次大沽口战役的特权于是继而发动了第二次大沽口之战，而轻敌给他们带来了失败。清军在僧格林沁的指挥下，英勇抵抗，发炮反击，战斗异常激烈。由于清军火力充分，战术得当，击沉击伤敌舰 10 艘，毙伤敌军近 500 人，重伤英舰队司令何伯，英法联军惨遭失败。这也是鸦片战争以来，清军唯一一次的胜利。这件事是我所不清楚的，刚经历失败，又在同一块地方，打败了相同的敌人，这是需要多么好的心理素质和痛定思痛的精神。不过没多久，英法对中国实施了"大规模的报复"。现实的差距很快表现出来，清军败下阵来。

我抚摸着直直的炮筒，在那次战争发出怒吼的炙热的炮筒经过了 160 多年的风雨洗礼也已经冷却下来，然而不变的是那颗时时准备怒吼的炽热的心，我脚下的每一寸土地都是曾经在这里洒下热血的士兵们所拼命保护的。他们不顾伤痛，流尽鲜血，拼尽最后一人嘶吼着向敌人发出炮弹而保护下来的，是他们的使命和尊严。想到这，我再次把手放在炮筒上，"或许那一年也有人在相同的地方留下体温吧",我这样想。

浏览接近尾声,我即将离开,我再次看了看有些残破的"大沽口炮台"几个字,作为中国人不屈于列强的象征,这些大炮将与中国一同立于这片土地,炮口永远指向遥远的大海,等着发出炙热的怒吼。

以上的观后感非常感人,字里行间透露出当代大学生的真情实感,达到了实践教育的目的。

四、聘请老红军、老战士、乡土专家、学者等讲课

教师根据课程教学内容对相关地方红色文化进行整合,形成不同专题,系统地向学生讲授。教师可以聘请当地的老红军、老战士、乡土专家、学者等开课。也可以指导学生进行乡土专题研究,根据学校地域或针对学生家乡所在地进行专题设计。

皖西学院的教师组织学生参观当地的革命历史博物馆,邀请当地老红军、红色文化研究专家、学者为学生做系列报告,将红色文化教育带进课堂。❶

结合教材中"中国革命道路的艰苦探索"的内容,东北大学邀请原中国工农红军第四方面军战士莫异祥老人为学生上了生动而难忘的两节课——"弘扬长征精神,争做有志青年"。莫异祥讲述了自己当年爬雪山、三次过草地、翻阅腊子口的经历,并鼓励同学们在党的领导下,继承先辈们的光荣传统,更好地成长,更好地建设社会主义。讲座结束后,同学们带着自己关心的问题与老红军进行了热烈的互动交流。❷

乡土红色文化资源是一种社会化的教育资源,在课程教学中发挥其资政育人的长远功效,需要集高校、政府和社会力量的多元参与。高校应重视和加强对乡土红色文化教育的领导与管理,将其纳入学校思想政治教育整体规划和制度建设中。地方政府也应当发挥其在政策、资金、协调等方面的主导作用,如免费开放当地红色基地、给予参观考察的优惠便利等。高校与文化教育部门、

---

❶ 傅敏.中国近现代史纲要课程实践教学探索[J].安徽工业大学学报(社会科学版),2008(1).

❷ 邱秀华."中国近现代史纲要"多样化教学方法的初步探索与实践[J].思想理论教育导刊,2007(11).

社科研究部门、学术团体等建立长期稳定的合作关系，实现乡土红色文化资源与成果的共享。❶

五、举行红色活动

"纲要"课可以利用重大革命事件纪念日、革命领袖诞辰和逝世纪念日，建党、建军纪念日，开展主题鲜明、感染力强、丰富多彩的校园红色文化活动，比如，辩论赛、党史知识竞赛、征文比赛、演讲比赛、红歌大赛、诗歌朗诵比赛、摄影大赛等，使学生在参与的过程中切身感受思想上的冲击和变化。❷北京科技大学"纲要"课2014年下半年举办了"我最喜欢的北京历史遗迹"征文活动，效果良好。

---

❶ 李桂红. 乡土红色文化在中国近现代史纲要课程教学中的运用 [J]. 天中学刊，2011（2）.

❷ 郭彩琴. 红色资源与"中国近现代史纲要"课实践教学研究 [J]. 山西高等学校社会科学学报，2014（4）.

第五章

基于网络的"纲要"研究性教学

第一节　基于网络实施研究性教学的背景与意义

　　电子信息产业的飞速发展使整个社会结构从生产方式、生活方式到思维方式都发生了巨大变化，同时也对传统的教育理念、教育方法和教学模式产生了深刻的影响。网络教学模式就是一种在信息时代随着电子信息产业的高速发展而在20世纪90年代以来快速兴起并蓬勃发展的新型教学模式。对网络教学目前有广义和狭义两种理解：从广义上讲，网络教学是指运用了网络技术的教学活动；从狭义上讲，网络教学是指将网络技术作为构成新型教学环境的有机因素，充分体现学生的主体地位，通过网络课件、双向视频教学系统等现代化的通信手段来向学习者传递教学信息，并以电子邮件、BBS和语音通信等方式来对学生的学习进行多方面的反馈，从而建立起的一种不受地域和空间限制的新型教学组织形式。我们这里探讨的是狭义的网络教学模式，即借助于网络平台开展的研究性教学，或者说研究性教学的网络模式。这是一种以探究学习作为主要学习方式的教学活动。这种教学方式通过网络系统与计算机的结合，把教师对教学的设计思想与多媒体技术以及人机交互统筹考虑，打破了传统课堂教学的局限，使教师和学生在网上进行教学和交流，具有多样化、开放性的特点。它使"纲要"的教育教学突破了时空的限制，从静态变为动态，由平面化走向立体化，优化了教学环境，提供了前所未有的、丰富的、多样化的学习资源，为协作式学习、交互式学习、研究性学习提供了平台，极大地提高了学生学习的效率，增强了学生对于教学内容的理解，这对于完成教学目标和提高教学质量，具有十分重要的意义。

一、基于网络实施研究性教学的背景

（一）信息技术，特别是网络技术的发展与普及，为"纲要"的教育教学提供了现代化的手段，同时也对其提出了严峻的挑战

首先，信息化、网络化迫使任课教师必须探索研究性教学等新型教学模式。在网络时代，学生通过网络可以方便地查找、获取信息，教师的信息优势和技术优势至少是部分丧失，教师依赖于课堂教学确立起的传统权威日趋微弱，这一方面对教师的知识、能力、素质及其教育教学的理念提出了更新、更高的要求，尤其是在教育教学的理念上，要求教师必须适应时代做出质的转变。在传统的教育中，教师无论在知识的传播上或是道德的教化上都充当了一种权威的角色，而学生往往是在无条件地被动地接受着来自教师的权威驯化，无论在知识结构上还是在道德价值观上，学生都不得不"顺从"教师的指导。然而，随着信息技术的发展，具有独立人格和自我意识的大学生，对教师权威的角色产生了质疑，对教师的权威教化产生了叛离心理。对于个性独特的新一代大学生，"教会顺从"不仅是不合理的，也是不现实的。与历史专业课的功能不同，"纲要"是一门思想政治理论课。因此，教师更应该树立一种"教会选择"的理念，调整自己的角色，从"教会顺从"的训导者转变为"教会选择"的指导者。要提高学生的分析能力、辨析能力，这样才能帮助学生在复杂多样、良莠不齐的信息中把握正确的方向，有利于大学生形成正确的世界观、价值观、人生观。

其次，信息化、网络化对大学生的学习能力、学习方式、学习态度也提出了挑战。由于高考指挥棒的作用，在进入大学之前，学生获取信息的途径、渠道、数量都被家长和老师所管控，他们往往无法随意上网，看电视、用计算机、用手机的时间都是有限的。但是，进入大学之后，手机、计算机等信息工具可以自由使用，膨胀的信息扑面而来，使得他们目不暇接，甚至难于应付。由于当前有关网络管理的法规与技术还很不健全，不良信息在网络上随处可

见。以往学生主要通过广播、报纸、电视、图书等宣传媒体或者通过教育者的灌输获取信息,其内容经过筛选,不良信息已经被删除。而网络传播信息的最大特点就是公开化、多元化,各种社会思潮、意识形态、多元观点、不同国家的文化等在网上激烈交锋,一些低级庸俗的信息和缺乏事实依据、科学考证的谣言等也会在网上畅通无阻。大学生处于一个很敏感的年龄段,有所知但又有所无知,充满求知的热情和欲望,但又易于陷入盲目和狂热。尽管他们需要也渴求一种正确的思想来帮助他们拨开迷雾,但是由于他们自身主体意识的增强以及长期受网络文化的熏染,简单的结论或者空洞的理论不能被他们真正接受,甚至因为不能与他们已有的知识、经验或者认知结构相融合而引起学生的抵触甚至反感。因此,教师有义务教会他们在海量的信息面前,做出符合逻辑和理性的判断与选择。研究性学习是一个很好的途径。

(二)网络的可模拟性、易操控性和海量信息,在一定限度内又为研究性教学提供了平台和手段

一方面,网络制造了问题;另一方面,网络又为问题的解决提供了契机。信息网络化、全球化对教与学双方的挑战,使得我们必须创新教学内容,变革教学方法,探索研究性教学。而网络的特点,使得研究性教学能够突破时空的局限,取得更为显著和持久的效果。

根据学界以及我们自己对于大学生的追踪调查,在实践中,"纲要"教学的难点是很明显的:"纲要"是一门以通史为基础的思想政治理论课,教学目标明确但教学内容繁重、教学时数有限,无法避免与中学历史教学的交叉与重复,使得很多学生对于课程本身缺乏学习的热情。他们认为自己早就学过了,教材上的内容自己都知道。大学生的这一想法并不奇怪。就我们的教学目标和教学主旨而言(即在简要介绍中国近现代历史背景和历史过程的基础上,通过对重大历史事件、历史人物和社会现象的深入分析与探讨,实现对当代大学生的国史、国情教育,从而帮助他们正确地认识和把握中国社会发展的历史规律,自觉地肩负起建设中国特色社会主义和实现中华民族伟大复兴的历史使命),他们的确自上学起就开始知道并牢记了。但就教学内容而言,事实却并非如此。要学好这门课程,必须对横跨中国近现代170多年并涵盖中国社会经济、政治、思想、文化、军事、科技等各方面的历史知识有基本的了解,进而

对科学的历史结论产生深刻的认同感，完成教学目标。但事实上，经过调查和统计，大学生对这一段历史发展进程和脉络的了解是不尽如人意的。这个问题在理工科和艺术类（音、体、美）学生中表现尤为突出。有不少学生甚至在教学反馈中写道：老师，我经常听不懂你在讲什么，你说的那些历史人物和历史事件，我以前都没有学过。

因此，针对这种情况，实事求是地说，要求高校教师在课堂上将学生本该在中学阶段掌握的相关历史知识进行重复讲授，显然不现实。由此，我们设想在课堂教学之外，建立课程的网络化教学环境来解决这个问题。

历史基础知识的普及是研究性教学开展的前提。研究性教学的实际展开也要求必须发挥网络模式的作用。因为，无论是研究课题的选择，还是课题的论证、讨论、交流，以及最后的研究报告的撰写、评阅，如果能够充分利用网络，将会大大提高效率和效果。

二、基于网络实施研究性教学的意义

网络的传播依赖于视觉和听觉。基于网络实施研究性教学，可以使相对理论与抽象的研究主题进一步"具体化"、"形象化"、"情景化"，让学生用感官去"触摸"历史。一般而言，学生对一些未经讲授的概念往往会有一套自己的想法，这些想法许多时候只是一种直觉，与科学的概念是不相容的。学生用头脑去掌握概念、命题是一件很抽象的事情，用感官去接触概念、命题就会变得非常直观。学生在很多情况下不理解概念、命题是因为不知道概念、命题本来的样子，只是看到了概念、命题的表现。基于网络实施研究性教学时，可以将一些概念、命题通过图片、动画、视频以及大量的史料来呈现，这样就可以在概念、命题与形象之间搭起一座"桥梁"，将抽象的历史"具体化"，让学生用感官去"触摸"历史，帮助学生理解概念的内涵、外延和命题的真伪。

例如，在学习鸦片战争后西方殖民主义者对近代中国的侵略内容时，一些学生往往对西方殖民国家侵略的本质认识不够清晰。除了在课堂上用理论分析外，还需进一步深化学生的印象，可以在教学网站上提供许多帝国主义入侵后中国人民悲惨生活的历史图片，上传《不忘国耻》《百年中国》等视频资料，给学生以感官冲击，使之感觉到西方野蛮的殖民侵略给近代中国人民带来的无尽灾难以及对中国社会发展造成的严重阻碍，从而产生心灵的震撼，深刻认识帝国主义侵略的实质，能够自己回答"帝国主义的侵略给中国人民带来了什么"的重要历史命题。

再如，在研究国共两党在抗日战争中各自所发挥的作用这一课题时，如果运用网络的话，就可以通过教学网站提供抗日战争的音频、视频、动画、图形、文本等多种形式的资源，还可以将正面抗战与敌后战场的历史资料摄制成录像片或拍成照片，再转化、扫描成视频或图片文件，再根据需要进行适当的剪辑，配以说明性的文字或录音，编制在网络课件中。此外，在网络学习资源库中，提供与抗日战争相关的文献史料、重要历史人物、重大历史事件、教学设计、问题解析等分类资料。学生可以通过网上自由浏览的方式，接触大量的与课程教学内容密切相关的图片、音频、视频资料，在一定程度上还原历史场景，让学生产生"身临其境"的感觉。

总之，我们可以借助于网络，将逝去的历史"情景化"，让学生在"大环境"下理解历史，体悟历史，在这种理解和体悟中，再通过理论的分析和研究，去把握历史发展的规律。这种把握不再是一种外在的灌输和教导，而是学生出于内在的热情、主动的探索而形成的一种收获和认同。每一个历史事件都有一个发生、发展的过程以及对现实的影响，历史命题的产生不能离开当时的历史背景；近现代历史的知识构成是一个充满变化的有机整体，彼此间存在复杂的因果联系。"纲要"课程的"纲"中之"要"，不在于培养学生的专门知识和专业技能，而在于在帮助学生掌握基本国史和国情的基础之上，真正领会中国现代化演进的基本规律和必然趋势。孤立地理解历史事件，接受历史命题，对学生来说并不容易；学生如果不能理解历史事件间的逻辑联系，那历史就是由时间、地点、人物等组成的一幅纷乱的画卷。历史命题的情景化可以再现历史命题产生的历史背景以及发生、发展的脉络，从而和学生已经具备的历史知识及其对于历史的理解联系起来，帮助学生理解历史事实背后的规律性和必然性。

此外，利用网络，师生之间可以及时互动，学生们可以在教师的引导下有针对性地进行研究性学习，同学之间也可以互通有无，就研究课题展开讨论和交流。除了之前的 BBS、QQ 群、人人网，近些年相继出现的社交网络，如博客、微博、微信等，在大学生之间非常流行，对于加强师生互动很有帮助。

第二节 "纲要"研究性教学网络模式的构建与实施

一、研究性教学网络模式的内涵

从教学对计算机的依赖程度上，可以将网络教学模式划分为以网络为主和以网络为辅两种类型。

以网络为主的网络教学是以网络环境为主要支撑，借助网络这个媒体，教师和学生通过实时交互或者非实时交互，实现主要教学过程的沟通（也可能以少量其他交互方式辅助来完善教学过程）。以网络为主的教学活动一般用来实现对异地学生的培养，用以弥补部分地区教师资源的不足，让更多的人接受高等教育。这也就是我们通常所说的"远程教学"或者"网络课程"。

以网络为辅的网络教学指的是将网络作为教学活动的辅助手段之一，教学活动的中心依然是教师和学生之间直接的面对面的交流，教学活动的进行环境仍然是学校，教师和学生共处同一空间，网络只是总体信息环境的积极补充部分。网络教学作为传统面授的补充，能够解决教学过程中学生课上埋头抄板书、自学资源匮乏、课后交流不方便等问题，更容易被老师和学生所接受，是一种网络教学和传统的课堂教学相结合的教学方式。近年来，在全日制高校的教学改革中，几乎各门学科都普遍地采用了这种教学方式并取得了很好的效果。

我们这里所说的网络教学主要是后一类。到目前为止课堂讲授仍然是高校思想政治理论课（包括"纲要"）最主要的教学手段，网络教学则处于辅助地位。

至于研究性教学的网络模式，实际上就是基于网络平台开展的研究性教学。它既具有一般网络教学的共同特征，又有所区别。这里的网络平台不仅仅要服务于教学，更要根据研究性教学的整体目标，突出研究性教学的特点，网络平台的设计要以是否有利于研究性教学的开展为标准，模块的设计与运行完全服务于研究性教学。

二、研究性教学网络模式的运行方式

从目前网络技术的发展和高校网络设备的状况来讲，研究性教学的网络平台与一般的网络教学平台是重叠的，主要依赖于以下几种方式运行。

（1）多媒体课堂教学。①运用多媒体语言或课件开发工具开发的教材，可以通过下载到本机运行。②在校园网或机房的服务器上存放一些 CAI 课件，教师根据教学需要选择课件供学生练习或在授课时作讲解演示之用。现在课件方式教学逐渐成为我国院校教学的主流。③Web 教材：把教学内容做成网页的形式。这种方式制作简单，运行方便，使用普遍。

（2）虚拟课堂教学。虚拟课堂教学的方式是我国最早出现的网络教学形式，它可以在小范围的局域网上或在大范围的宽带网络上进行的类似于电视大学中实时播放式的教学形式。它比电视教学更先进的地方是师生之间可以很方便地进行实时交流，由于虚拟课堂教学同传统的教学模式比较接近，所以在我国这种形式的网络教学仍然是非常流行。

（3）在线方式教学。在线方式教学主要是指通过校园网、多媒体教室的电教设备将教师机、学生机挂接到 Internet 上，学生可以自由选择时间上网接受教育，教师则定期根据学生的学习情况及反馈的教学信息进行辅导。

（4）视频广播式教学。由网络教育中心通过播放视频（实时视频或录像）。这种形式与电视或播放录像没有太大的区别，学生无法控制，实际上是一种直播课堂式的教学。它的好处是学习者不受地域和人数的限制，且占用带宽小（只需 1.37M），多用于名师授课、学术报告、重要会议的直播等。

（5）视频点播式教学。学生可以根据需要对服务器中的视频进行点播。内容可以是电视教学片，也可以是课堂实况录像。由于是非实时的点播，所以我们可以对其精心设计（插入图文、视频、动画等）。NVP（network video presenter）是视频点播的一种，它的好处是在教学视音频信息的基础上同步播放电子幻灯片，是普通视频点播基础上的二次开发，教学信息的传递更为有效。

（6）视频会议式教学。多向实时传输的形式，由于设备昂贵，应用不是很普遍，多用于教师答疑。

（7）客户化的教学。客户化的教学方式是一种比较先进的教学形式，它采用基于建构主义学习与教学理论的 CAI 系统，客户（学生或教师）可以将要求告诉系统，系统则根据客户的需要组织系统资源自动组合教材，这样可以使网上资源得到充分有效的利用。

（8）交互式辅助教学。如 BBS 论坛（师生间、学习者间以电子公告板的形式相互交流和协作）；聊天室即教学讨论区（师生间、学习者间通过文字、语音等形式异地实时交流）；E-mail（师生间、学生之间以电子邮件的形式相互交流），再如 QQ 群、微信群等。

当前，大多数高校"纲要"网络教学的开展主要依托的是多媒体课件教学、在线教学、虚拟教学和交互式辅助教学等方式。

三、研究性教学网络模式的实施程序

（一）确立目标

即明确网络教学在研究性教学乃至整个"纲要"课程教育教学中所处的地位，是以网络教学为主还是网络教学为辅。如果网络教学只是辅助手段，则要妥善处理好网络教学与课堂教学之间的关系。运用网络辅助"纲要"课的研究性教学有很多优势，但也有一定的局限性。网络所能传递的信息主要限于视觉和听觉信息，无法取代其他的现实教具，更不可能替代教师的课堂讲授和理论分析。一些重要的历史命题只有在课堂上讲透彻讲清楚，再以网络教学为辅助提升课堂教学的效果，才能真正让学生不仅"入眼、入耳"，而且"入脑、入心"。因而，网络教学只能作为课堂教学的辅助手段，二者相互结合、相得益彰才能取得好的教学效果，切忌为了实现网络教学而盲目使用网络。

（二）设计网络化教学环境

根据"纲要"课的教学内容与特点，以及当前高校的网络资源现状，当前全国高校"纲要"课的网络化教学环境大同小异，基本上都可以分出以下四个功能模块（见图 5-1）。

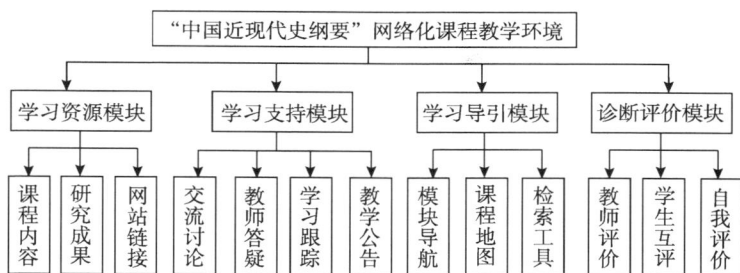

图 5 - 1 "纲要"网络化课程教学模块❶

1. 学习资源模块

网络教学环境的建立，首先就是要按照课程教学大纲的要求，建立与教学内容相关的、丰富的网络教学资源库。其中，必须提供各种形式的课程学习资源，如音频、视频、动画、图形、文本等。而按其实现的不同作用，又可分为以下三个部分。

第一，课程内容部分。该部分主要由文字和视频、图片组成。在文字方面，包括课程简介、教学目标说明、教学大纲与教学计划、学习资源、学习的重点与难点、具体的学习内容以及电子教案等。比如，在学习资源库中，提供相关的文史资料、重要历史人物、重大历史事件、教学设计、问题解析等分类的资料。同时，根据课程的教材体系以及教学计划，还相应设计了完整的电子教案，在内容上对教材进行了一定的拓展，并对学习中的一些难点、热点问题进行了引导和解答。学生可以通过网上自由浏览的方式，随时进行课前预习和课后复习，轻松地掌握课程每一个学习单元的要点。同时，该部分还提供大量与课程教学内容密切相关的图片、音频、视频资料，在一定程度上可帮助学生全方位地还原历史场景，体现历史的真实性。运用这一模块，不仅可使学生通过网络掌握每一个教学单元的基本知识点，而且还可以根据本课程的特点，使学生通过直观的方式了解大量在课堂里根本不可能接触到的历史图片、音视频资料，从多种感官刺激学生对中国近现代历史知识的了解与认知，从而加深对一些重大问题的理解。

---

❶ 屠静芬，禚凯. "中国近现代史纲要"课程网络化教学的设计与思考［J］. 教育技术导刊，2007（10）.

第二，学术前沿引介部分。主要介绍本课程与教学内容相关问题的最新研究成果。一方面，由于本课程的性质以及课堂授课学时的限制，使教师难以在课堂上对一些相关的研究成果与前沿动态进行详尽的介绍。而在实际的教学过程中，勤于思考的学生往往会对一些本课程所涉及的热点问题、前沿问题表现出极强的求知欲。另一方面，近年来学者们在中国近现代史专业研究方面也取得了丰硕的成果。因而，可以把最新的研究成果（尤其是一些涉及重大思想理论问题的新成果）和学术动态，按照教材的体系，相应建库或者子栏目，及时地介绍给学生。比如，对洋务运动的评价问题、对辛亥革命伟大历史意义的认识问题、关于中国新民主主义向社会主义社会的转变问题等，以便学生按照各自的学习、研究兴趣，系统了解本学科的前沿信息，开阔视野，启发思维。

第三，资源网站链接部分。主要是提供与本课程相关的其他网站链接，利用现有的关于中国近现代史课程学习的网络资源，帮助学生突破本校学习的空间局限，指导他们在其他网站上自由地寻找相关的学习资料，拓展课程内容的信息来源。

2. 学习支持模块

学习支持模块的目的是及时帮助学生解决学习中的问题，进一步调动他们的自主性和积极性。该模块主要由四个部分组成，即交流讨论、教师答疑、学习跟踪以及教学公告。其中，交流讨论和教师答疑部分，是为了给学生提供一个自主探索和合作学习的互动环境。运用它们，学生可以与课程学习资源进行交互，达成对课程知识的意义建构，同时也可以克服在网络学习中师、生处于分离状态的不便，使之在相对受约束较少的情况下大胆发表自己对一些问题的观点与看法，从而形成思维的碰撞。在这样的环境中，网上交流讨论和教师答疑可综合运用 BBS、E‑mail、实时讨论、聊天室、FAQ 等多种方式，并辅以教师的正确引导（教师可在 BBS 中设置与课程内容匹配的专题讨论区），有效地支持学生的协作学习和讨论学习。具体地讲，对学生而言，在完成了课程内容的学习之后，既可以登录 BBS 参加讨论、发表意见，也可以用 E‑mail 进行非实时的交流。对教师来说，则可在建立的专用教师信箱里通过公告栏及时发布信息、组织讨论和引导答疑，与学生进行多种方式的网络交流。教师可针对学生普遍关注的热点或难点问题，在网络中设置专题论坛区，先组织学生在网上展开自由广泛的讨论，再加以引导、解答。比如，在讲授"中华民族的抗日战争"这一章内容时，学生一般都比较关注中日关系的现状及未来问题。基于这样的情况，教师可设计与此相关的讨论专题，引导学生展开广泛的网上讨论，帮助他们正确地分析、认识中日关系的历史、现实以及未来的走向。我们认为，通过这种交流方式，实现了教师与学生、教师与教师、学生与学生之间的在线互动，把学生由原来被动地接受课程知识变为主动去探求知识，逐渐学会自主解决课程学习中所遇到的问题和疑虑，提高了理论分析的能力和水平。

学习跟踪部分主要为学生提供两种服务：一是使学生能够在站内浏览课程学习资源的记录；二是提供笔记本功能，帮助学生记录每一个学习单元的知识要点及学习心得，并可随时查看。总之，这两种服务可以帮助学生随时回忆或联想之前已学过的课程内容，从而与新知识建立清晰、明确的连接。

教学公告部分是学生获得与课程相关信息的重要渠道。学生通过上网查看公告，可以获取有关本课程具体的开课通知、课程安排、教材信息、实时交流答疑、复习考试等有关的各种信息，提前做好学习的时间、内容等各方面的准备，确保顺利完成课程学习。

3. 学习导引模块

方便的导航系统和灵活多样的导航策略，是建构系统的网络化教学环境所必须具备的。在网络课程中，设计大量的超媒体链接和丰富的资源组织形式，能够为学生提供个性化、自主控制的网络学习环境。这些非线性的信息组织，使学生能根据自己的思维过程灵活地学习和掌握课程的各个知识点。但也正是由于学习者可在各知识点之间任意跳转，因而在使用超媒体链接的过程中就十分容易产生"迷航"现象，结果自然会影响到交互学习的效果。

学习导引模块的目的就是帮助学生在网络中有序、高效地进行课程学习。模块导航是用标志性短语来建立超链接，如重要历史人物、重大历史事件、教学设计、问题解析、交流讨论等。其中，每一短语链接与之相对应的模块，提供与短语相符的资料与帮助，并将这一系列超链接排列于页面固定的位置上，方便学生进入各部分进行学习。导航图导航是一种实用的全局导航策略，它提供了整个网络课程的结构图，使网络课程的整体情况在导航图中一目了然。学生通过导航图可清楚地了解自己在整个课程中所处的位置，继而进行下一步的学习。同时，也可轻松地返回前面的内容进行复习，温故而知新。

除此之外，在导引模块中还设置了检索工具，可以检索到系统数据库内的资源，使学生快捷地从多种角度、用多个形式查询本网站内与课程相关的学习内容。

4. 诊断评价模块

在完成了课程基本内容的学习之后，教师和学生本人都需要对其掌握的情况进行一个基本的测评。为此，设置了由教师评价、学生互评、自我评价三个部分构成的诊断评价模块。在这个模块中，核心的部分就是本课程的试题库，即在线题库系统。按照课程的教学目标，建立了包括主、客观等各种类型的完整的课程试题库。该系统具有试题库、生成试卷、在线测验、在线评分、成绩反馈以及题库管理等功能。通过使用它，学生可以及时对本人的学习效果进行基本的评估，发现存在的问题，顺利地完成课程学习目标。该系统具有灵活、自由组合的特点。学生既可根据自身的情况对试题的难易程度、题型、测试内容等进行自由选择，从而对教材的某一具体章、节等阶段性的学习效果进行随时的检验，也可以选择题库内已经组织好的试卷对自己的整个课程学习效果进行综合的评价。

除在线试题库外，该模块中还针对课程日建立了量规，即依据课程教学目标所规定的各分量的等级，用于对学生的学习态度、学习过程中的互动情况、参与交流谈论的情况等各个方面进行综合评价。

最后，教师、同学以及学生本人可根据考试结果、平时的表现、课程的浏览情况、交流区的讨论情况以及量规的各项标准进入教师评价、学生互评以及自我评价系统，对学习的状况进行多维评价，从而准确、客观地了解每一个学生的具体水平。

（三）设计具体的教学环节，充分利用网络教学环境

首先，基础知识自测。让学生根据自测情况，自主学习课程内容部分的资源。如前所述，部分学生中学阶段的历史知识学习情况并不理想，有些地区的高中生高一之后就不再学习历史课程了，但是当前高校的思想政治理论课都是

大班教学,学时也有限,教师很难照顾到这些学生。因此,可以利用网络平台,设置课前测试,让学生们对于自己的学习做到胸中有数。

其次,设置问题并布置阅读相关史料,让学生利用网络教学环境对即将讲授的课程内容进行预习,同时为接下来的课题研究积累经验。

再次,课堂教学。教师对课程的基本框架和重点内容进行精讲,利用动画、多媒体 CAI 课件和网络连接等形式,以生动、活泼的教学情境把教学内容以及相关背景知识介绍给学生,引导和启发学生进行分析,使其独立思考探究、探求目标,实现知识与理论的建构。

最后,在单元结束后组织学生利用网络教学环境,进行知识自测、热点搜索、理论深化、网络讨论、网络答疑等,开展合作性学习和研究性学习。学生提交研究性学习报告,教师评阅报告后,将优秀的研究报告发布到网络平台,并附上点评,供同学们互相学习和参考。

第三节 "纲要"研究性教学网络模式的问题及对策

一、"纲要"研究性教学网络模式存在的问题

基于网络的研究性教学模式具有传统教学模式无法比拟的一些优点,有着强劲的发展势头和不可回避的趋势。近几年"慕课"的兴起就是例证。但需要指出的是,在实际中,无论是"纲要"课,还是其他课,网络教学模式并没有完全发挥出其应有的作用,还存在一些急需解决的问题,主要表现在以下几点。

(1)网络课程建设多,应用少。这些年来,许多院校都花费了大量人力物力进行课程的网络建设。但是,由于没有建立起良好的网络课程建设与使用制度,大量的网络课程建设起来,挂在网络上,至于怎样和学科专业教学相整合、怎样恰当使用这些网络课程,则缺乏行之有效的运行管理机制。只有负责建设的、负责上网的,却没有负责应用的,建设与使用相分离。有些网络课程刚建成时,访问的人还较多,但时间一长用户的新鲜感消失,慢慢就少人问津了。大量的网络课程空挂网上,很少有人使用,使花费了很多人力物力和财力

甚至凝聚许多专家心血和智慧的精华的内容闲置网上，造成网络课程资源的严重浪费。

（2）偏重静态的教学内容的呈现，忽略动态的网络课程的教学设计。网络课程具有远程教育的师生时空分离的特征，具体地讲就是"教"和"学"是分离的，同时还要注意，"远程开放"教育中学习者学习的自主性，即学习者是学习的认知主体。学习的过程就是积极参与、主动选择、意义建构的过程。为达到一定的教学目标，光有丰富多彩、形式多样的教学内容还远远不够。关键是一定要使学生的"学习活动"发生并持续下去才有可能达到我们的教学目的。当前大部分课程都比较注重教学内容的呈现，而教学设计和教学策略的应用还是很少。

（3）缺少对学生学习开放程度的掌握，网络课程教学效益差。网络教育具有高度的开放性和自主性，但是真正能做到"高度自制"的学习还是少数，所以还是要适度地进行"督学"，通过记录登录次数、翻看答案的次数、交作业、提问的情况、讨论参与度等各方面对学生的学习进行必要的督促。没有完成必要的学习任务就不能进行下一阶段的学习。这方面的设计，大部分课程没有太重视。

一言以蔽之，以上问题就是当前建设的网络教学资源环境没有动起来、用起来、新起来。而这些问题之所以出现，主要有以下原因：①很大一部分"纲要"课教师自身开发和运用网络教学平台的技术能力不足。②网络教学资金、人力投入不足，从而导致网络教学系统的维护、运行、优化、深化都存在问题。③网络教学缺乏相应的激励机制。网络教学需要教师付出大量的时间和精力，而这种付出不像正常的课堂教学，能够纳入到当前的教学工作量考核体系及职称考评体系之中，很多教师之所以仍然坚持做"义务劳动"，完全是出于对学生的热爱和责任，但长此以往，教师终究不能负此重荷。④缺乏有效的督学机制。在当前功利化、实用化的学习氛围的熏染下，很多大学生都把思想政治理论课看成是没有用处的宣教课，缺乏热情和主动，再加上监督机制的乏力，网络教学环境少人问津就不足为奇了。

二、改进"纲要"研究性教学网络模式的对策

要想真正发挥网络在"纲要"研究性教学乃至整个课程教学中的优势，

必须解决好所面临的问题，重点应该从以下五个方面进行改善。

（1）加强对任课教师的现代教育教学技能培训。教师主观上应该重视网络教学，应当努力学习网络知识，深入了解网络特征，熟练掌握网络技术，能及时洞察、发现和解决网络信息传输中的一些情况。只有这样，教师在利用网络开展研究性教学时，才能由被动变为主动。

（2）建立完善的网络课程使用制度。当前，许多院校在网络课程制作方面有比较完善的规范要求，从任务下达到检查验收，条目清晰，标准明确。但是，对网络课程的应用方面，却没有比较完善的制度要求，基本处于各自为政的状态，或者说处于探索阶段。因此各大院校应根据各自的实际，制定相应的网络课程使用规范，提出具体的要求，将网络课程与课程的教学要求、教学目标、教学过程等规范起来，使网络课程"建"有依据，"用"有规章。

（3）把握网络课程特点，做好教学设计。网络教育以自主学习为特征，设计时要注意学习者学习的自主性以及学习时间的灵活性等特点。要注重交互性，提高协作学习的氛围。高质量的"交互"不仅是高质量网络教学的保证，也是使学习活动产生并维持下去的一个非常重要的因素。要加大教学过程的开发。由于多数课程开发人员是由学科专家、主讲老师和技术人员组成，很少有教育技术专业人员的参与，并没有专业的、系统的教学设计理念和设计步骤，这将严重影响网络课程的设计和使用，更严重的是很多开发者从思想上根本就不重视教学设计理论。

（4）建立合理的网络课程学习监督与激励机制，确保网络课程的教学效益。提高学生的学习进程和学习效果，还需要有相应的学习监督和激励措施。一是要明确学生的学习任务，树立明确的学习目标。二是要激发学生自主学习的热情，充分调动学生的学习主动性。三是需要科学的学习评价。要有完善的学习评价体系，从各个方面对学生的学习活动进行全面、客观、科学的评价，形成积极的学习气氛。四是必要时可以建立学习监控系统，用学习监控系统监督和引导控制学生的自主学习，通过网络课程的教学计划，自动分配学习任务，提供诊断测验和信息反馈。

（5）建立合理的教师激励机制。无论是网络教学模式，还是其他的教学模式，对其进行深入的探索和有效的运用，势必需要老师在传统的课堂教学之外投入大量的心力，如果总是"吃力不讨好"，再大的热情也终将难以为继。

　　近些年来兴起的"慕课"正是采纳了以上对策，在一定程度上解决了网络教学的上述问题。但与此同时，"慕课"本身仍然处于试验阶段，褒贬不一，而且，现阶段的"慕课"主要由公司来运作，单靠教师个人和学校，就必然会涉及多种利益与不同思维的冲突和较量，要想使"慕课"能够持续地发展下去，就必须有充足的人力、物力和财力的支持。尽管如此，"慕课"仍然是一个很好的尝试，有许多值得借鉴的地方。当代大学生是信息化、网络化成长起来的新一代，"纲要"课研究性教学必须充分利用基于网络的新技术、新模式，"纲要"课教师必须学习基于网络的各种新方法、新技能，只有这样，"纲要"课的研究性教学才能不断推陈出新，走向深入。

第六章

"纲要" 研究性教学与文献史料的运用

第一节　文献史料运用在研究性教学中的作用

一、什么是史料

学习和研究历史离不开两个基本条件：一是正确的史观，二是足够的史料。二者之间的关系在史学界曾经一度引起"以论带史"和"论从史出"两种不同观点的争论，至今仍然方兴未艾。但总体而言，双方不管怎么争论，却都有一个基本的共识：史料是历史学习和研究的基础，要学习和研究人类历史、撰述论著，离开史料就成了无源之水、无本之木，寸步难行。

历史是过去真实发生过的一切。但随着时光的流逝，这真实发生过的一切一去不返，不可再生，难以复原。今人能够见到的，有且只有各种各样散落的历史碎片——史料是通向那消失了的历史的唯一桥梁。千百年来，古今中外，凡治史者无有一人能绕开史料，无有一史不引证史料，人们无不汲汲于史料的搜集、整理、鉴别和运用的工作，力图在此基础上，复原历史，重构过去。也正因为如此，一些著名历史学者纷纷强调史料的重要性。朗格诺瓦说："历史由史料构成，史料乃往时人类思想与行为所留遗之陈迹。……无史料斯无历史矣。"梁启超也强调了史料对于历史研究的极端重要性："史料为史之组织细胞，史料不具或不确，则无复史之可言。"蔡元培、傅斯年等著名学者更是提出了"史学本是史料学"、"史学便是史料学"的论断。

那么，究竟什么是史料？

所谓史料，就是研究历史所需要的各种资料。既然历史是过往的全部，那么，从逻辑上说，过往社会遗留下来的一切资料皆可作为史料。这就是广义的史料概念。按性质，广义的史料可以分为三大类：一类是实物史料，另一类是口传史料，再一类是文献史料。

实物史料是指存在于世界上的一切与人类历史发展有关的实物，从一块经过初步加工的石头、一枚古人类的牙齿、一处古遗址、一幢古建筑到以往人们所使用过的、制作成的甚至接触过的一切物品，都可以作为实物史料。今天陈列于博物馆中的实物，绝大多数都是实物史料。年代越久远，实物史料就越显得重要。如原始社会的历史，因为没有文字依据，基本上就只能依靠实物史料。

口传史料主要是指传说和民歌。远古人类没有文字，或文字很不普及，一些少数民族的人民，直至新中国成立前夕尚无文字，他们的历史，大多借助于传说和民歌得以保存。

文献史料，也称"文字史料"，即用文字记载的历史资料，在三种史料中占有最重要的地位。今人学习和研究历史，大多依靠文献史料。所谓狭义的史料，指的就是文献史料。

在"纲要"的研究性教学中，最基本也最经常使用的就是文献史料。具体来说，"纲要"研究性教学中运用的文献史料可大体分成三类。

第一类，原始文献，包括史书、档案文书类、文件、日记、回忆录等。

第二类，撰述史料，即反映当时人的思想、观念以及学术发展的各种历史著述。

第三类，文艺史料，即包括丰富历史内容的文艺作品，如诗歌、民谣、小说、戏剧等，它们是以艺术的形象来反映历史社会生活的。

二、文献史料在研究性教学中的作用

首先，从性质上看，作为一种教学方式和学习方式，研究性教学通过对史料的探究，实现课程目标，以培养学生的问题意识、创新意识和探究能力。因此，史料是实施研究性教学的基础和必要条件。

从史料的角度而言，"纲要"研究性教学实际上就是"史料教学"。史料教学是20世纪70年代在英国兴起的"新历史科"所倡导的教学模式，它强调"学校历史学习的重心不应该再是过去发生了什么，而是学习怎样去获得知识。"其基本理念是：学生不能仅仅被教导固化的知识，还应该被教导探究历史知识的方式，因而这就涉及让学生自己去运用史料的问题。唯有通过运用史料的实际经验，学生才能真正掌握探究历史知识的方式。

纵观研究性教学的全过程，就是一个提出问题、分析问题和解决问题的过程。但问题的提出不能凭空想象，不能为了问题而问题，必须有一定的文献史料作为前提和基础。问题的提出、分析和解决必须坚持"从史料中来，到史料中去"。学生在教师的指导下，通过对获取的文献史料进行探索研究，进而发现问题，再进一步搜集更多的文献史料进行辨别、分析，最终解决问题，这是历史研究性教学的必经阶段。

其次，从目标上看，文献史料的运用有助于研究性教学目标的实现。如前章所述，"纲要"教材在"开篇的话"中即概括了"纲要"教学的知识目标、价值目标和能力目标，这也是研究性教学的目标。无论是哪一类目标，文献史料的运用都有利于它的实现。

就知识目标而言，文献史料有助于创设历史情境，激发学生的学习兴趣。历史知识和概念是后人总结的，而年轻的学生们往往对于这些概念缺乏深刻的理解和体悟，不能直接将其融入已有的知识体系中，因而我们要将这些知识还原，让学生更直观、更真实地接触历史。这时候，鲜活的史料就显得尤为重要了。例如，在第三章"辛亥革命与君主专制制度的终结"的教学过程中，我们会运用到"中山装"的图片史料和文献史料。学生们几乎都知道中山装，但大部分同学对于中山装的由来却不是很清楚，教师可以结合图片史料和文献史料，讲解中山装的五个纽扣、四个口袋以及袖口上的三个纽扣的寓意，这样，"三民主义"与"中华民国"的历史知识一下子形象生动起来。

就价值目标而言，文献史料的阅读本身就是一种价值提升的过程。价值不能仅仅单靠外在的空洞的灌输，需要学生自内向外的主动升华。大量文献史料的阅读、实物史料的参观、口述史料的聆听，可以让学生们跳出相对简单、精要的教材，进入丰富的历史本身，能够更好地让大学生了解近代中国如何摆脱殖民掠夺与侵略，增强民族自豪感和自信心；了解近代以来的世界秩序和国际环境，形成正确的民族意识和国家意识；在纷繁芜杂的历史人物和历史事件中形成健全的人格，逐渐形成科学的人生观和价值观。

就能力目标而言，文献史料的运用更是不可或缺。历史思维能力需要通过史料来开启，历史探究与辨析的能力需要通过史料来训练、提升。例如，讨论课是研究性教学的一种重要形式，但在实际的讨论课中，教师会发现，有些讨论课往往易流于某种形式，既无思想又无内容，学生们最终从讨论历史问题变成了讨伐现实问题甚至人身攻击，有些讨论课却热烈活泼、秩序井然、充满智慧，促人思考。为什么同样的讨论课，会出现这样两种不同的局面呢？关键在于学生是否能够按照原定计划，系统搜集并深入研读文献史料。因为大部分大学生在中学阶段的历史积累相对有限，有些大学生甚至只通过教材来学历史，从未接触过文献史料，尤其是原始文献。教材上的史料也很有限。如果让学生仅仅通过阅读课本，来进行讨论与思考，那么学生的思考只能成为缺少内容的泛泛而思，其所进行的讨论也不可避免地成为一种泛泛而论，其结果仍然是从教材到教材，从结论到结论，未能起到讨论课应有的作用，即发挥学生主体，培养其历史思维能力的作用。在互联网时代，信息资讯如此发达，各种信息良莠不齐，纷至沓来，如何要求学生紧密结合中国近现代的历史实际，通过对有关历史进程、事件和人物的分析，提高运用科学的历史观和方法论分析历史问题、辨别历史是非的能力？回归历史文献，尤其是一手历史文献，无论是历史专业人员，还是一般的历史学习者和爱好者，这都是应该遵守的基本原则。

总之，历史的无穷魅力，就在于其包含着大量的丰富的史料与内涵。历史学科的魅力，就在于坚持"论从史出"的历史性、客观性与科学性。没有"史料"，谈何历史思维？文献史料的查阅、运用，是研究性教学的题中应有之义。它既是研究性教学的内容，也是研究性教学的手段，最终促成研究性教学目标的实现。

第二节 文献史料运用的方式及其策略

一、文献史料运用的方式

在具体的研究性教学实践中，文献史料的运用方式可以分为三种。

第一，学生课下自主查阅参考文献。教师以参考书目的方式提供一个总的文献史料清单，供学生课前预习与课后巩固时使用。这份清单只是研究性学习的一个前提和基础，教师提供初步的文献线索，主要以基础文献为主，由学生课下自主阅读。

第二，教师课上广泛使用文献史料，并深入剖析典型案例史料。"纲要"讲述自 1840 年至今长达 170 多年的历史，因此，教材编写组在编写教材时，为了适应其公共基础课程的性质，不得不删繁就简，割舍一些具体的史料，突出重大历史事件与重大理论问题的阐述。但在实际的讲授过程中，教师不能照本宣科，要适当结合史料，做到言之有据、论从史出，这样才能获得理想的教学效果。与此同时，通过典型案例史料的深入讲解与分析，传授给非历史专业的大学生们选择史料、分析史料的基本方法。

第三，学生根据史料设计研究性课题，并自主查阅、辨析、征引与此相关的文献史料，撰写研究报告。此时，史料的意义以及研究性学习的价值真正得以凸显。史料不再是可有可无的补充性材料，而是历史教学的重要教材，用以扩展学生的历史阅读的范围。学生围绕史料设计研究课题，开展以搜集、整理、辨析、论证历史资料为主要方式的研究性学习活动等。这一过程也就是向历史学家学习的过程，学习并实践他们通过史料提出问题和分析问题的一些态度和方法。学生由此从历史知识的接受者转变为历史问题的探寻者。

二、文献史料运用的策略

（一）教师布置参考文献的策略

第一，因材施教。"纲要"是全体本科生的公共必修课，学生的地区、学科、专业、性别等各方面的差异性比较大，因此，教师在布置参考文献时，要注意因材施教、因人而异，要适当照顾到学生的学科和专业，如果能够跟学生的专业学习结合起来，将会大大提升学生课下自主阅读的积极性。对于文科背景的大学生，可以适当增加专业性历史文献的比例；而对于理科背景的学生来说，可能对可靠的通俗历史文献比较感兴趣。艺术专业类的学生可以多一些艺术史与中国近现代史相交叉的一些文献。

第二，分出层次。期望学生将老师布置的参考文献在课下全部读完是不切实际的，当下的教育实际告诉我们，大学生们绝对不会在一门公共政治课上投入太多的时间和精力。因此，教师一定要分出参考文献的层次，告诉学生哪些是学习本门课程的必读文献，必读文献是全体学生都必须要读的；余下的文献则可以分成基础文献和拓展文献。基础文献以通史类文献为主，对中国近现代史感兴趣的同学，可以通过这些通史文献，对中国近现代历史做更为深入的了解。拓展文献主要是专题类文献，对某个专题感兴趣的同学可以根据自己的兴趣选读。

第三，务求精要。参考文献并不是越多越好，有些老师给学生提供的参考文献太多，一下子就把学生给吓住了。因为，由于此前的应试教育，很多的高中生课外阅读很有限，尤其是一些理科背景的学生，即使阅读，也以网络阅读、手机阅读等轻阅读为主，对于厚重的纸质文献阅读，很多学生不适应。但是，有些老师往往又走向另一个极端，布置的参考文献太少，或者直接照搬教材，或者全是党的文件，因而无法激起学生的阅读兴趣。

（二）课堂教学中使用文献史料的策略

第一，从教学实际出发。这里的教学实际主要是指教学目标，教学重点、难点、热点，学生的知识基础与学习需求。教师不能为了史料而史料，必须依据教学目标和教学内容来选择史料，而且，并不是所有的教学内容都需要运用史料，应从教学中遇到的重点、难点、热点问题入手搜索信息和文献。教师必须对中学的历史教材有所研读，尽量避免重复使用中学教材以及中学历史教师广泛使用的史料。

第二，吸纳学术界的最新研究成果进行专题讲述。以上讲到，教师应从教学中遇到的重点、难点、热点问题入手搜索信息和文献，避免与高中史料教学的重复，因此，教师在运用文献史料时，要做到两点：一是经典史料新解，即运用新的方法、观点以及手段去解读以往被反复利用过的经典史料，二是尽可能搜索新的信息和文献，这些信息包括中央颁布的最新文件及其精神、最新解密的档案、学界利用国内外相关的新资料而得出的新观点、学术争论的新问题、学术研究开辟的新领域等。在此基础上，有针对性地运用史料学方法开展有针对性的专题教学。此外，教师还应重视对国外中国近现代史研究动态的追踪和评析，关注国外图书馆所藏的文献档案的公布，关注相同课题的国外研究成果，对国外研究中国历史的学术团体、刊物、学者动向的报道，对主要论文、专著的提要、摘编、书评、索引和目录最好有一定的了解。

第三，选择适当的时机、媒介呈现史料。教师补充的历史材料，呈现给学生的时机是很重要的，教师必须认真考虑，如果切入的时机不当，就会失去材料应有的或者是预期的效果。如果教师选择的材料属于拓展教科书的，教师就可以提前把这些材料发给学生，让学生有机会课前阅读到相关的内容。如果需要创设教学情境，让学生有身临其境的感觉，达到更好的教学效果，呈现的历史材料就要具备即时性。此时选择的材料应以历史图片、图像、视频的形式，在课堂上实时渲染。如果缺乏此类材料，只能用一个基于文本的材料，教师可以现场朗读或配音朗读给学生听，减少不必要的认知障碍。如果学生由于受到任课老师的讲解或者是其他学生讨论的启发，产生了一些新的想法，就要在课后进一步拓展学习，那么老师可以提前收集一些历史材料在课后给学生呈现。当然应附有源材料和搜索的路径，让学生自主选择，并进一步提高自我发展能力。要想把握以上各个时机，最好的解决办法就是课堂教学中运用的文献史料与布置给学生的参考文献形成互动与呼应，从而带动学生课下阅读参考文献的欲望和兴趣，最终使得课堂教学中文献史料的运用有备而来、有的放矢。

第四，不同类型的史料，应选择合适的媒介呈现。文献史料大多都是文本，教师可以采用现代教学技术，将这些史料情景化，以音频、视频、动画等形式，通过多媒体进行演示。在确保引用文献史料的科学性、正确性的前提下，不要单纯追求原始材料，只要能够帮助学生理解，就不要过于讲究形式。总之，在史料融入历史教学的过程中，不能仅从教师的专业要求和主观愿望出发，而要从学生的角度构建自主学习课堂，这样的教学过程才是有效的、有意义的。

(三)学生自主查阅文献的策略

很多学生一听到要查阅历史文献，就习惯性地打开"百度"等搜索引擎，有的直接把"百度百科"或者"维基百科"上搜索的信息复制、粘贴在研究报告里，在他们看来这就是查阅历史文献。因此，在研究性教学的实践中，教师一定要在研究方法上对学生进行系统的指导，尤其是如何查阅、甄别、引用历史文献。

第一，充分占有史料。搜集文献史料不是一般意义的知识信息的采集，一定要采用专业的数据库、信息源和检索方法。一般的网络搜索引擎只能起到线索和辅助功能。此外，搜索史料一定要尽可能地详尽、周全，不能预先设定研究结论，根据结论去选择史料。为了能够充分占有史料，还要熟悉和掌握国内外各种搜集史料的方法。文献史料搜集的基本方法涉及考据学、目录学、统计学、版本学、校勘学等，对这些应该有一个基本的了解。此外，还要熟悉一些新的方法与技术，如口述史学的方法、田野调查的方法、计量史学的方法等，还可以采纳一些跨学科搜集资料的新角度、新方法。只有这样，我们才能根据史料，将历史事实更完整、鲜活、多维地表现出来。

第二，整理、考证文献。史料是进行历史研究的基础，史料的真实性是追求历史研究科学性的重要前提。影响史料真实性的主要因素可以归纳为以下三个方面：一是撰史者对历史事实进行筛选时造成的选择性偏差；二是由于撰史者的主观目的及政治态度的不同而造成的倾向性偏差；三是由于后世史家对史料的不同理解而造成的诠释性偏差。这三个因素往往相互包含、相互影响。在史学研究中，只有尽可能剔除这些因素的影响，才能帮助我们最大限度地接近历史的本来面目。因此，在全面搜集史料的基础上，我们还要对这些史料进行整理、考证，以确保其真实性。

第三，灵活使用工具书。工具书是专门供自学、研究或写作时翻检的书，包括普通工具书和行业工具书。与历史文献查阅相关的工具书包括四种：目录、索引、文献；年鉴、手册、名词解释；地图、图谱、挂图；外文工具书。其中目录、索引、文献，包括经典著作、报刊、综合、专题、目录索引及文献五类。年鉴、手册有分专题的，也有按年代的；各种图表，不仅有形式的不同，也有年代版本的不同，也鲜有历史上不准确须考证的地方。外文工具书，包括国外学者编辑的中国文献、报刊索引、百科全书和人物资料集等。要做到能够及时、灵活地使用工具书,需要经过一定的训练。

第四,合理利用网络文献资源。在信息时代,利用网络资源查找资料信息已经成为最快捷的途径和方式之一。随着网络技术被广泛使用,专业网站的利用价值越来越显现出来,甚至成为资料查询不可或缺的工具和手段。一般除了专业的中国近现代史相关的研究单位的网站外,还有一些国内的主要网站,例如中华人民共和国国史网站、马克思主义研究网站、中共党史与当代中国史网站、中国高校人文社会科学信息网站、香港中文大学中国研究服务中心网站、中国共产党新闻网站等。国外的相关研究网站也是查找研究资料的重要来源之一。近年来,随着中国国际地位的提升,关于中国历史与现实研究的专题网站不断涌现,特别是欧美的智库和大学研究所的网络资源值得高度重视。此外,新世纪以来,大批具有强大阅读和检索功能的中国近代史料数据库不断涌现,为学术界贡献了海量的数字化文献资源。

总之,希望学生通过"纲要"这门课程的研究性学习,就能完全具备或者熟练掌握自主查阅文献的能力,这是不切实际的,但通过这一过程的锻炼,至少可以让学生明确,历史事实和历史观点不是一时心血来潮的凭空猜想,而是一个无尽的科学探索过程。而且,查阅历史文献的训练,对促进大学生自身的专业学习也将会有很大的帮助。

第三节 文献史料运用的过程

一、了解文献史料的主要内容和研究概况

如上所述,在"纲要"研究性教学中,最基本也最经常使用的就是文献史料。在中国近现代史史料学中,与"纲要"课相关的各种类型的文献史料大致有几十种。按横向分,包括各部类的史料、各领域的史料、各地区的史料、各种人物的史料;按纵向分,包括各个历史时期的史料、中央到地方上下级之间的公文档案等。以下简要梳理各个时期的史料及其研究情况。

(一)1840~1919 年间的文献史料

这部分史料包括晚清政府和北洋政府两个时期。主要有各署衙所存的文档

（以外交文件和条约资料汇编为主，也应注意当事人的回忆录），近代报刊，历史遗址调查资料，地方志相关文献，各种资料汇编、丛稿、丛刊、汇刊，个人文集、传记、专著以及外国人的专著或文章。其中，档案类史料中的清末史料包括皇帝系统和官署系统两部分。皇帝系统中以文武百官进呈文书和皇帝的诏令文书使用率较高。官署系统的档案，有中央各部存档文献和地方机构文件两种。关于清政府与侵华列强签订的一系列不平等条约，主要是指从道光到同治朝的上谕、奏折、有关的照会、书札等。此外，与清政府对峙14年的太平天国档案属特殊种类。而北洋政府档案原本较为完备，但因民国年间的战乱频繁和迁都而损毁严重，现主要存于中国第二历史档案馆。

（二）1919～1949年间的文献史料

这部分文献史料涉及其间政治、经济、外交、军事、社会等方方面面。一般认为以国共两党的档案和文献为主，习惯称之为革命文献、国民党政权和军队的文献等。

1. 革命文献

革命文献主要是中国共产党在领导新民主主义革命过程中产生的文献。具体时期是指"五四运动"和党的创立时期（1919～1923）、大革命时期（1924～1927）、土地革命战争时期（1927～1937）、抗日战争时期（1937～1945）、全国解放战争时期（1945～1949）等几个历史时期的文献档案，约十几种。包括党领导的革命政党、政权和群众团体的文件，如各种重要会议形成的章程、宣言、决议和总结等；党报、党刊、进步社会团体的报刊，如《新青年》《向导》《红色中华》《解放日报》等；政党和社会团体的历史档案；革命回忆录，如《星火燎原》《回忆与研究》（李维汉）等；革命历史遗址资料；中共地方革命资料；资料汇编（丛稿、丛刊、汇刊）；重要历史人物的文集（文章、日记、书信等）；党史人物传记，如《不屈的共产党人》《民国人物传》等；重要专著，如蔡和森的《中国共产党发展史》等。

2. 国民党政权和军队的文献

这部分文献包括广州政府、武汉政府、南京政府各时期的政治、经济、军事、外交等方面的历史档案；国民党历次代表大会的决议和文件；中央五院和各部的档案；各省、厅、专署、地、县等地方当局档案，"剿共"地区的档案等；重要人物的回忆录、地方志等，如中国国民党中央党史史料编纂委员会编辑的《革命文献丛刊》等。

3. 1949 年至今的史料

这部分史料也被称为当代中国史史料，在"纲要"课中属于中国现代史的史料部分。包括中央和地方各级政权保存的档案；文史、图书机构收集的全国性当代史料；军事机构的史料；党政工团的各种文献、会议文件选编、汇编；领袖人物的文集、选集、选编、文稿等；中国共产党、全国政协、全国人大、团中央、全国妇联、全国总工会等的历次代表大会的会议文件和决议；外交部的对外关系档案；各种经济类档案；国外大型图书馆和研究机构所存的史料等。

所有上述文献史料，皆是近现代社会各阶级和社会人群在进行各类活动中形成的，反映着 170 多年来中国近现代重大历史进程，也多带有阶级的、政党的、社会的鲜明印记，它们是"纲要"课讲好"两个了解、四种选择"，如实反映中国人民在实现民族独立、民族复兴历史进程中的文献基础，是对学生进行爱国主义教育的生动素材，是研究和撰写中国革命、建设、改革开放不同时期的学术成果所依据或可参考的珍贵历史文献。

二、文献史料的搜集与整理

（一）文献史料的搜集

中国近现代史文献史料数量宏富，种类繁多，史料的占有要求尽可能多多益善，但一个人即便皓首穷经也不可能读遍所有史料。因此，掌握一些基本的史料搜集方法是非常必要的。

1. 尽可能搜集第一手史料

按照史料是否是历史事件当事人、参与者与亲近者的记录，史料可以分为第一手史料、第二手史料，简称为一手史料、二手史料。历史学家一般都极为重视一手史料的收集。一般而言，根据一手资料写出的著作更扎实、更有可信度。具体来说，中国近现代史上的一手历史文献，包括所有谕旨、诏令、实录、圣训、奏折、命令、公告、布告、传单、政策、法规、证件、决议、决定、报告、请示、指示、宣言、讲话、文件、账册、图册、电函、信札、文章、笔记、日记、歌谣、碑刻、约章、契约、合同、单据、外交文书等。这些一手史料还可以分为官方文献与民间文献两种。民间文献包括传单、账册、笔记、日记、歌谣、碑刻、契约、合同、单据、文稿、信件、私人藏书、其他民间秘籍等。

而在一手史料由于各种原因找不到或者找到的内容太少的情况下，二手史料的重要性就凸显出来。利用二手资料写出一流著作并不是没有成功的例子，如霍布斯鲍姆对近代世界史研究的三部曲《疯狂的年代》《资本的年代》《革命的年代》。关键还在于作者驾驭资料与构思论著的能力，能否发现别人发现不了的现象、事件之间的联系，是否有系统性的思维，对历史的宏观、中观与微观之间的联系与地位是否能够准确把握。

2. 带着问题，追踪搜集

在收集史料的过程中一定要带着问题去搜集，可以不仅仅限于一个问题，与之相关的问题都可以在头脑中思索。所以在搜集史料的同时，应该加强问题意识的训练，有了问题意识，在收集资料上就处于主动，收集效率也会提高。至于追踪搜集，指的是研究者为搜求某一史实的史料而阅读某论著时，发现该论著提到与这一事实密切相关的另一些史实，或者在注释、引文中提到了与该项史实有关的另一些书名或篇名，便追踪寻读有关的史著，一直追踪到未见新的线索为止。梁启超很重视史料的追踪搜寻法，并形象地称之为"随心所欲，无孔不入，每有所遇，皆不放过"。对于没有任何史料学基础的大学生，教师可以指导他们带着问题，利用学校图书馆的数据库，搜索学界已有的研究成果，特别是综述类的论著，看其解决了哪些问题，提出了哪些新的问题，引用了哪些材料，然后自己做个目录，学着去搜集材料，这样就可以充分吸纳前人的研究成果和智慧，事半功倍。

3. 充分利用网络数据库

近年来，随着信息技术的飞速发展，各种网络数据库层出不穷，为各学科的学术发展提供了资料搜集、文献整理、研究手段上的极大帮助。历史学也不例外。目前，中国近现代史的各类型史料几乎都建有专题数据库，能够支持书目、文章名、作者、年代、出版地、刊名等多项检索，很多还可进行复合检索、全文检索。这些数据库按所提供的文献类型大致可分为以下几类。

（1）档案类数据库。这批文献的数字化工作始于我国台湾地区。20 世纪 90 年代中后期起，台湾地区的学者着手打造台北"故宫""中央研究院"所藏的清代、民国档案数据库，逐步形成了包括"内阁大库档案""清代文献档册目录资料库""中研院近史所藏内务府奏销档案全文"等在内的数据库群，其中又以"明清与民国档案跨资料库检索平台"最为常用，用者可对台北"故宫""中央研究院"的档案一体查询。2003 年起，大陆地区也启动了这项工作，"国家清史工程数字资源总库"先后上传了中国第一历史档案馆馆藏的清代朱批、录副奏折、电报档、灾赈档，以及东北、安徽、青海等地方档案，供清史纂修人员使用。各省市的档案部门也做了很多有益的探索，如北京、浙江档案馆建成了馆藏档案数据库等。

（2）专著类数据库。CADAL 数据库汇聚了各高校图书馆珍藏的民国图书，仅项目一期上传的民国图书就达到 20 多万册，供用户全文阅读。"超星网"拥有数量庞大的中文电子书，其中有不少系影印、编纂的中国近现代论著、文集。另外，百度、新浪、Google 等网站均设有自己的资源分享工具，在这些共享的资源中，也有很多中国近现代史的学术资源。

（3）期刊报纸类数据库。"晚清民国期刊全文数据库"收录了 1833～1949 年间出版的两万余种期刊，和"大成老旧刊全文数据库"收集的 7000 多种近代期刊，全方位展示了此一时期中国社会的风貌。此外，尚有不少针对某一家报纸、杂志的数据库，如《申报》《中央日报》等颇具代表性的近代出版物，都建有专库，学者可进入相关网站查用。

（4）综合类数据库。此种数据库集期刊、专著、方志、文集等史料于一体，为学者提供了数量可观的文献资源，如"读秀中文学术搜索""中国国家图书馆·中国国家数字图书馆""瀚堂典藏"数据库上传了晚清民国的图书、期刊、报纸、方志、革命历史文献、古籍特藏资料，是近现代史研究的资料宝库。

（5）专题类数据库。这类数据库为满足某一分支领域的研究需要，尽可能地网罗相关史料，为特定研究者服务。例如，研究近代秘密社会的学者，离不开"宝卷新集"数据库；从事历史地理研究的学人会利用"禹贡网"上的系列数据库和"中国数字方志库"；中外关系史领域的学者难以绕开提供传教士、外交使团、海关资料的"海外收藏的中国近代史珍稀史料文献库";研究边疆民族史的人相当倚重"中国边疆史地研究资料数据库";钻研中国革命史、中共党史的更无法割舍荟萃了中共历次全会资料、中共重要文献资料以及《人民日报》全文的"人民数据库";"中国文化大革命数据库(1966~1976)"则是"文革"研究者必备的数据库。

4. 通过调查、采访收集口碑史料

口述史学方法也是搜集史料的基本方法之一。第二次世界大战以后,西方颇盛行"口述史学之法",这是一种通过有计划的访谈和录音,取得某一特定问题的第一手口述凭证为基础,经过对照和筛选进行历史研究的方法。其实,通过调查、采访收集口碑史料的研究方法在我国也有悠久的历史。《史记》里面就有不少材料来自碑刻资料、历史文物资料及民间的"畿语"与神话传说。近些年来,口述史在国内学术界也日益兴盛。口述史对于中国近现代史研究来说,显得尤其重要,因为时间比较近,很多历史的亲历者尚健在,他们对于历史的记忆依然鲜活,口述与文献可以相互印证。对于研究性教学来说,口述调查也是一个非常有益的实践。纸上得来终觉浅。很多历史事件由亲历者自己来讲述,会显得更加的亲切,能够进一步增强学生对于历史的感悟。

(二)史料的整理

搜集而来的史料,还只是最初始的原材料,零乱而又分散,时间关系也十分混乱,不便于马上就引用,需要进一步细加整理。吴泽先生在其主编的《史学概论》一书中把史料的整理工作归纳为按性质分门别类和按时间先后加以排列两种方法,颇有参考价值。兹转述于下。

(1)按性质分门别类的整理。即把从各种书中搜集来的史料,不依其来源,而以其性质加以类别。例如先立定经济、政治、文化三大类,然后把各种来源不同的史料,分别归纳到这三个类别之中。这样的分类,消除了史料来源的界限,突出了史料的性质。

但这样的分类,只是突出了史料的一般性质,尚不足以揭示史料的多样性,因此对史料还需细致分类。比如经济一类,可再分为农业、手工业、商业;农业又可再分为土地的所有关系、耕种方法、技术、水利、地租、赋役等。这样,大类之中再分小类,小类之中再分更小的类别,一直分到不可再分为止。经过这样的层层分门别类，既显出了史料的一致性，又显出了他们的特殊性。

（2）按时间先后的整理。经过分类整理后的史料，已经是按史料的不同性质进行了一次条分缕析的梳理工作，但这只是完成了史料整理工作的一个方面。史料来自不同的书籍，除开反映的史事本身有先后之别，对该史事的评述也有前后人之分，所以搜集来的史料的时代关系经常是十分混乱的。如果不加整理，极易发生张冠李戴的错误，出现用后期的史料来说明前期的历史现象，或误把古人的转述误为当事人的记述而使用。因此，在完成史料的分类整理以后，还应当进行史料的分节，即把每一节的史料，以其所表示的史实先后加以再编排。如此一来，所突出的便不仅是史料的性质，而且也是它们依次发展的过程了。在实践分节的时候，种种问题就会突出出来：有若干条史料完全雷同；有若干条史料稍有差异；有若干条史料截然相反。对于这些史料，我们又要加以类集，使它们各为一群。凡雷同者要找出它们的前后关系，舍弃后者；凡稍有差异或截然相反的史料，要进行一番考证和辨伪，找出它们所以差异或相反的原因，清除讹误的部分。

总之，对史料的整理，既要将其分门别类，使之一清二楚；还要按时间先后再行编排，使之前后呼应，一脉相承。这种以性质为纬线，时间为经线，把纪事本末与编年的方法融为一体而组织起来的史料，以后使用起来自然方便多了。

三、文献史料的阅读和鉴定

史料是史学研究的基础。但自古以来，由于种种原因，错误的或者事实模糊不清的史料很多，如果不作必要的考证鉴别，很难获得科学的研究成果。造成史料引用致误的原因是多方面的，归结起来主要有：①史料本身无误，由于没有正确理解原意或者标点不正确而致误；②史料本身无误，由于引用者推断不确而致误；③史料内容比较含蓄，由于引用者缺乏深入辨析而致误；④没有直接引用原书而致误；⑤因版本不善而造成史料的错误或脱漏；⑥史料本身就有错误。

上述六种情况，其实可以归纳为两种情况：一是研究者未能认真或者正确阅读史料，二是史料本身的错误。所以，在搜集、整理文献史料的全程，还必须做好阅读和鉴定工作。

（一）文献史料的阅读

如何阅读史料？学者们给出的答案几乎完全相同：认真。严谨踏实，认真阅读史料，是史学研究的第一步，也是最为基础、最为重要的一步。

认真阅读史料，就要尽可能地阅读史料的原文和全文。很多历史论著中出现的低级的撰述错误，追根溯源就在于作者没有认真阅读史料，尤其是第一手史料。很多作者都懒怠于查阅原始史料，他们常常从别人的论著中转引史料，不少作者可能根本没有阅读过自己所引史料的前后文。仅仅是看到别人使用了这则资料，然后找到相关的书籍，核对一下页码；有的甚至连这项工作也没有做，完全是照搬他人的资料和说法。结果别人用错了，自己也跟着错。这样的例子非常多。

认真阅读史料，还要认真分析史料，尊重史料的差异性，不能采取"趋利避害"、为我所用的态度。我们在阅读与选择史料时，常常无法避免以下三种偏差，这些偏差影响了史料的真实性：一是撰史者对历史事实进行筛选时造成的选择性偏差；二是由于撰史者的主观目的及政治态度的不同而造成的倾向性偏差；三是由于后世史家对史料的不同理解而造成的诠释性偏差。这三个偏差往往相互包含、相互影响。在史学研究中，只有尽可能剔除这些偏差的影响，才能帮助我们最大限度地接近历史的本来面目。

因此，在阅读史料时，要平等地对待所有的史料，"不以成败论英雄"，还要注意不要过多地附加自己的猜想，特别不能因为资料涉及的人物名气的大小而对资料的解读作变更。

（二）文献史料的鉴定

文献史料的鉴定是一项非常专门的学问，需要经过长期的实践和经验的积累。但是，只要学习历史，我们就必须具备一定的史料鉴别能力。尤其是在如今这个信息爆炸、资讯如潮的年代，各种"细说""揭秘""披露""真相"充斥于网络，为吸引人们的关注，常常"语不惊人死不休"，我们更是需要学习一些基本的史料鉴别技能，以便于在这些纷纷扰扰的是非与真假中做出审慎而明智的判断。

关于史料的鉴别、考证，古往今来的历史学家们做出了很多的探索和总结,例如,胡应麟的辨别伪书八法、梁启超的鉴别伪书十二条公例、陈垣的校法四则等,都堪称经典之论。在研究性教学的实践中,我们需要引导学生掌握以下史料鉴定的一些基本原则和技巧。

1. 对史料进行资格审定

为了有利于对史料区别对待,提高史学的可靠性,林华国主张把史料划分为三类:①原始史料,或称第一手史料;②派生史料;③无根史料。原始史料是直接反映历史事实的史料,例如历史遗物、当事人或在场人对亲身经历之事或亲眼所见亲耳所闻之事的记载等,可信度最高。派生史料是间接反映历史事实的史料,它必须有明确的来源,可信度次之。没有明确来源的史料应列入无根史料之内,可靠性低,甚至完全不可靠。但是,需要注意的是,在一份史料中,往往既包含有原始史料,又有派生史料和无根史料。因此,在划分原始史料、派生史料、无根史料时,必须具体分析,切忌笼统。

2. 对史料进行真实性审定

如上所述,史料的真实性常常受到人们主观上的偏差因素的影响,因此,在审查史料的真实性时,首先要注意史料作者对所述史事所持的立场。对同一史事,支持者在记叙时常难免有溢美之处,反对者常难免有贬抑之词,使记叙的客观真实性受到损害。但即使是主观倾向性很强的史料,也不能简单地一概否定,其中往往也包含一些真实性较高的内容。对这类史料,可以把这些内容与史料对照分析,找出和利用其中可信的成分,还可以根据作者的倾向性,从反方向挑选出其中真实可信的部分。总之,在对史料的真实性进行审定时,要具体内容具体分析,既不要轻信,也不可轻率否定。要"货比三家",认真地从不同倾向的史料中,找出真实可信的内容,供考证史实之用。

3. 要注意史料原件与复制件之间可能存在的差异

史料的原件指会议记录、档案原件、日记原稿、书信原件等。原件通常只有一份。有的原件保存在档案馆、图书馆中,虽可借阅,但不是很方便,对异地读者更是如此。有的原件由私人保存,难以见到。有的已不复存在。我们平时所阅读的史料绝大多数是复制件,包括影印件、复印件、抄件、刊印件等多种形式。抄写和刊印过程中,很难避免出现差错,有的甚至经过有意篡改,造成不同程度的失真。在进行史实考证时,应力求使用第一手史料的原件或影印件、复印件。如因主客观条件限制，只能使用其他复制件，须注意选择质量较高的复制件。如在使用时，发现其中某些地方可能有误，应尽可能与原件核对，或与其他复制件相互校勘。

4. 要注意不同版本的出版时间及其内容上的差异

有些史料曾多次再版。有的再版时仍按原版重印，有的则有增补、删改。在使用这类史料时，应加注意，否则可能产生错误。例如，胡绳《从鸦片战争到五四运动》一书在分析郑观应甲午战争前的经济主张时说，当时郑观应已主张发展私人资本主义。其根据是：郑观应于 1893 年"出版了《盛世危言》一书"（实际上是 1894 年春出版），书中提出："凡通商口岸，内省腹地，其应兴铁路，轮船，开矿，种植，纺织，制造之处，一体准民间开设，无所禁止，或集股，或自办，悉听自便。"这里，胡绳所用的引文出自《盛世危言》1895 年刊本，篇名为《商务二》，胡绳在引用这段引文时忽略了这个版本与甲午年出版版本的区别。在甲午年的版本中并无此篇。1895 年郑观应再次出版《盛世危言》时，有大量增补，《商务二》系此次补入，反映的是郑观应甲午后的主张。

5. 使用回忆录、调查材料、新闻报道等类史料时要谨慎从事

在近代史资料中，回忆录、调查材料、新闻报道等数量相当可观。这些资料与公文档案、日记、书信等相比，往往内容比较具体生动，而且其中常有一些不见于其他资料的内容，因此，人们对这类史料常乐于使用。但是，需要注意的是，这类史料中，有相当部分真实性较差，使用时应谨慎从事。

使用回忆录时需要注意，有多种因素可能影响其内容的真实性。①不少回忆录所记的是多年前的往事，作者在追忆时难保不出差错。②不少人在写回忆录时，力求内容比较系统具体。为此，作者往往把一些间接的见闻和通过查阅史料得知的情况夹杂在对亲身经历的叙述之中，而不加以区分和说明，造成第一手史料和第二手史料以致无根史料相互混杂，难以区分。有些回忆录还经过文人加工，其可靠性往往又因之受到削弱。③写回忆录通常打算公开发表，往往带有较强的宣传色彩。有些作者出于某种需要，往往对某些人和事任意褒贬。

新闻报道也是一种重要史料。有些报道是记者对亲历亲见之事的记叙，属

第一手史料，但不少新闻报道并无可靠信息来源，有的纯属谣传，有的甚至出自记者的捏造。

总之，回忆录、调查材料、新闻报道等类史料都是既包含有重要的第一手史料，又包含有毫无价值的无根史料，而且鱼龙混杂，较难分辨。对这类史料一方面应予高度重视，另一方面在使用时要特别谨慎，要与其他第一手史料认真对照，对其中的具体内容分别进行鉴定。

正如学者林华国所言：历史是十分复杂的，我们每个人在不同时期所能看到的史料却总是很有限的，而且是真伪混杂的。要想靠自己掌握的有限史料弄清复杂的事实是极其困难的。很多问题都不是经过一次或几次考证就能完全弄清真相的。随着时间的推移，史料发掘工作将不断有新的进展，史学工作者的水平也会在吸取前人成果的基础上不断提高。新的考证成果将不断超越旧的成果。历史的真相将越来越完整、准确、清晰地展现出来。每一次认真的考证至多不过是向历史真相逼近过程中迈出的一小步而已。研究性教学的目的就在于推动大学生们迈出这一步，并从这一步中汲取人生的经验和智慧。

第七章

"纲要"研究性教学的评价

"纲要"研究性教学测量与评价是依据"纲要"课的教学目的和教学要求，通过系统地收集、整理各种事实信息，利用多种技术方法和手段对"纲要"教学工作及其所达到的效果给予科学的价值判断的过程。在教学实践中，"纲要"教学测量与评价力求对教学活动的工作价值和教学效果进行定性和定量的判定。[1]

"纲要"研究性教学的评价包括教师绩效评价和学生学业评价。

第一节 教师绩效评价

随着本科研究性教学的提出，世界范围内的教师奖励机制在悄然地发生变化。美国博耶委员会一直主张建立一套促进优质本科教育的教师奖励机制，这种机制包括在教师职称提升和聘用终身教授时考虑教学因素，以及以其他方式激励教师努力开展优质本科教学。

当今中国高校对教师的考核方式，科研成果几乎成为对教师评价的唯一标准。在职称评审、岗位聘用甚至加薪时，以教师发表的科研论文、获得的科研课题作为唯一的标准，教学水平和业绩则沦为可有可无的"鸡肋"。虽然目前我国有关部门正致力于解决两者的关系，倡导以教学为本，以育人为中心，但

---

[1] 任平，孙文云.现代教育学概论[M].广州：暨南大学出版社，2013：276.

只要这种评估机制存在，教师的主要精力就不会转到教学中来，导致教学不与时俱进，不改进教学方法，而把主要精力放在科研上，从而影响了研究性教学的开展。因此，应借鉴美国促进优质本科教育的教师奖励机制，建立有利于从事研究性教学的教师队伍建设的激励机制，在教师职称提升和岗位聘用时考虑教学因素，对于教学效果好的教师，给予政策上的倾斜；设立教学研究与改革基金，资助教学研究改革项目；完善教学成果奖励制度，充分激发教师的教学积极性和创造性；为教师课堂教学提供教学津贴，以激励教师投身教学，并对教师在课堂之外的本科生指导支付奖励；加强教师关于研究性教学技巧与方法的培训，并制定政策鼓励其参与培训。❶

"纲要"研究性教学教师评价方法由偏重量的评价转向质的评价与量的评价相整合的评价。传统教师评价主要采用量化考核的评价方法，操作方便，易对结果进行判断比较，但这种方法有着随意性甚至是不合理性，某些定量对教师各项工作分值、权重的确定缺乏科学依据，对于难以量化的因素如教师的教学效果、专业化发展程度、职业道德、创新能力等复杂因素无法衡量，往往使教师工作的生动性、丰富性以及鲜明的个性特征被泯灭在抽象的数据中，失去了教育中最有意义的内容。而质的评价正好弥补了这些缺陷，体现出对教师的充分尊重与关爱，能调动评价者与教师的主观能动性，突出评价的激励功能。❷

"纲要"课教师教学绩效评价应从评价目标、评价指标和评价主体三方面加以改进。

评价目标应由过去管理性评价转向发展性教师评价，以促进教师的专业发展，提高教师的研究性教学能力和学术水平为目的。

对教师来说，实施"纲要"研究性教学是一个学习的过程，因此在实施中对教师的评价应该是一种对教师教学情况的诊断性评价，既要指出教师教学的不足，又要肯定教师的进步。评价指标的构成既要有授课形式、课程组织、信息传递、师生互动、课堂气氛、激发兴趣、课堂效果等常规指标，又要重点

---

❶ 刘赞英，王岚，朱静然，等．国外大学研究性教学经验及其启示［J］．河北科技大学学报（社会科学版），2007（1）．

❷ 陈小鸿．高校研究性教学的内涵、评价与管理［J］．高教与经济，2008（3）．

放在"纲要"研究性教学的组织情况、课堂的参与互动、课题或项目设计的实际关联性和创新性等方面。注重教师的课外指导，注重评价教师向学生传授知识，但更注重评价教师对学生能力培养。❶

评价主体的选择要体现多元化。学生是"纲要"教学活动的直接参加者和自主学习的主体，对教学质量最有发言权，应加大学生对教师教学绩效评价的权重系数。由于"纲要"教学的学术性特点和教学质量评价的潜在性、滞后性特点，又决定了仅靠学生评价并不能完全真实地反映教学水平，需要专家、同行、领导共同参与评价，与学生评价一起按不同权重综合评分。现在高校对教师的评价主要依赖学生打分，这不尽合理。需要补充专家、同行和领导的参与评价。但这样成本太大，恐怕短时间内改变不了。为了激发广大教师对研究性教学工作的高度责任感和创造性，应要求教师主动参与教学评价，重视教师的自我反馈、自我认识、自我完善；评价方法由传统的偏于量的评价转向量、质并重的评价，质的评价关注教师教学效果、职业道德、创新能力等，体现评价的人文关怀。❷ 以形成性评价为主，注重教师的未来发展，注重教师的个人价值、伦理价值和专业价值。

总之，"纲要"课教师评价的目的由提高教学效能转向促进教师专业发展。传统的教师评价以"提高教学效能"为主要目的，通过衡量结果、评判等级、明确职责、奖优罚劣或解聘不称职的教师来保证教学质量的提高。这种教师评价体系难以促使教师培养学生的创新精神和实践能力，不利于教师的专业发展和整个教师职业的专业化。因此，研究性教学教师评价的主要目的要转向提高教学效能与促进教师的发展的平衡。

第二节　学生学习评价

学生学习评价是"纲要"研究性教学的重要环节之一。长期以来，尽管

---

❶ 李宏祥，姚利民，史曼莉，等. 大学研究性教学内涵、特征和过程［J］. 湖南社会科学，2008 (5).

❷ 陈安军. 高校研究性教学保障体系构建的思考［J］. 黑龙江教育（高教研究与评估），2010 (1).

大学对学生学习的评价从知识、能力等各方面都做了要求，但实际评价时常常偏向于对知识的检查，把它们当作"硬指标"，而对能力的评价缺乏具体明确的标准，常常把它当作"软指标"，还没有制定出一套将学生参与研究性教学、进行研究性学习的评价列入学生学业成绩的评价体系。因此，改革"纲要"课学生学习的评价是一项重要的工作。

学生学习评价应从评价目标、评价方法和评价形式三方面加以改进。

评价目标应由原来单一性的中国近现代史知识测评转向加强对学生的知识、技能、能力、情感的测评，突出对学生中国近现代史知识的创造性运用、加工、组合和创造新知识的能力的评价，尤其要加强对学生项目学习成果的评价，最终目的是促进学生创新精神的培养和实践能力的提高、社会责任感的强化。"纲要"研究性教学不只是为了选拔与甄别，而是要发挥激励和导向作用，通过评价促进学生更好地全面发展。

评价方法由"一考定全局"的传统终结性评价转向形成性评价和终结性评价相结合、课内教学与课外自主学习相结合的全程评价。评价方法应采用形成性评价，重视评价学生学习、探索与研究过程，评估学生素质发展、能力提高的情况，可以通过学生在中国近现代史学习、研究过程和结果中实际表现予以全面和客观的评价，也可以通过学生参与问题、专题或项目研究前后的变化和几次活动的比较来评价其发展状态。但也不能完全抛弃终结性评价，给予适度的压力可以产生一定动力，提高学习与研究的效率。

评价形式要多样，如论文撰写、课题研究、社会调查、观后感、项目表演、演讲等，多方面地衡量或考核学生的能力水平、综合素质，即使是书面考试也可以尽量采用开放的、需要学生创造性解答的试题形式——材料题、辨析题等。

重视学生在"纲要"学习过程中的自我评价和自我改进，使评价成为学生学会反思、发现自我、欣赏别人的过程。具体可采取从学生自我评价、小组集体评价、教师评价到师生合作民主评价的学生评价流程。最终的评价应该既包括等级定量式的评价，也包括描述性定性的评价。这份最终评价要反馈给学生本人，既可用于各阶段的形成性评价，也可用于终结性评价。

"纲要"课考核评价方案应在开课时公开地告诉学生，甚至引导学生参与评价方案的制定。让学生主动参与评价，及时了解其在自我建构知识体系的过程中取得的进展和成功，又能知晓其不足，充分体现学生在自主学习中的主体地位。

评价制度特别是考试制度，由单一、封闭转向多元、开放。尤其强调考试的灵活性、自主性、有效性、综合性，形成激励广大学生积极进取、勇于创新的氛围。在"纲要"研究性教学中，学生学业成绩的构成实行多元化，将平时各种形式的考查成绩和期末考核成绩按一定比例综合成为课程总成绩，特别重视与评价学生的创见和研究、创新能力及其成果。

北京大学"纲要"课在考试方面，采取灵活宽松的考核方法：平时成绩30分，包括考勤10分；课堂讨论小论文（2500字左右）20分；期末考试70分。这种考核方法有助于减轻学生的压力，扭转学生死记硬背的学习习惯，有利于引导学生思考问题。引导学生读原著，在考试中，重视出材料题，根据原始材料分析问题。❶

上海理工大学"纲要"课注重学生平时表现。平时成绩占期末考评总成绩的30%。平时成绩的认定主要包括课堂表现（抽点名、课堂发言、互动）、课后网络（课程网站）留言、答疑等环节。学生参加社会实践的成绩占总成绩的20%。要求学生在学习本课程的学期内，参观在上海市范围内的至少一个"红色历史"纪念馆（陈列室、名人故居、烈士陵园）等，写一篇800~1000字的感悟文章。教师将根据学生提供的参观纪念照片，结合感悟文章，进行综合评分。期末考试在内容上采用灵活多变的方式，成绩占考评总成绩的50%。学生除选择参加期末考试之外，该课还尝试让部分学生写一篇真实的人物传记代替期末考试。❷

北京科技大学"纲要"课考核具有科学性和合理性，注重对学生知识、能力、情感和社会责任感的考察。本课程改变传统的学生学业评价中"一考定全局"终结性评价模式，实行形成性评价和终结性评价相结合、课内教学

---

❶ 康沛竹. 关于开设"中国近现代史纲要"课的几点思考 [J]. 清华大学学报（哲学社会科学版），2006（S2）.

❷ 刘振华. 提升《中国近现代史纲要》课程教学实效性探微——以上海理工大学为例 [J]. 学理论，2013（35）.

与课外自主学习相结合的全程评价，采用多样化的考试方式，推进考试制度改革。"纲要"研究性教学评价规定学生课程最终成绩分平时成绩与期末考试成绩两部分，平时成绩 50 分，期末考试成绩 50 分。平时成绩的考核方法：平时成绩满分 50 分 = 出勤成绩（满分 5 分）+ 研究型学习成绩（满分 25 分）+ 观后感/访谈报告（满分 20 分）。这种立体化的考核方式极大地调动了学生学习的积极性、主动性和创造性。

第八章

"纲要"研究性教学的原则

　　实施研究性教学是提高高等学校教学研究水平的重要内容和重要途径，也是我们高校培养具有创新精神和实践能力的综合型人才的必然选择。第二次世界大战结束以来，随着经济与社会的日益发展以及科学技术的不断进步，新的教育模式、教育原则和教育方法也就应运而生并且呈现不断涌现的趋势。尤其是进入 21 世纪以来，"以人为本"已然成为当代教育的一种新理念。高校作为大学生成长成才的主阵地，在新的形势下，如何按照"高校教育，育人为本"的教育原则，积极探索新形势下大学生思想政治教育的新途径、新方法来提高高校思想政治教育的针对性和实效性，已经成为高校思想政治教育工作者的一项重要任务。随着高水平研究型大学建设步伐不断加快，研究性教学越来越受到教育主管部门和广大师生们的重视，尤其是高等学校更加掀起了研究性教学改革的热潮。思想政治教育也是高校培养综合性人才的基础性学科，无论是什么类型的大学，无论是何种学科，现在都应该高度重视教学与科研的有效结合。因为，没有研究，高校的教学就没有创新；没有教学，高校的研究就会失去动力和活力。不可否认，目前在高校教师队伍中基本上都存在两种偏向：一些教师专事教学，少有研究，至少不会主动地为了教学创新而积极进行研究活动，在教学方式上也就基本上采取"满堂灌"，大学生很少有主动参与、自由思考的机会；而有一些教师则主攻科研，甚至于为了科研而脱离教学的需要，虽然取得了明显的科研成绩，但他们的科研创新很难促进教学创新。这两种偏向都不可避免地造成了高等学校中的教学与科研在实质上的分离，违

背了 "教研相长" 的教育原则。高等学校教育与中等学校教育的最大区别就表现在教育层次上，如果说中等学校教育主要在于 "普及"，那么高等学校教育则主要在于 "提高"，而 "提高" 就必须加强科研，也就是说在高等教育领域更应该推行研究性教学，以科研促进教学。正如前苏联的一位学者所指出的那样："在大学里，教学不应该脱离科研，科研没有教学照样发光、燃烧，但是教学没有科研，尽管它的外表多么诱人——仅仅闪烁而已"。❶

处在当今经济全球化时代的大学生们，面对日新月异的社会发展变革的环境，加之就业竞争压力的不断增大，他们更注重自身人文素质的提升和创新能力的提高。这就要求高校思想政治理论课教师们应该改变过去那种传统的教学方法，从高校思想政治理论课的价值性和功能性入手，改革创新思想政治教育方法，构建适合大学生自身特点的教学研究模式，使大学生们真正感受到思想政治理论课有利于提高他们的创新素质和能力，是发挥他们学习积极性的关键。很显然，研究性教学的目标就是通过 "研究—创新" 式教学，主要是解决大学生创新思维和创新能力的培养问题，充分发挥大学生们的个体性、主体性、主动性、创造性，为国家培养创新型人才。因此，传统的教学方法和教学原则已经难以适应和满足研究性教学研究活动的需要。要进行研究性教学就必须构建自己的教学原则，因为，只有在一定原则指导下，才能更有针对性地设计有关教学研究的指标体系，最终建立完善的教学研究质量保障体系，确保思想政治理论课教学研究的目标能够顺利完成。基于此，我们系统科学的思维方法，结合多年的共同探索，并结合高校大学生的实际情况，将教学研究活动划分为目标、内容、主体、方法、过程等多个相互独立而又相互联系的体系，并将教学内容融合于其他各体系之中，由此获得了构建研究性教学原则的方向，即从研究性教学的开放性原则、指导性原则、实践性原则、过程性原则和合作性原则五个方面构建成了一个 "纲要" 课程研究性教学的原则体系。

第一节　开放性原则

开放性原则是相对于较为封闭性特点而言的，主要是指我们所实施的一切

❶ 王伟廉，邬大光，等. 高等学校教学改革的理论研究 [M]. 昆明：云南教育出版社，1993：65.

实践活动都应该具有开放性质的措施和形式。从教学研究活动的角度来看，主要是指一种开放性的创新教学研究过程。它主要包括四个方面的内涵。一是开放的人文环境。它要求营造出民主和谐的、容易被大学生们所接纳的、富有创新性、主体性发挥的教学研究氛围，使大学生形成一种自由独立的探索心态，以激发他们参与各种教学研究活动的积极性。二是开放的时空环境。它要求我们必须打破传统封闭的教学研究的时空纬度，时间上不要求课堂上四五十分钟就形成结论，而是将一些问题让学生们在课外继续探索；空间上不仅仅局限于课堂和教材，而是要走向现实社会和实践调研，充分利用更广泛的教育资源。三是开放的知识系统。它要求我们不能仅仅局限于书本和本学科知识，而要注意各学科之间的相互渗透，紧密联系社会实际。四是开放的教学研究形式。它要求教师在开展教学研究活动中必须根据不同的目标和内容灵活地选择和创造出多种教学研究模式，比如项目表演式、问题讨论式、调查研究式、主题活动式、参观访问式等，但不管采取何种教学研究模式，大学生的主动参与和创新性实践是开放性教学研究原则的主要特征。

对高等学校思想政治理论教育课程采取开放性教学原则就是要求教学研究工作必须走出封闭的模式，更要求给大学生们一个更大更广泛的活动和探索思考空间，不必强求解决方法和途径的唯一性，使大学生的思维始终处在开放和多维的活化状态。开放性原则的具体表现是：教学内容的选定、社会实践活动的组织、对教学研究工作的分析与评价等多方面都要给予教师和学生更大更广泛的选择性。通过"纲要"课程教研组老师们的多年探索与总结，我们认为，"纲要"课程研究性教学研究的开放性原则主要包括如下三个方面的内容。

首先，是"纲要"课教学内容的开放性。"纲要"课作为高等学校思想政治理论课的主打课之一，承担着对大学生进行系统的中国近现代历史教育的重任，对大学生坚持以马克思主义为指导、坚定建设有中国特色社会主义的信念等方面都起着至关重要的作用。但是，毋庸讳言，长期以来，作为高校思想政治工作主阵地、主渠道的"两课"教学的实效性普遍地受到了人们的质疑，教学的内容普遍地受到了大学生的抵触。曾只有11.5%的高等院校学生认为"两课"教师专业水平和教学能力很好，而认为"两课"教师专业水平和教学能力在一般和一般以下的竟占到了74.7%。❶造成这种不良局面固然有许多原因，但最关键的还是知识的陈旧和教学内容的单调封闭所致。有些老师的课堂教学多是就理论而讲理论，重视的是逻辑上的演绎和严密，追求的是理论阐述的深而透，虽然也偶尔联系一下社会实际情况，阐释一下某个案例，但是要么是过时的老皇历，材料陈旧，对学生缺乏吸引力，要么是就事论事，缺乏理论上的深入剖析，有的甚至采取回避现实矛盾和现实问题的方法。如此等等，更容易使学生产生应付、抵触和逆反心理，教学效果可想而知。

"纲要"课程一般都是在大学一年级开设。大学一年级学生刚刚步入自己心仪已久的大学殿堂，对高等学校的教师们更怀有一种崇敬心理。教师的一言一行、一举一动对他们都将产生长远影响，这就更要求"纲要"课教师既要洞悉中国近现代史的基本内容，还要广泛涉猎其他人文学科知识，更要知晓"纲要"学科发展的最新动态，提高自身的综合素质，使自己具有扎实的文化功底，能够旁征博引、精彩迭出。尤其要不断了解大学生们所关心的社会热点难点问题，多与学生们展开师生间的平等对话，运用自己扎实的马克思主义理论知识有针对性地剖析一些现实问题，解决大学生们的种种疑难困惑，教育学生和感染学生，从而提高学生们学习和思考的兴趣，在一定程度上也能提高"纲要"课程的吸引力。

"学科交叉"已经成为当代高等教育研究发展的主要特征和动力，也应该成为教师和大学生们教学研究创新的一个思路。"纲要"课教师们在推进课程建设的过程中必须具备开放的眼光，要积极主动地借鉴其他学科的建设和发展经验，运用多学科知识来推进学科创新发展。必须构建教师和大学生整体性的知识框架，除了了解本学科的前沿知识与发展动向，更要有意识地关注其他学科知识对本学科的影响以及在本学科领域中的应用，课程设置更要注重多学科课程的开设和文化素质课程的建设。尤其值得注意的是，在开展"纲要"课教学研究活动时必须经常与其他思想政治理论课，如"马克思主义基本原理概论"、"毛泽东思想和中国特色社会主义理论体系概论"、"思想道德修养与法律基础"等课程的交叉联系，要充分研究历史学科与思想政治理论课的交

---

❶ 金霞，包金玲. 我国高校学生思政工作分析［J］. 思想政治教育，2005（2）.

叉性所在，在充分发挥"纲要"课历史学科的特点和优势的同时，也要做好多学科相互渗透的思想政治教育工作，充分发挥思想政治理论课"教书育人"的整体优势。因此，只有"两课"老师能做到从教学内容到教学方法，都能由封闭走向开放，提高"两课"教学内容的针对性，增强其同现实社会的联系，勇于面向世界、面向未来，敢于吸收世界上一切有益于高等教育事业发展的优秀成果，一定能激发起大学生们学习的主动性、积极性和自觉性，从而提高"两课"教学的实效性。

经常性地组织大学生积极参与重要人物和重大事件的纪念活动也是"纲要"课程开放性教学的重要内容。理想信念教育一直是大学生思想政治教育的核心内容。而许多纪念活动本身就蕴含着丰富的理想信念教育资源。比如，参加李大钊、毛泽东、雷锋等重要人物和英雄人物的纪念活动，就会引起大学生们对他们成长经历和优良品格的集体记忆，从而坚定自己正确的信念和追求；参加"七一"、国庆节等具有革命纪念意义的纪念活动，就会使大学生们更深刻地了解中国共产党为了中华民族独立和中国人民解放所经历的艰难历程，教育大学生继承先烈们的光荣传统，唤起他们强烈的爱国热情，从而树立起正确的世界观、人生观和价值观。参加12月13日的"南京大屠杀死难者国家公祭日"等纪念活动，就可以使大学生们永远铭记"国耻"，懂得居安思危，从而激发出他们奋发图强、为国争光的雄心壮志。"纲要"课教师必须深刻理解理想、信念教育在思想政治教育中的地位，充分认识理想信念教育的意识形态教育本质属性，应当以当代马克思主义作为中国特色社会主义理想信念教育的基本信念，以实现中国梦作为目前大学生理想信念教育的基本追求。以纪念活动为契机，将理想信念教育渗透到大学生们参与式、体验式的活动当中，就可以改变长期以来思想政治教育工作因为重说教而极易引起大学生们逆反心理的不良局面，从而提高"纲要"课的教学效果。

其次，是"纲要"课研究内容的开放性。在"纲要"课研究性教学中，对每一个问题的研究和分析解决都会涉及许多知识，很显然，仅仅依靠教材课本里的知识是远远不够的，这就要求"纲要"课教师不仅要善于挖掘"纲要"教材的主要知识点及其研究性价值，为大学生们提供有价值的并且与学生能力相适应的研究素材，而且更应该洞悉大学生们的兴趣点，选择和确定自己的研究课题，与大学生们共同研讨，一起分享，以增加"纲要"课程的吸引力。

马克思曾指出："历史并不是把人当作达到自己目的的工具来利用的某种特殊的人格。历史不过是追求着自己目的的人的活动而已。"❶ 任何历史事件都是通过无数人的意志和活动的合力而形成的，广大人民群众始终是创造历史的主力军。中国近现代史就其主流和本质来说，就是一部中国人民不断探索国家出路和不断追求强国富民的历史。大学生尤其是大学一年级学生的世界观、人生观、价值观还没有完全成形，可塑性很强。大学生在生理状态上正接近于人生的顶峰时期，在心理上来说，大学生正处于迅速走向成熟但又未真正成熟的过渡阶段，因而在心理发展上会表现出许多过渡状态的矛盾性，心智尚未成熟，他们既有一种普遍的"从众心理"，更会有一种较强的"崇拜英雄"心态，加之目前媒介传播路径的多样化和复杂化，所以，正确的世界观、人生观、价值观教育与引导对大学生们来说是极为重要的。我们就应该以此为契机，加强对中国近现代史中的人物研究，尤其要加强对20世纪引领中国社会发生了三次巨变的孙中山、毛泽东和邓小平三位伟人的研究，充分运用好这些伟人的历史资源，与大学生们一起赏识他们一生为国为民、不断探索、不畏挫折、意志坚强的伟人风采，给青年学生们进行生动的"挫折"教育，充分发挥伟人对大学生的引领力，引导大学生在探索历史发展规律的同时发掘杰出伟人对大学生的吸引力，让大学生们在潜移默化中获得承受挫折和适应环境的能力，树立经得起失败、曲折和打击的勇气，培养出能克服各种困难和挫折的毅力，使大学生们能够正确认识社会发展规律，认识国家和民族的前途命运，认识自己的社会责任，从而为大学生的人生提供导向，也为其心理活动提供定位系统，为培养他们良好的心理素质奠定基础。同时，"纲要"课教师还应该从现实生活中选定一些研究课题，比如，在中国近现代社会中出现过重大影响事件的地方史研究、文化史研究、外交史研究、政治思想史研究等。这样就大大地弥补了原有教材的不足，同时也增强了大学生学习研究的兴趣。而对于大学生们来说，在学习研究中国近现代史时，就必须使自己比中学时期"更上一层楼"，除了要拓宽自己原有知识的广度，更应该提高其深度，使自己的学习

❶ 马克思，恩格斯. 神圣家族//马克思恩格斯全集第2卷［G］. 北京：人民出版社，2005：118－119.

资源从历史资料拓展到其他学科，从教材和课堂延伸至现实社会，只有这样才能真正拓宽自己的视野，从而最终提高自身的人文素养。

思想政治教育研究的开放性还应该表现在与国外高等教育的学习借鉴方面。经济全球化与国际化已然成为当今时代发展的重要特征，在国际化进程中，面对全方位、多层面、宽领域的对外开放与交流，我们无法阻挡外来思想文化及其价值观的交流、交融与交锋，随着目前世界多元文化的相互摩擦与融合，社会价值观更加日趋丰富和多元化，加之本国新旧价值观念以及中外价值观念的相互碰撞冲突，思想文化和价值观的多样化对大学生们的影响当然不可小视。随着各国之间高等教育的交流与合作越来越频繁广泛，思想政治教育作为高等教育的一个重要部分就必须适时地适应教育国际化的发展趋势。尽管西方国家在意识形态教育和对人的道德品质培养方面跟中国的提法大不相同，教育的内容和侧重点也存在较大的差异，但各国所希望达到的教育效果是相同的，即：总体上都重视综合型人才的培养和思想品德的塑造，并都把思想政治教育作为培养国家合格人才、促进本国经济发展和民族振兴的重要途径。面对世界发展的国际化趋势，高校思想政治理论课教师必须主动适应国际化趋势，增强国际化意识，加强中西思想政治教育的比较研究，积极借鉴国外思想政治教育的有益经验，敢于创新教育方式、方法，努力形成自己的教育特色。因此，"纲要" 课教师在开展 "纲要" 课程教学研究活动中也必须以开放的姿态和创新的精神，立足本国国情，勇于面向世界，善于吸收世界上高等教育领域的一切优秀成果，尤其是要善于借鉴和吸收国外关于中国近现代史研究的最新成果，要注意参考、学习和借鉴国外一些相关学科建设中所形成的成熟理论和方法，要经常性地参与国内外的学术交流与互访，互通有无。

再次，是 "纲要" 课教学空间的开放性。教学空间的开放性实际上就是指师生开展学习研究活动场所的无限性。由于师生既有的知识水平都较为有限，加之当前国际国内的形势和情况都在飞速地发展变化，不可能在自己固有的知识层面中找到教学研究活动所需要的所有信息。所以，必须改变传统的 "教师台上讲、学生台下听" 的方式，大力开展 "第二课堂" 活动，使 "第二课堂" 真正成为高等学校思想政治教育的有效载体，给大学生创造出一种开放宽松的课堂结构，以促进教学研究内容由课内向课外延伸。

俗话说得好，"温室里只能培养花朵而培养不出千里马"。要让大学生走向成熟，就必须让他们经风雨、见世面，在现实社会中磨炼自己。为此，在对大学生们进行开放性思想政治教育时，就应该大力开辟第二课堂，表现在时间、空间、过程、内容、资源等方面，都不应该将大学生们束缚在课堂里，要让大学生将课堂上学到的书本理论知识运用到社会实践中去，通过社会实践来检验其正确性和科学性，从而实现大学生们由感性认识到理性认识的升华。开辟第二课堂的途径有许多，最关键的一条就是要高度重视网络建设在开展高校思想政治教育工作中的重要作用。建立高校自己特色的红色网站，一是可以利用网络的科技优势，通过声、光、电、视频等现代科技手段，运用历史情景再现法，通过还原历史，亲吻历史，穿越历史，捕捉打动人心的历史细节。伴随"动漫"长大的"80后""90后"大学生特别喜欢视频、动画等活泼的方式，"纲要"课更要运用好一些珍贵的历史影像资料视频，从而拉近历史和大学生的心理距离，对他们进行马克思主义理论的正面宣传与科学灌输，引导和帮助大学生树立正确的世界观和价值观。二是可以通过网络资源的自主建设，使网络教研活动成为"两课"教育的重要载体，做到课内课外相互联系、相互沟通、相互补充，使教学研究活动成为一个有机的整体，从而进一步提高教学研究活动的实效性。

"纲要"课教学空间的开放性还应该包括教学形式的开放性。实施开放性教学研究，应该实施"请进来、走出去"战略并使之成为"纲要"课程教学研究常态化的一种重要形式。"请进来"指的是邀请有关专家、学者来校讲学，进一步拓宽大学生们的知识面和视野；"走出去"则有双重意义，一是开辟第二课堂，深入社会，实现理论与实际的结合；二是结合中国近现代史中有关的历史素材向社会宣传党的有关政策、方针、路线，实现历史与现实社会的结合。

总之，"纲要"课的教学工作必须坚持开放性原则来理解执行，必须树立开放的观念，坚持教学途径的开放性，坚持教学内容和方法的开放性，在教学内容的设置、教学环节的安排、教学活动的组织中，教师们都应该坚持开放性视野和开放性原则，始终围绕"纲要"课的主题内容来设计教学研究体系。同时还要彻底改变过去思想政治教育工作"单打一"，与其他工作相脱节的

"两张皮"现象，只有这样，才会真正提高"纲要"课程教学研究活动的效果。

第二节　指导性原则

指导性原则主要指的是高校大学生在老师的指导下，通过学习书本教材和借助相关档案资料以及教学实践的辅助性过程，运用分析思考、启发研讨、合作学习、探究归纳等方法获得知识、掌握基本技能的一种新型教学原则，是教师在教学工作中依据学习过程的客观规律，从大学生的实际出发，采取多种方法，引导大学生积极、主动地掌握知识的教学方式。它要求教师们在教学研究过程的各个环节中，都应该将教师的"主导型"和大学生的"主体性"结合起来，必须高度重视大学生主体作用的充分发挥，要想方设法地使大学生主动参与到教学研究活动的过程中，真正实现教育与自我教育的有机统一，让他们在积极、主动的思考过程中获取知识，提高能力，以培养大学生的创新意识、创新思维、创新精神和创新能力，从而促进大学生的全面发展，成为创新型人才。这种教学原则是对传统教学方法的扬弃，它将学生的"自主教学模式""问答模式"，师生互动的"合作教学模式""实用教学模式"等有机地结合起来，启迪引导学生积极思考，逐一分析解决问题，最终有效地完成教学研究任务的一种方法，现在尤其是在高等院校，已然成为研究性教学中的重要原则之一。

美国四大教育流派之一的"要素主义"和以"实用主义""人本主义"为重要哲学支柱的现代人文主义教育就特别重视"指导性原则"在教学研究活动中的重要作用，二者都明确强调了教学研究过程中必须解决的两大问题：一是传递科学文化知识，二是通过科学文化知识、社会生产、生活经验的传递，指导和促进个体的身心发展，使其能从事社会经济、文化和政治等各方面的活动。前者是手段，后者才是目的。如果教师在教学研究中只顾知识的传授而不顾学生的实际接收与否，或者不顾学生是否学而有所用，那就显然是本末倒置。

毋庸置疑，高校教师在传授知识与技能，在教学研究活动的设计与实施中无疑都要起到决定性的作用，他们是大学生们日常教育工作和管理工作的引导者、组织者、实施者和指导者。但是，要真正使教师"教有所得"和学生"学有所用"，教师就必须改变过去传统的重知识传授而忽略对学生能力培养的"填鸭式"、"满堂灌"式教学目标的教育方式和做法，建立一种新式的启发指导型教学模式。尤其要注意把传统课堂教学的"满堂灌"变成"满堂问"，改教师的"一言堂"为师生的"群言堂"，教师不再是绝对的权威者，更不是传统的施令者，学生也不再是纯粹的"文字储存器"，而成为积极参与教学研究活动的主体力量。遵循这种新式的教学模式，教师的教学就不再是枯燥乏味的灌输式说教，学生的学习也不是呆板和机械的模仿记忆。在这种指导性教学研究的整个活动中，教师无疑就成为一个策划师或规划师的身份，而不再是原来那种"独唱家"了，尤其是在推进素质教育的当今时代，教师更应该重视在教学研究活动中引导大学生积极参与，要在"导"与"学"两方面做足功课，真正做到"导"之有理、"导"之有序、"导"之有情、"导"之有方，最终"导"之能动。

指导性教学原则还特别强调教师在传授知识的同时还必须重视学生能力的培养以及非智力因素的开发与发展，尤其要把拓展学生们的创新能力作为衡量教学研究工作优劣的重要标准。在高校思想政治理论教育中树立以人为本的新理念，最为关键的就是要明确大学生在教学研究活动中的主体地位，教师必须积极引导和鼓励学生主动参与思想政治教育的教研活动，从而增强他们在思想政治教育研究中的主体意识。实践证明：一旦加强了大学生参与思想政治教育研究活动的主动性和自觉性，就会极大地调动他们学习的热情，进而有利于他们了解知识、理解知识、接受知识，最终转化为自觉学习和研究的行动。我们"纲要"课教研组在教学研究中就非常重视发挥大学生个体或学生小团队的作用，尤其注意结合与大学生身份息息相关的重大历史事件，采取小团队教学模式开展指导型教学。教师们在教学研究活动中都要把握好启发式教育的技巧，提出的问题不仅要针对教学内容和教学对象，尤其要选择合适的教学环节，必须在恰当的时节提出问题。比如，学生爱国运动基本贯穿于整个中国近现代史。在中国近现代社会中，每当中华民族处于危难关头，青年学生都最早觉醒并率先行动起来，将个人前途与祖国的命运紧紧相连，喷发出浓浓的爱国情慄。在讲到"五四运动"时，我们就可以将课堂分成若干个学生小团体，就"五四运动"发生的背景、主要过程及其主要影响进行小团队调研学习，让他们自己挖掘材料、制作相关课件并在规定的时间内加以阐释。教师在期间只起指导和总结分析的作用，并有针对性地与大学生们一起研讨"'五四精神'和'五四青年'的优良传统是什么""当代大学生应该怎样继承与发扬'五四精神'"等主题，启发他们对照历史上的革命前辈，找出自身的差距，认准自己的正确方向。在这个教学研究环节中，教师不宜过早地也不宜直接地给出答案和结论，更不能把自己的观点强加给学生。要引导大学生自己去分析评判，允许他们大胆地发表自己的观点，教师要与学生进行平等对话和研讨。最后，可以围绕"大学生应该如何爱国"这一教学主题布置课后论文，进一步强化大学生们的正确认识，教师们这样层层递进、步步深入式地提出、研讨和分析问题，就如同"剥茧"一样循序渐进，并注重了分析问题时广度和深度的有机结合，这样给予大学生们的启迪是多重的，也是很深刻的，从而达到了"纲要"课指导型教学的目的。

再比如，"纲要"课教师在总结近现代中国社会发展和中国革命、建设、改革的历史进程及其内在规律性的时候教师不能只是简单地教给学生一些历史结论或总结一些历史发展规律，更应该指导学生们去发掘中国近现代史的相关资料，让他们自己去详细了解国史与国情，深刻领会近代中国封建地主阶级改革派、农民阶级、民族资产阶级都由于阶级的历史局限性，所以都难以将民主革命引向胜利，领导中国革命的历史重任就自然落在无产阶级及其政党肩上的缘由，进一步深刻领会历史和人民为什么最终"选择了马克思主义，选择了中国共产党，选择了社会主义道路，选择了改革开放"。教师们还要启发指导大学生换位思考：假如你生活在当时历史环境中将会作何选择，为什么会做出如此选择？大学生们也只有这样通过自己的探索思考，学会选择的智慧，才容易将人民的选择与自己的选择，将国家的命运与自己的命运联系起来，从而意识到个人对国家和社会应承担的社会责任，同时也使自己在心智上和政治上不断走向成熟。

与此同时，思想政治理论课老师还要注意指导大学生正确分析和评判现实社会的热点难点问题，因为，"社会问题"本身就是高校思想政治教育环境的重要组成部分。在网络时代，大学生会在第一时间就知晓重大的社会问题，而自己又难以完整准确地分析，甚至感到十分迷茫和疑惑。基于此，教师就必须每天关注重要新闻，同时还要关注当今世界范围内的重要思潮动向，并且要思考重大新闻事件的现实影响和理论意义，在课堂上要善于从现实生活和实践中总结和提炼生动案例，尤其是要对一些影响极大的社会新闻和热点问题及时地做出正面的总结、分析和点评，在分析点评时要尽量提纲挈领，并契合大学生的关注热点，客观地引导各种社会思潮，尤其要注意拉回到"纲要"等课程所涉及的相关理论主题上来。教师通过对社会现实问题指导性的分析点评，使大学生从中明辨是非、认清真伪，深刻地体会到个人与国家及社会之间的紧密关系，进而提升自己的理论思维水平，逐渐地树立起自己正确的"社会问题观"，养成一种理智地看待和审视社会问题的科学态度，从而进一步提高自己学习思想政治理论课的积极性和主动性。很显然，这种启发指导型的教学研究模式既增强了高等学校思想政治理论课的现实性、针对性和互动性，更促进了思想政治理论课意识形态功能的发挥，同时也充分发挥了思想政治教育的社会整合功能，对大学生客观地分析和解决复杂的社会问题有着重要的指导作用。

很明显，这种"以教师为主导、学生为主体"的教育模式将大学课堂从传统的"老师传授知识与学生接受知识"的场所真正变成为大学生主动研讨、掌握知识并增强能力的地方，既发挥了教师应有的主导作用，也充分体现了大学生应有的主体作用，确实能激发大学生们的创新活力，实现了"要我学"到"我要学"的转变，提高了大学生学习的自觉性和主动性，进而在一定程度上提高了"纲要"课程的吸引力和教学研究效果，也让绝大多数大学生产生一种"身临其境"的感觉，总结历史，展望未来，使他们更进一步认识到自己所肩负的振兴中华的重任，历史使命感也就油然而生。这也正是国家和社会对大学生的总体目标要求，更是"纲要"课坚持指导性教学研究原则的真正目的所在。

苏联教育科学院院士、著名教育家、教学过程最优化理论的创始人巴班斯基曾经指出："教学方法最优化程序中一个最重要的、也是最困难的问题是合理地选择各种教学方法并使之达到这样的结合，即在该条件下，在有限的时间内获得最好的教学效果。"[1] 指导性教学策略原则应该是这种教学方法最直接的实践探索。总之,在"纲要"课教学研究工作中推行指导性原则就必须依据不同的教学内容和教学对象的特点,相应地采取不同的教学研究方法,把发挥大学生的主体作用与教师的指导作用统一结合起来,其最终目的就是要启发大学生自己积极思考,提高自己的学习研究兴趣,发挥好自己的主观能动性,培养自己发现问题、分析问题和解决问题的实际能力。为此可以采取灵活多样的教学研究方法。比如:让学生采取微电影、话剧、档案揭秘、课堂讨论、课堂辩论、专题演讲、撰写专题论文等各种方法,这就要求教师必须从台前走向幕后,充分发挥教师的方向指导、管理服务、组织协调等职能,指导大学生根据自己的专业特点、学科背景以及性格特征等,自主创设一些教学研究的情景,发挥他们参与"纲要"课教学研究活动的主体能动性,这对增强教学研究活动的实效性和时效性都有着显著的影响,也在较大程度上促进了大学生学习的积极性和主动性。它更使教师们完全脱离了以前"教书匠"的传统形象,转变成为一个必须具有丰富的知识内涵、高超的语言艺术、灵活的驾驭能力、充分的人格魅力的"导演",真正体现了我们一贯强调但又难以做到的"教学相长""双向互动""多样化教学""因材施教"等教育原则。与此同时,因为指导性教学研究原则必须统筹兼顾榜样示范法、调查研究法、情境再现法、专题讨论法等多种教研方法和手段,真正需要大学生自己动手、动脑、动心,这就使大学生能够自觉地充分利用学校现有的教学设备、电教、图书馆、网络等各方面教学资源,进而能够对学校现有的教学资源和教育优势做到最大化的优化整合利用,从而进一步提高教学研究活动的实效。

第三节 实践性原则

实践性原则指的是人们在进行创新性思维过程中,必须坚持理论联系实际的重要原则,坚持在实践中促进思维能力的进一步发展,并且在不断实践中检验思维成果的正确性。没有实践,思维发展就失去了动力,更不会有创新性的

---

[1] 王永红. 指导性教学策略初探 [J]. 重庆社会工作职业学院学报,2003(2).

思维；没有实践，创新性思维的其他原则也就会变形或者就会被误用。学校尤其是高等学校理应形成弘扬创新精神的良好氛围和适宜大学生创新力发展的校园环境，高等教育的核心就是要注重发展和培养大学生的创新思维能力。所以，实践性原则就成为高等学校实施研究性教学研究活动中的根本原则，它的贯彻执行与否，直接关系到其他教学研究原则的贯彻执行与否，并且它还统摄着其他原则。

实践性教学原则应该包括两大方面，即教师的"教"主要来源于自己的知识内涵及其社会经验，而学生的"学"则主要直接运用于实践，并在实践中检验学习的效果。因此，实践性教学研究是巩固理论知识和加深对理论知识的有效途径，是培养具有创新意识的高素质综合性人才的重要环节。

从哲学的角度看，实践性是社会与人的本质属性，也是高等学校思想政治教育研究的本质特征。高校思想政治教育研究实际上就是一种"主观见之于客观"的实践活动，也即指客观存在对人的主观世界与行为的认识和改造。而"所谓主观世界，是指人的意识、观念世界，是人的头脑反映和把握物质世界的精神活动以及心理活动的总和"。❶ 由此可以看出，思想政治教育研究实际上就是关于人的思想观念与行为的发展与改造的实践活动，是一项特殊的社会精神性实践活动，高校用马克思主义的科学理论引导和帮助大学生们形成正确的世界观、人生观、价值观，树立起优良的道德品质和远大理想本身就是思想政治理论课的教学目标，而实践载体就是思想政治教育落到实处并且取得实际效果的必不可少的要素之一，实践性原则理应成为我们高校思想政治教育研究工作的主要原则之一。基于此，从 2004 年以来，中共中央、国务院、中宣部、教育部等机关部门颁发了多个与大学生实践教学相关的重要文件，如《中共中央国务院关于进一步加强和改进大学生思想政治教育的意见》（中发［2004］16 号）、《中共中央宣传部 教育部关于进一步加强和改进高等学校思想政治理论课的意见》（教社政［2005］5 号）、《中宣部 中央文明办 教育部 共青团中央关于进一步加强和改进大学生社会实践的意见》（中青联发［2005］3 号）等，这些文件都明确强调了社会实践是大学生思想政治教育的

---

❶ 肖前，李淮春，杨耕. 实践唯物主义研究［M］. 北京：中国人民大学出版社，1996：204.

重要环节之一，对于促进大学生了解社会、了解国情，增长才干、奉献社会，锻炼毅力、培养品格，增强他们服务国家服务人民服务社会的社会责任感具有不可替代的作用。2008年9月，《中共中央宣传部 教育部关于进一步加强高等学校思想政治理论课教师队伍建设的意见》（教社科〔2008〕5号）中就明确指出高等学校思想政治理论课所有课程都应该加强实践这一重要环节，并要求各高校必须设立"思想政治理论实践课"，作为大学生的必修课或者必须环节，学分设置为大学生的必修学分，把大学生社会实践活动纳入到学校的教育教学总体规划和教学大纲之中，规定相应的学时和学分，并规定"要从本科思想政治理论课现有学分中划出2个学分、从专科思想政治理论课现有学分中划出1个学分开展专本科思想政治理论课实践教学"，不断丰富大学生社会实践的内容和要求。尤其是2012年1月，教育部等7部门联合印发了《教育部等部门关于进一步加强高校实践育人工作的若干意见》（教思政〔2012〕1号），对高校实践育人工作的重要性、各项工作及其组织领导等方面提出了明确意见，并从强化实践教学环节、开展社会实践活动、加强总体规划、深化实践教学方法改革、加强实践育人队伍建设、发挥大学生主动性、加强实践育人基地建设等方面提出了明确要求。这些措施都为高等学校实践教学研究活动的制度化建设以及常态化发展提供了强有力的政策支持和很清晰的工作导向。

近年来，各高校对实践教学的重视程度确实在逐渐加强，不少高校对实践教学的实施模式和方法都做过许多有益的探索，也取得了明显的成效。但由于受到各方面因素的影响和制约，实践教学的效果确实还不尽如人意，尤其是在"纲要"课等思想政治理论课实践教学方面更加存在较大的差距。无论在高校管理层，还是在教师和学生中，都不同程度地存在着轻视、忽视甚至无视思想政治教育实践性特点的倾向，主要表现在：一些高校管理层仅仅认为思想政治教育属于上层建筑领域，而对其反作用于物质生产的强大作用认识不足，重视不够，如此就造成了"上下无合力"的矛盾局面，即：党和政府非常重视高校思想政治教育，尤其强调思想政治理论课实践教学的重要性，并将加强和改进大学生思想政治教育视为"实现中华民族伟大复兴的希望工程"，而高校的一些管理层则将思想政治实践性教育的重要性一般都停留在口头上，大多流于形式，难有实际行动。作为高校思想政治教育传播者的教师也对思想政治教育的实践性原则存在一些片面认识，认为只有讲好自己的课才是最重要的事情，在授课时片面强调知识的掌握，理论性过强，漠视教学研究的实践性特点，片面地认为思想政治理论课的实践教学是可有可无的，甚至于是多余的，加上教学研究的形式老化，最终忽略了大学生群体作为接受"主体性"的存在。而作为受教育者的大学生们，对实践性原则更存在着严重的狭隘认识，尤其是"80后""90后"的大学生们因其成长在改革开放年代，是在一个开放的时代环境下成长起来的，他们接受着多元化文化的熏陶，面对多重价值观的碰撞以及社会转型的矛盾与冲突等问题的影响，一些大学生的社会价值观和个人价值观都会出现不同程度的裂痕，对现阶段的思想政治教育研究活动本身就会或多或少地存在某些严重的误读和不解情结，有一些学生仅仅把思想政治教育看成执政者维护政权与稳定的说教，有一些学生则受功利主义影响较深，认为思想政治教育对自己价值不大或基本无用，加之一些教师采取枯燥简单的"填鸭式"教学方式，使得他们对思想政治教育更加"索然寡味"而提不起兴趣，最终由情感抗拒而导致接受障碍，更谈不上主动参与教学研究实践。总体来看，之所以会出现以上这些认识上的误区，从思想方法的角度讲，主要是由于没有辩证地客观地看待和处理理论和实践的关系，主观地扩大了理论和实践的所谓"矛盾性"。

当今时代，随着经济全球化和信息时代的到来，我们要迈进的社会将比以往任何时代都更开放和更多地依赖于个体的富于创造的决定，尤其要重视青年人特别是青年大学生们的自主创新能力，而要改变目前高等学校思想政治教育实践性较为缺失的现状，就必须要求高校的管理层、教师和大学生"三驾马车齐驱"，都要转变观念，采取实际行动，做实践性教学研究活动的真正实践者。因为，实践教学是一个系统工程，需要各高校教务、团委、组织、学工、宣传等部门与思想政治理论课教研单位以及大学生们通力合作，联手推进，才能取得实效。

首先，从高校的管理层的角度看，管理层在抓好学校常规工作和经济效益的同时，必须高度重视学校的精神文明建设，尤其要重视对大学生身心健康发展有着重大影响的思想政治教育研究工作，从提高国家软实力、增强群体核心竞争力和个体发展的内在动力的高度，加大对"纲要"等思想政治教育课程人力、物力和精力的投入，贯通对大学生进行思想政治教育的主渠道，统筹对大学生进行思想政治教育的主阵地，主动创建多种形式并且长期稳定的校外实践教学基地，整合全校社会实践教学研究资源，认真筹划构建思想政治理论课教研部门、高校学工团委、教务、党委宣传组织部门四位一体的大学生社会实践组织平台，并加强对大学生社会实践的工作指导，充分调动教育者和受教育者的主动性、积极性、创新性，为推进高等学校思想政治教学研究活动的实践性改革提供一定的方便和支持，最终将高校实践教学研究活动进行制度化建设和常态化定位，纳入到学校的日常工作之中，从而保障实践教学研究活动的长效性与稳定性，目的就是为国家培养出一大批政治过硬、业务熟练、实践性很广、应用性很强的综合性人才。

其次，从思想政治理论课教师的角度看，作为实践性教学研究活动的组织者和"宏观调控者"，必须根据当今时代全球化、信息化、多元化的发展趋势，改变以往教育目标定位、教学内容与方式单一的状况，更要改变过去那种拘泥于理论教学的"说教灌输"方式，提高对高校实践教学重要性的认识，真正地把课堂理论教学与社会实践活动紧密地结合起来，要积极引导大学生到实践中去看、到"活"历史中去学，将书本教材和"活"历史有机地结合起来，始终坚持贴近实际、贴近生活、贴近大学生的"三贴近"原则。"纲要"课教师也必须将课堂内的实践教学与课堂外的实践教学结合起来。

课堂内实践教学指的是教师依据课程的教学内容，在课堂内设计出若干个实践环节，创设出生动形象的教学情境，如分组辩论赛、经典研读、重要历史事件分析、角色扮演等，也可以在课堂上适时适量地组织学生集中欣赏一些与思想政治理论课教育教学相关的优秀影视教学片等，积极引导大学生融入课堂，结合一些相关的社会热点开展实践教学，培养大学生利用课堂知识分析社会现象的能力，使大学生们不走出课堂也能获得课外实践相关的感受和体验。

在课堂外实践教学中，学校可以与一些企事业单位、博物馆、爱国主义教育基地等部门合作，教师可以组织大学生参观烈士陵园、纪念馆、革命圣地等，让大学生们在参观、调研、学习中接受理想信念教育和爱国主义教育。这样就逐渐形成了课堂上、校园内、社会中"三合一"的实践教学模式，给高校思想政治理论课的教学研究活动注入无穷的活力。"纲要"课教师还可以结合自己的授课内容及大学生党校活动的情况，通过组织参观、专家讲座、访问调查、主题研讨等多种形式，帮助大学生们了解中华民族争取独立、反抗外来侵略的历史，了解中国社会主义道路的长期艰辛探索，从而正确理解和认识到中国共产党的领导作用和核心地位。教师还应该对大学生参与实践教学研究活动的表现予以量化，并计入学生期末课程总评成绩中，目的是在于促进大学生们自主学习研究的积极性与自身的能力培养。比如，"纲要"课教师在讲到第六章关于"日本在其统治区的残暴统治"时可以组织学生参观中国人民抗日战争纪念馆等地，并要求学生结合自己所看到的材料写出心得论文。真可谓"百闻不如一见"，大学生们在这些地方所看到的"历史"是生动具体的，比老师在课堂上所讲的"历史"和教材上所写的"历史"要直观真实得多，只有当他们看到了"南京大屠杀"和"731部队"进行"活体解剖"等一系列历史真相时，才会使他们真正认识到帝国主义列强自诩为"西方文明传播者"的虚伪及其残暴凶狠的野蛮本性，更能让他们领会"落后就要挨打"的深刻含义，从而激发出他们为祖国富强、为民族强盛而奋斗的决心，这是任何优秀的课堂教学都难以达到的教育效果。

再次，从受教育的大学生角度来看，他们必须克服消极、被动接受思想政治教育的状态，在教师指导下，掌握学习与研究的主动权，变"机械学习""被动学习"为"主动学习"，既要接受教师对自己的塑造和改造，更要以自己为实践对象，进行自我认识、自我教育、自我改造。努力做到不唯书、不唯师、只唯实，积极参与各种社会实践活动，认识社会，了解国情，从而为自己全面走向社会打下良好的社会化基础。我国各地有大量的博物馆、纪念馆、革命遗址、红色教育基地等爱国主义教育基地，收集了大量历史遗物和图片等历史资料，并辅以声、光、电等现代高科技手段，具有良好的视听效果，大学生可以主动要求"纲要"课教师做指导，利用寒暑假组织若干个大学生社会实践小组分赴全国各地进行"红色教育"考察，让历史知识更加贴近现实、贴近社会、贴近生活，肯定会受益匪浅。大学生还可以根据自己的兴趣点和研究特长选择一些与"纲要"课相关的研究课题，由高校相关部门负责组织并提供一定的科研经费，教师负责指导整个研究过程以及对研究质量进行评估，而由大学生自己负责研究课题的具体实施，这样就使大学生真正地感觉到自身的价值。因为社会实践才是人生价值真正的源头活水，是实现人生价值的必由之路。对于大学生而言，在实践性教学研究活动中创造有价值的人生，其意义十分重大深远，这有利于大学生在实践中体会到理论的指导作用，从而提高自己理论联系实际的能力，也有利于培养大学生的社会责任感以及对现行政策的认同感，还有利于形成理论教学与实践教学的良性互动，从而调动和发挥大学生的主动性，使他们通过教学研究实践能够深入社会实际，更好地重新认识自我、定位自我、完善自我，最终能够积极地引导大学生们实现个人价值和社会价值的协调统一，因而这也是大学生锻炼成才的最有效途径。

近年来，实践教学作为进一步加强和改进高校思想政治理论课教学研究的重要方式方法已经受到了广泛关注，而要使实践教学真正落到实处、取得真正的实效，既离不开思想观念的转变和教学模式的创新，也离不开教师队伍能力水平的提高和大学生们的主动参与，同时也离不开高校管理层的规范管理和高度重视。

总之，在"纲要"课程等思想政治课教学研究活动中推行实践性原则，是在思想政治理论课的实践教学过程中，"以学生为主体，以教师为主导，充分发挥学生的主动性"的一种教学研究模式，是更新教育教学理念、促进教学模式转变、提高人才培养质量的有效途径和手段。教师在思想政治理论课实践教学研究的规划、实施和管理过程中，必须坚持"以人为本"的教学原则，以尊重学生的主体地位和促进学生主体性发展为中心，通过强化学生的主体意识，发展学生的主体能力，尤其要注意把解决思想问题与解决实际问题结合起来，杜绝"空头政治"。教师既是教育者同时也是学习者，是学生学习研究活动的指导者和参与者。这种实践，通过自我探索与社会调研相联合，使教学研究过程中的实践同教学研究活动以外广泛的社会实践融为一体，有意识地开发了大学生们的创新思维能力，也培养了他们的发散性思维，从而真正落实到了教师"传道、授业、解惑"及其"教书育人"并重的教育思想。实践性教学研究环节可以诱发大学生的积极思维，让他们在实践中进行体验、分析和判断，完成自己对相关政治理论的科学认识，从而形成对某些价值取向和政治理论的认同感，因此说，实践性教学也是促进大学生素质教育的有效途径。

实践出真知，磨炼长才干，在"纲要"课实践教学研究模式中，大学生一定要根据自己的兴趣爱好以及专业特长等情况选择与课程特点相符的实践教研活动的途径与内容，主动参与到广阔的社会实践活动之中，将自己所学到的理论知识运用到社会实践之中，使自己通过形式多样的实践活动形成对当代中国马克思主义理论的感性认识，将马克思主义理论与大学生的生活实际联系起来，在实践中学习，在实践中感悟，在实践中升华，并且在实践教学研究活动中不断挑战自我，提高自我，最终完善自我，将自己对当代中国的马克思主义理论认识由感性认识上升为理性认识，从而进一步加深了大学生对马克思主义理论的情感认同，也无形中增强了马克思主义的吸引力和感染力。因为，只有实践的形式具有针对性，实践教学研究活动的结果才会有实效性。

第四节 过程性原则

所谓过程性教学研究原则，就是指教学研究工作必须以知识的发生、发展和认知形成的内在联系为线索，充分展现和经历其中的思维活动，使大学生能够积极主动地参与到教学研究活动中来，并且让他们自主地学习，自主地探索知识，从而进一步拓展其探索创新能力。教育过程尤其是高等教育过程的本质就是使大学生通过认识人类已有文化知识进一步促进自身全面发展的认识过程，重点并不在于结论性文化知识的传授与接受，教师们要尝试创新的探究性教学，通过引导、启发大学生质疑和思考，使他们在"复试"人类知识的过程中也尝试创新的探究性学习，从而提升自己的创新能力。因而在教学研究活动中一定要充分展示其整个的教学研究过程，使知识的生成、发展必须与学生的认识规律相结合，促进大学生身心的健康发展，从而更好地开发和实现教学研究工作的教育价值。

联系到"纲要"课的性质，我们在"纲要"课推行过程性原则，在一定的系统性原则要求下，无论是知识的传授、问题的解惑、思维的训练拓展，还是情感的交流、专题的研究讨论等各方面，都要从是否激发了大学生的创新发展的潜能角度来进行综合性的管理调节。

重视学习与研究的过程价值是研究性教学的重要特征之一。以往传统的教学方式基本上都是偏重于对大学生学习结果的评估和判定，但研究性教学则必须重视整个课程的实施过程，因为学习与研究的过程往往包含着丰富的教育价值，对大学生的成长成才都会产生巨大的影响。对于大学生而言，他们接受高等教育除了必须掌握一些具体的专业技术技能之外，更主要的是应该以自己所学知识作为基础和媒介，提升自己研究、判断、分析、运用和创新创造等各方面的实际能力。

在高校"纲要"课教学研究活动中贯彻过程性原则，关键是要解决好两大方面的问题："纲要"课程教学研究活动的实施过程及其管理过程的问题。首先，我们必须清醒地认识到，在"纲要"课程研究性教学中推广过程性原则，就其实施而言，主要的就是要正确认识教学的主体问题，即到底是以教师为主体还是以学生为主体的问题。而对这一教学主体问题的长期争论过程中主要出现了两种错误认识，即教师单主体论和教师、学生分主体论。教师单主体论明确强调教师是主体，而学生是客体，这种认识主要是陷入了概念逻辑错误的怪圈，因为我们讲的是教学主体的问题，而它表述的仅仅是单纯的"教"的主体问题，这种模式主导下的思想政治教育难以凸显教育的针对性；教师、学生分主体论则明确强调教师是"教"的主体，而学生是"学"的主体，这种认识主要是陷入了关系逻辑错误的怪圈，因为"教"与"学"、教师和学生是两对不可分割的关系范畴，而这种模式就无形地割裂了教师和学生的互动关系。也就是说，这两种错误认识从根本上来说违背了现代社会的"人本精神"和"创新精神"，真正良好的教学过程应该是"以教师为主导，以学生为主体，师生共同发展"的教学研究模式。

过程性教学研究原则实际上强调的是教师和学生在整个教学研究过程中都应当获得思想、道德、能力、智慧等各方面的发展。它注重教学研究过程而不仅仅是结果。它要求大学生必须通过学习研究过程实践教育内容，也要通过学习研究过程培养自身的思维创新能力，提高自身的创新意识。尤其是教师更要充分地认识到教学过程其实就是掌握知识和促进发展的过程。教学研究是一项复杂的活动。如果说教学研究过程是一项综合工程的话，则教师无疑就是这一过程的总策划师。教师绝不能仅仅把学生掌握知识作为唯一的教学目的，掌握知识更主要的意义还在于它是促进发展的基本手段，既掌握知识又促进了发展才是我们所希望的最优化的教学目的。教学研究过程本身就是一个师生共同发展的过程，教师和学生作为平等的交往主体，在共同的教学研究过程中都会获得多方面的发展。在过程性原则指导下的教学研究活动中，教师的角色已然发生了巨变，教师已不再是传统的"传经布道者"，而变成了为大学生探寻知识和发现知识的建议者、指导者、推动者，大学生也由原来的单一接受者变成为教学研究活动的实施者和积极参与者。对于教师而言，如果还一味地将自以为有价值的知识硬塞给学生而全然不顾学生的吸收能力和建构方式，这不仅难以达到良好的教学效果、促进学生的健康成长，甚至还会成为大学生们未来成才路上的绊脚石。所以，教师必须努力当好学生学习过程中的导师，积极引导学生把学习过程当成一种研究过程，组织学生参与教学研究活动的全过程。比如，在"纲要"课教学研究活动中适时适量地增加一些课堂讨论的氛围，组织大学生自己动手挖掘历史素材进行项目表演、档案揭秘，组织学生就一些历史人物或历史事件展开研讨和辩论等，这样不仅丰富了大学生的知识，而且使他们能够充分表达自己的看法，从而充分调动学生学习的主动性和积极性。这种以学生发展为本的教育理念是我们对教育教学活动本质的一种新认识，集中反映了在教育教学问题上的价值取向，突出了学生在教育教学活动中的主体地位，从而更有利于激发出大学生无限的创新潜能。

诚然，对于大学生们而言，也要明确自己既是"纲要"课教学研究活动中的受教育者，更要知晓自己是推进"纲要"课研究性教学过程中的重要力量，必须转变自己传统的观念与方式，变被动为主动，要珍惜师生之间这种民主、平等、和谐、合作关系的机会，努力拓宽自己主动学习的时间和空间，真正成为学习与研究的主人。比如，在教师们的指导下，选择与自己兴趣和课程内容相关的专题、项目进行学习研究，在研究中获得知识和发展能力；在学校团委统筹和"纲要"课教师的指导下，利用寒暑假时间去一些爱国主义教育基地或者大学生思想政治教育社会实践基地作一些社会调查，就有助于培养自己分析和解决问题的能力，同时也能增强自己的社会责任感，为今后的发展打下坚实的基础；大学生们还可以主动参与到"纲要"课教学内容的确定、教学过程的设计与实施、相关课题、项目的选择与研究等活动，逐步培养终身学习的能力和创新发展的能力。

当然，"纲要"课教学研究活动如何才能科学有效地实施固然重要，而对

"纲要"课教学研究活动的过程加以科学优化地管理更为重要。现代科学已经使管理日趋现代化和科学化，管理已成为使潜在生产力变成现实生产力的关键因素，管理已经成为生产力发展的重要范畴和途径，它和科学、技术并称为现代社会发展的"三驾马车"。对"纲要"课教学研究活动进行科学化和规范化的管理也确实是提高"纲要"课教学研究管理水平、教学研究质量的重要途径。一般来说，"纲要"课教学研究活动的管理过程主要包括教学研究活动运行管理、教学质量管理与评估以及对教学研究基本建设等方面的管理。❶

对"纲要"课教学研究过程进行科学的优化管理，首先要做好教学研究运行管理，因为教学研究运行管理是"纲要"课教学研究活动管理的最核心内容，它包括以教师为主导、以学生为主体、师生相互配合的教研过程的组织管理和以教研组为主体所进行的教学行政管理。主要内容包括：教师要依据"纲要"教学大纲的内容以及对学生实际情况的调查掌握，确定教学研究内容的基本要求、教学研究的重点和难点以及热点等；组织任课教师认真筛选与教学研究内容相对应的教研参考书目以及大学生的学习辅助课本；教师还应该经常注意加强对"纲要"课程教学研究方法的研究，注重对学生思维方法的训练，尤其要运用启发指导型的教研方法，激发他们的创新性思维，提高他们分析问题与解决问题的能力。比如，教师可以根据"纲要"教材不同章节设定不同的教学研究项目、主题，组织学生围绕项目、主题自主进行探讨，期间教师要加强服务指导和过程调控，及时发现问题、分析问题、解决问题，给大学生的探讨予以正面引导；同一教研组的教师们还应该使用统一教材和教案，并建立经常性的自查、自检、自省、自纠制度等。

其次要做好"纲要"课程教学研究活动的质量管理与评估工作。全方位的质量管理，要求对设计和影响教学研究质量的多种因素和环节进行综合性管理，而不是单纯依靠考试和教学检查来保证教学质量。我们要通过不断改善影响"纲要"课教学研究质量的内部因素（教师、学生、教学研究条件与环境等）和外部因素（国家相关政策、方针等），通过科学评估，畅通信息渠道，营造良好的育人氛围，把好教学研究过程各个环节的质量关，追求"纲要"

---

❶ 张北根."中国近现代史纲要"课程过程的管理［J］. 思想教育研究，2011（S2）.

课教学研究工作的最佳效果。主要内容包括两大方面：一是对教师教学研究工作质量的检查与评估。任课教师必须深入了解和掌握大学生"纲要"学习研究的实际情况，可以通过对学生的问卷调查、与学生座谈谈心、加强与班级干部们的信息反馈等方式及时发现教学研究活动中的一些问题，再根据实际情况加以"调节"，使得教学研究活动得以正常顺利地展开。教师还应该经常与学校教学督导们见面交流，虚心听取他们中肯的意见与建议，适时地融入后续的教学研究工作之中。根据督导组老师们的真实意见，结合学生的课堂反映与网络上的具体评价，对"纲要"课程教学研究工作质量进行如实的综合评估，发现问题，总结经验，为提高"纲要"课后续的教研质量打下良好基础。二是对大学生学习研究活动质量的检查与评估。我们必须改变传统的单一的以期末考试成绩为主要形式的"终结性评价"模式，要设立科学有效、权重设计合理、坚持过程与结果相结合、动态评价与静态评价相结合、教师评价与学生自评相结合等多样性、多重标准的评价模式，以促进大学生的个性发展和自身的全面发展。教师对大学生的最终评价结果也应该是一个动态的过程，要重视对大学生的过程性评价，尽量关注他们学习研究的过程及其努力程度，将"过程评价"和"结果评价"有机地衔接起来，真正做到"过程评价"和"结果评价"的良性互动及其二者的优势互补，制定的评价标准也应该适合大学生学习和生活的实际情况。比如，我们"纲要"课程教研组多年以来就采取了这种多元化考核学生成绩的办法，即规定学生课程最终成绩分平时成绩与期末考试成绩两部分，并各占一半。我们还建立了一套较为顺畅的考试工作程序和制度，包括由任课教师轮流负责出题、由教研组集体讨论确定题量题型以及相关考题、必须严格考试过程管理、进行必要的期末考试试题和试卷分析、做好每个学期考试工作总结等工作。

再次就是要做好"纲要"课教学研究基本建设的管理工作。"纲要"课教学研究基本建设的过程管理是保证教学研究质量至关重要的基础性建设，应该以高校发展目标的总体规划为依据，统筹安排，给以精心组织。主要内容应该包括学科建设、课程建设、教材建设、学风建设以及师资队伍建设等。

在学科建设方面，"纲要"课的支撑是马克思主义理论一级学科下的6个二级学科之一的"中国近现代史基本问题研究"，后者是为了进一步强化高校思想政治理论课"中国近现代史纲要"课程功能和教师队伍建设而增设的。在课程专业建设方面要注意区别本科生和研究生不同层次的教学。本科生的培养应该从课程体系、教学模式和教学实践等方面入手，努力尝试建立复合型的课程体系，以拓宽大学生的知识面，提升他们的综合素质。要积极创新教学模式，多渠道地着力培养本科生的"一专多能"。硕士研究生的培养必须从本科期间的教学为主转变为科研能力培养为主，高校要规范研究生的学术创新活动，为他们营造良好的学术氛围，要注重培养研究生的文献收集能力、发现问题和分析论证问题能力、研读与专业相关的经典名著能力等多方面科研能力。在硕士点建设和研究生教学研究活动中，教研室更应该增设一些与"中国近现代史基本问题研究"方向相一致的相关课程，比如："中国近现代史基本问题专题研究""中共党史专题研究""中国近现代重要历史人物研究""中国共产党思想政治教育理论与实践"等，从而最终达到以科研促进教学效果的目的。

在课程建设方面，我们要以课程建设为核心，构建与研究性教学相一致的教学研究内容体系。教师都应该经常注意总结和提炼日常教学研究活动中的精华内容，并结合国家级、省级和校级精品课程建设的相关框架与要求，编写一些赋有个性特色的研究性教案，并且汇编成册以供师生们共享。另外还要进一步加强网络课程的建设，加快建设网络教学研究平台，完善各类上网资源，为师生的共同学习研究提供充分的素材。与此同时，在"纲要"课教学的课时安排上还应该按照中国近现代史的整体性要求进行设计。根据教育部的要求，各个高校在"纲要"课程的学时安排上一般安排的是32学时，当然32学时的教学相对于这门课程来说很显然较为紧张。所以，在这有限的学时内我们必须要考虑到体现中国近现代史的整体性要求，统筹安排教学课时，绝不能顾此失彼，主次不分。根据我们"纲要"课教研组多年以来的教学研究的实践总结，我们的学时安排大致如下：旧民主主义革命时期10学时；新民主主义革命时期12学时；新中国成立以后时期8学时；余下2学时作为机动课时灵活使用。我们认为，在有限的32学时内，这样的课时安排基本上体现了中国近现代史纲要教学研究活动的整体性要求。

在教材建设方面，教材是教学研究内容的主要载体。教师要知道大学生的真实需要，在不违背"纲要"课程教学研究标准的前提下，可以对教材进行优化组合。教师除了统一使用由教育部制定的、高等教育出版社出版的"纲要"统编教材外，还要编写和选用一些促使学生开展研究性学习的辅助教材，比如：《"中国近现代史纲要"课疑难问题解析》《〈中国近现代史纲要〉学生辅学读本》《毛泽东思想研究述评》等。教师围绕全国统编教材也可以编写一些体现教师个性特点的教案和制作一些个性化的课件等。在教材评优活动中，我们也应该转变以前纯粹评选纸质教材的传统做法，将教师们编写的电子教材也纳入到评优活动中，这就使得教材这一教学内容的主要知识载体和作为教学研究活动的基本工具愈来愈立体化和多样化，从而满足大学生的多元化的需要。

在学风建设方面，我们虽然强调"纲要"课教学研究活动的方式应该灵活开放，但是教学研究活动的规章制度必须严格细化。学风主要包括学生的学习目的、学习态度、学习纪律等方面的学习作风。可以依据学校的相关制度，制定"纲要'课教学研究过程的管理方案，对学生中存在的迟到、早退、旷课、课堂上闲聊、玩手机游戏等不良做风做出相应的细化处理条款。比如：出勤成绩只有两次机会，一次不到，扣除5分，两次不到者10分全扣，三次及以上不到者则取消其参加该课程期末考试的资格，成绩单上记0分；迟到两次和早退1次均视为旷课1次等。采取这些严格的规章制度目的就是要使学生们端正学习态度，改变不良学习风气，从而真正使他们由被动学习变为主动学习。

在师资队伍建设方面，最关键的是要建立一支人员精干、素质优良、结构合理、教学科研相结合的相对稳定的"纲要"教学研究梯队。要将人才培养作为学科建设的主旨，将队伍建设作为学科建设的主体，重点抓好中青年骨干教师的培养提高工作，尤其要重点关注即将成为大学生思想政治教育主体力量的"80后"的教师队伍建设。要充分发挥学术造诣深、教学经验丰富的老教师的"传帮带"作用，培养优秀青年教师充实教学研究第一线。同时，我们还应该加强同其他兄弟院校同行之间经常性的教学研究交流，坚持"引进来、走出去"的方针，取长补短，互相提高。各高校都应该定期邀请一些具有资深人文科学素养的国内外专家学者进行学术讲座和报告，同时也应该有计划地、分批分次地派送学校有关教师去国内外著名的高等学府进修培训，这样既营造了校园的学术氛围，又培养了一批校内的学术骨干，使得教师们能够更好地胜任"纲要"课程的教学研究工作。

总之，在"纲要"课程教学研究活动中推行过程性原则，除了要正确认识到这一原则在研究性教学模式中所推崇的"以大学生为主体"的精神，从而正确地解决好教师与大学生在研究性教学中所体现的"以教师为主导，以学生为主体"的关系之外，更应该加强对"纲要"课教学研究活动全过程的科学管理。教师以提高学生们的创新能力作为最核心的目标，推动大学生在探索和发现的过程中掌握知识和形成能力。与此同时，还应经常加强对"纲要"课教学研究活动的运行管理、教学质量管理与评估以及对教学研究基本建设的管理等，并从教学理念、教学内容、教学方式以及师生关系等各个方面不断探索和创新，如此，才能真正有效地提高"纲要"课程的教学研究水平，为国家为民族培养出具有创新意识、创新思维、创新精神和创新能力的高素质人才。

第五节　合作性原则

合作性原则，亦即协作性原则，它强调的是团体之间的分工合作，主要是指人们在实施一切活动中团体之间的相互支持、相互配合、互通有无、优势互补，共同解决活动中所遇到的问题，从而达到活动效果的最优化目标。

从教学研究活动的角度来看，合作性原则着重强调的是尊重差异和平等协商，是相对于传统的"布道式"教学方式而言的。它主要倡导必须把相互协作的关系贯穿于整个教学研究活动过程中。教师与学生之间，学生与学生之间的协作，对教学研究资料的搜集与分析、问题的提出与求证、方案的设计与实施、教学研究过程的信息反馈以及教学研究活动最终成果的评估等的最终构建都会起到非常重要的作用，如果缺乏了协作性，要想使教学研究活动得以顺利展开和完成是难以实现的。尤其是在课堂教学研究活动中要真正推行合作性原则就更应该强调在课堂这个特定的空间内，教师和学生之间、学生和学生之间为实现共同的教学研究目标而必须形成包括情感、思维、气氛、行为等方面在内的相互支持和相互协作的关系。

合作性教学研究是以教育心理学、教育社会学、现代教育技术学、认知心理学、现代社会心理学、教育历史学等众多理论作为理论依据，主要是以课堂教学中的人际关系作为基点，以课程的目标设计作为前导，以师生、生生合作作为其根本动力，以团体或小组活动作为基本的教学研究形式，以团队成绩作为评价标准，最终是以提升学生们的发展能力、从而形成学生良好的心理品质作为其根本目标，是一种极富创意和实效的教学研究理论与策略体系。这种合作性教学研究方式起始于 20 世纪 70 年代的美国，尤其在最近 20 年时间里得到了迅速发展。由于它将原来教师主宰课堂的沉闷乏味气氛演变成了全体师生在友好合作、平等相处、民主协商、真心和谐的气氛中共同学习研究获取知识技能，达到了师生共同学习、共同发展、共同进步的良好成效，因而引起了世界各国的普遍关注，被许多教育界人士誉为"近十几年来最重要和最成功的教学改革"之一。

进入 21 世纪以来，合作性教学研究模式已然成为一种重要的教学研究模式，近些年在我国高等学校中也逐步得到了重视和推广运用。通过多年的实践，人们基本上达到了如下共识：合作性教学研究模式在发挥大学生们主体性、创新性、自主性和社会适应性等方面都发挥了其独特的作用，运用好这一新的教育理念和教学研究方式将有助于改变我们长期以来所形成的传统的教学主体观念，真正突出大学生的学习研究主体地位，充分发挥其创新和合作的精神，对推动大学生社会适应能力的提高以及促进大学生们的身心健康都有着重要的积极意义。

基于此，我们"纲要"课程教研组教师们在开展教学研究活动中经常注意实施"合作性原则"，主要是围绕中国近现代史中的重大问题设计项目、专题，展开师生之间、学生之间、个人与小组之间，小组与小组之间，甚至于不同班级、不同年级之间的学习研讨交流，并且还利用学校的网络平台展开网上的广泛研讨，从而激发了大学生们的灵感，充分发挥了他们学习研究的主体性。与此同时，教师间的研究性教学也采取了团队合作和专题讲授的方式。

多年以来，我们"纲要"课程教研组在实施研究性教学研究活动中一直推行"合作性原则"，确实取得了明显的成效。

　　首先，在教师之间的合作性教学研究工作中，非常重视课题研究对本学科课程研究性教学的重要性，一贯强调课题研究的团队建设，课题研究教学通常是以团队形式进行，按照教师们各自的兴趣点和研究方向进行分工合作，充分发挥团队的力量和智慧，先后取得了"中国革命史课程体系的改革"课题1998年度部级（冶金部）教学成果一等奖、北京科技大学"中国近现代史纲要"2012年度校级精品课程一等奖等成果，合作完成了"'中国近现代史纲要'课的研究型教学""'中国近现代史纲要'课教学体系的反思与重构""以'中国近现代史纲要'课推动理工科高校人文素质教育研究""基于'国史与国情'课的体验式教学方法探索"等一系列科研课题。在课堂讲授方面我们也采取了合作授课的方式，施行了系统讲授与专题讲授相结合的教学方法。系统讲授方法指的就是教师在自己课堂上基本上按教材章节完整讲授教材内容，总体上给大学生勾勒出中国近现代史的主题线索，使学生们思路清晰、脉络明了。专题讲授方法指的是按照教师各自的兴趣点及研究重点，并且结合社会发展状况、学生实际需要等情况选定主要问题或人物事件，进行分工合作和精心选择，制作专题式的课件，教师们在不同的课堂上进行专题讲授，讲清讲透某一方面的理论与知识，从而提高了教学的针对性和实效性，深受大学生们的欢迎。

　　其次，在教师与学生、学生与学生之间的合作性教学研究活动中，我们非常重视培养大学生们的合作意识，教师从始至终都要强化学生的合作精神和集体意识。因为，思想政治教育的本质就是一种教育者与受教育者的互动互助行为，是教育者与受教育者之间共同参与、交往互动的过程。教学研究工作必须贴近大学生的身心特点和发展方向，体现大学生掌握自主发挥的权利，在共同的教学研究中真正形成"师生共同体"，从中更能体验到"教学相长"的乐趣。在组织小团体合作表演话剧、微电影，撰写调研报告或专题式课件时，我们采取了以团队为单位的成绩评定方式，将教师评判与学生们自己评定结合起来，从而培养大学生们"我为团队做贡献、我与团队共命运"的合作精神，最终激励大学生们的合作竞争和发展进步。

　　当然，在"纲要"课程教学研究活动推行"合作性原则"的过程中，应注意避免如下问题。①有极少数"合作性"教学研究活动偏重表现形式而轻视实质内容。有一些教师在组织个别"合作性教学研究"活动时有时会出现盲目地追求所谓的"合作",忽略学科内容和学生的实际认知水平,甚至出现为"合作"而"合作"的局面。比如,有些教师总喜欢在过难或过易的知识点上设计过多的小组讨论或辩论,甚至于在整个教学研究环节中不断地组织大学生研讨、穿插提问、抢答等,表面上看起来确实热热闹闹,而实质上教学研究的成效却较为低下。②开展"合作性教学研究"活动时分组不太科学、分工也不太明确。有一些教师总喜欢按照自己固有的思维惯性,让一些"绩优生"在团队合作中占有绝对的主导地位,甚至出现了为了追求所谓的"优秀教学研究成果"而把课堂中的"绩优生"大部分甚至全部组织到某一个小团队的局面。在组织大学生们进行调查研究、撰写和评述调研报告或专题报告时也基本上是让"绩优生"唱"独角戏",其他大学生就很少有参与教学研究过程的机会,成为名副其实的"观众"。这就更容易导致一些"绩优生"学习负担过重,而其他大学生在小组中形同"混日子"的局面,学习研究能力就自然难以得到提高。由于有一些教师过分地强调"学习团队"组合的自由性,教师基本上不参与团队组合的调节,由于大学生之间不同的生活环境及其不同的学习程度,这就很容易在一定程度上拉大"绩优生"和"绩差生"、"城市大学生"和"农村大学生"之间的距离,从而无形中引发了一些大学生之间的矛盾与摩擦,与"合作性教研原则"很不协调。③课堂教研时间颇感不足。毕竟每一堂课上课时间也就四五十分钟,要组织大学生将某个问题经过合作研讨得以弄清弄透是非常困难的,也是不太现实的。

针对以上在合作性教学研究活动中出现的主要问题,可以根据"合作性教学研究原则"的基本特征和大学生们的实际情况,进行科学、客观地探索,始终将教学研究理论与教学研究的实践相结合,主要着眼于课程教学研究的改革与创新,是完全可以找到解决这些问题的途径的。

为避免在"合作性教学研究"活动中出现偏重形式而轻视实质的弊端,这就要求教师首先在备课上很下大功夫,从教研内容的设计到教研过程的调控都要深思熟虑。教师在备课时首先要"备学生",真正了解大学生目前的认识水平和能力,依据教学研究的实际需要,确定出一套有效可行的教学研究主题、项目实施方案。其次更要做好教学研究任务的设计规划,因为教学研究任务的设计规划是合作性教学研究活动的关键环节,合作性教学研究必须以一定的任务作为载体,必须利用任务激发大学生们的合作欲望,否则就会流于形式,不能真正发挥合作性教学研究活动的优势。在规划设计教学研究任务时还必须注意设计的任务要适合大学生的合作,要选择有价值、有适当难度而且个人也难以完成的内容,组织大学生共同探讨合作完成,让大学生真正认识到合作的必要性。同时,所设计的任务除了与教学主题相关以外,还应体现一定的实践意义,尽量和大学生的实际生活背景相联系,并不囿于教学研究活动本身,而是尽力体现大学生解决问题的实际意义。这样就能更大程度上提高合作性教学研究活动的实效性。

对于在"合作性教学研究"活动中存在"分组不太科学分工不太明确"的局限性,教师在组织合作性教学研究活动划分小组时必须遵循"组间同质、组内异质、优势互补"的原则。也就是说,教师在组织合作性教学研究活动中既要承认大学生们之间的个性差异,更要尊重和正视个性差异,并在小组构建时要注意使优等生和其他大学生的资源得到优化配置,求同存异,既要发挥优等生在合作性教学研究中的重要作用与影响,也要发挥其他学生在合作性教学研究活动中应有的作用,也就是要让各种能力水平的大学生在合作性教研活动中都得到不同程度的提高。在组织"学习团体"时要坚持学生自由组合与教师协调相结合的原则,可以先挑选几个优等生作为组长,再由他们在组间一轮轮地选择组员,在选择过程中尽量做到组员与组长的双向选择。因为教学研究的合作是教师与全体学生的合作而不是与少数学生的合作,是全体学生之间的合作而不是部分学生之间的合作。合作学习使不同层次、不同兴趣爱好和不同特长的学生在不同层次上都能够得到相应的提高。

教师在合作性教学研究活动中要给予全体学生同等的关爱,要把爱心洒向所有学生,要以平等的身份、饱满的激情、真诚的爱意鼓励全体大学生积极参与、主动创新、学会合作,最终构建一种和谐的教学研究氛围。教师还应该运用多种方法尽可能地补偿大学生智能以及文化素质等各方面的差异,给每一个大学生均等的活动和表现机会,从而确保教学研究活动的公正、平等和无歧视性,最终使小组成员实现相互交流合作、彼此共同提高的目的。

对于"课堂教研时间不足"的问题,要求相关教师要事前做足准备,要提高自身驾驭课堂教学的能力，运用好"合作性教学研究"活动的操作技巧，如小组成员的组成、教学研究内容的准备、教学研究过程的调控、合作主体的设置等。教师还必须抓住重点，切记面面俱到，组织好课堂教学研究的良好秩序，使课堂"活而不乱"，确保教学研究活动始终沿着既定的目标和方向发展。课堂上确实难以解决的教学研究问题还应该组织大学生在课后继续学习研讨。

总之，教学研究活动本身就是一个教育者和受教育者双方"双向互动"甚至"多点互动"的动态过程，优秀课堂肯定是师生双方合作达到最佳状态的必然结果。经过多年来一系列的教学研究改革与实践，我们深刻地认识到：相对于大众化教学研究方式，合作性教学研究方式有着不可替代的优越性，它有助于培养大学生们自主学习研究的习惯，增强他们对理论知识的理解和领会，同时也很大程度上提高了他们分析思考理论问题和解决实际问题的能力。要使教师和大学生都明白：合作性教学研究活动是一种以合作团体为基本形式，以培养大学生良好的合作品质和学习研究习惯为目的，需要各方面要素的互补互动，以团体成绩作为评价标准，共同完成教学研究任务和目标的新式教学模式。在实施"合作性教学研究"活动中，只有真正落实了教师的主导作用和大学生的主体地位，始终坚持以促进大学生的创新发展能力作为最终目标，才能真正提高大学生合作学习研究的实效性，也才能真正促进他们全面、持续、和谐、健康的发展。

创新是一个民族进步的灵魂，是一个国家兴旺发达的不竭动力。继 2011年胡锦涛在清华大学百年校庆上提出"建立高校协同创新战略联盟"的设想后，2012年教育部正式启动实施"高等学校创新能力提升计划"，该计划以人才、学科、科研三位一体创新能力提升为核心任务，构建面向科学前沿、文化传承创新、行业产业以及区域发展重大需求的四类协同创新模式，这一重大举措不仅表明协同创新已经进入了国家战略层面，同时更为高校的创新和发展带来了机遇。2012 年 11 月 8 日至 14 日，中国共产党在北京召开了第十八次全国代表大会，胡锦涛作了《坚定不移沿着中国特色社会主义道路前进　为全面建成小康社会而奋斗》的大会报告，强调在新世纪新阶段，党中央必须抓住重要战略机遇期，在全面建设小康社会进程中推进实践创新、理论创新、制度创新，要始终把改革创新精神贯彻到治国理政各个环节。因为，创新是各项事业发展的动力源泉，是制度的生命力所在。所以，大学生的思想政治教育更加需要倡导改革创新的时代精神，要紧密结合高校实际工作的需要，在大学生思想政治教育政策环境建设中不断推进制度创新、教学创新、实践创新以及科研创新。2013年11月中共十八届三中全会通过《中共中央关于全面深化改革若干重大问题的决定》，指明文化软实力和竞争力是国家富强、民族振兴的重要标志。我们坚持中国特色社会主义文化发展道路，培育和践行社会主义核心价值观，巩固马克思主义在意识形态领域的指导地位，建设社会主义文化强国，提高国家文化软实力，关键就是要不断增强全民族文化的创造活力。2014年5月23日至24日，习近平总书记在考察调研上海自由贸易试验区时也殷切期望上海自贸区将培育功能同政策创新结合起来，切实把制度创新作为核心任务。由此可以看出党和国家领导层对改革和创新精神的重视程度。据此，针对当前我国高校大学生中普遍存在的综合素质不够健全、难以将自己的所学专业知识与社会需要相结合、实际应用能力和创新能力都比较差、缺乏与他人进行合作学习研究的意识、在我国高等教育教学实践中大学生创新主体的缺失以及大学生主体创新精神的缺乏等现象，高等学校的教育就更应该注重提升大学生们的综合素质，培养他们的创新创造能力。而作为年轻有为、朝气蓬勃的高校大学生，思维敏捷，也理应成为社会上最具有活力、最具有创造性的群体之一，也更应该成为创新的主力军和践行者。从"纲要"课程的教学研究角度来看，必须通过建立一种合适的教学研究体系，采用一些恰当的教学研究原则与模式，以培养新世纪创新性人才为目的，指导、激励和辅助大学生主动发现问题、分析问题和解决问题，让他们在以"大学生为主体"的教学研究过程中学习知识、掌握技能、培养能力、发展个性，从而不断提高大学生们的综合素质，以适应当今社会对综合型人才的迫切需要。

科学技术的生命力在于创造性，教育科学的生命力同样也在于创造性。当然，教育创新就必须首先创新教育，教学研究创新也必须首先创新教学研究，尤其是教学研究模式与原则的创新，这更是高等院校实施研究性教学的关键所在。我们"纲要"课程教研组教师经过多年教学研究的探索所形成的指导性原则、开放性原则、实践性原则、过程性原则、合作性原则等一系列关于教学研究的新式原则，就是对传统教育研究活动的改革尝试之一，也是创新教学研究的体现，更是我们全面贯彻落实科学发展观的要求，在教学目的、教学手段、教学方法和教学内容上都充分坚持"以人为本""以大学生为本"价值导向的体现。

在"探究—创新"式的教学研究原则、体系中，各原则之间应该是相互支持、相互协调、相互影响、相互体现、相互作用的，它们构成了一个有机的整体。而"以人为本""以大学生为本"的主体性原则对各教学研究原则都具有关键性的指导作用，所有教学研究原则都要充分体现这一目标性原则。我们在实施研究性教学工作中，开放性原则是前提和基础，只要我们能够以开放性的知识体系和开放性的视野推进"纲要"等课程的教学研究活动，才能真正拓宽大学生们的知识面，活跃他们的思想，从而增强他们的创新发展能力；指导性原则和合作性原则主要指的是教学研究活动的方式和途径，只要我们能够采取启发指导型的新型教学研究模式和坚持与大学生以"民主协作"的精神推进教学研究活动，才能真正达到师生共同学习、共同研究、共同发展进步的目的；实践性原则则是课堂教学研究活动的重要辅助与拓展，因为，实践教学研究活动是高等学校思想政治理论课教学研究中不可或缺的重要环节，通过实践教学研究活动，更能彰显大学生们的主动性和创造性，从而使他们真正掌握真才实学，是提高"纲要"等思想政治理论课教学实效性的最有效手段；过程性原则则是必须贯穿所有教学研究原则的始终，同时也要体现其他教学研究原则的相关要求，并且还对其他教学研究原则具有一定的导向作用。

总之，上述教学研究原则之间所形成的相互支持、相互影响、相互体现、相互协调、相互作用的密切关系，就使得"探究—创新"式的教学研究原则形成了一个关系密切的体系。也正是由于这些原则相互紧密的联系也就决定了我们在推进研究性教学中必须坚持对它们的综合运用。总之，确立这一系列"探究—创新"式的教学研究原则，就是基于既正确发挥教师主导作用，又积极发挥大学生主体作用的认识，有效地避免了"教师中心论"和"大学生中心论"两种顾此失彼的偏颇行为，从而更好地提高"纲要"课等思想政治理论课程教学研究活动的最佳效果。尤其是在当今时代信息化、多元化的国际化背景下，由于大学生生活环境、物质条件、思想观念等全方位的变化，思想政治理论的教学研究方法原则也应该与时俱进地加以更新变化。大学教师应该根据思想政治理论课不同课程的内容和特点进行必要的改革创新，必须坚持以理服人，以情感人，构建一些适合本课程教学研究的教学研究方法与原则，实施开放型教学、启发指导型教学、实践型教学、师生交互性的过程型教学、双向探讨性的合作型教学，同时还应该运用好网络教学、案例教学、影视艺术教学、历史情境教学等全方位的教学研究手段，将大学生吸引到教学研究的全过程中来，让大学生在多种形式的教学研究活动中展现自我、锻炼自我、提升自我，从而真正激发出他们的学习研究热情，使"纲要"课等思想政治理论课成为其真正喜爱的课程，最终使他们能够始终保持良好的思想状态，自觉地学习、研究、接收、理解、认同和掌握马克思主义理论，真正成为社会主义事业的合格建设者和可靠接班人。

2012年11月29日，习近平总书记在参观《复兴之路》展览时第一次明确提出"中国梦"的新理念，即"实现中华民族伟大复兴，就是中华民族近代以来最伟大的梦想"。当代大学生是我们国家和民族振兴发展的主力军，是中华民族伟大复兴的中坚力量，是中华民族的未来希望，更是"中国梦"的坚实筑梦者。正如2013年5月2日在"五四"青年节来临之际，习近平总书记给北京大学考古文博学院2009级本科团支部全体学生的回信中所指出的那样："中国梦是国家的梦、民族的梦，也是包括广大青年在内的每个中国人的梦。'得其大者可以兼其小'。只有把人生理想融入国家和民族的事业中，才能最终成就一番事业"。❶高校思想政治理论课无疑是加强对大学生进行中国梦宣传教育的主渠道和主阵地，我们应该依据不同课程的特点，找准其与中国梦的内在关联点，并结合大学生们的身心发展需要，有针对性地进行宣传教育。"纲要"课教师们更应该以"中国梦"推进大学生们的理想信念教育，依托思想政治教育的平台，运用好恰当的教学研究模式和原则，着眼于当前大学生们的需要和利益，依据中国近现代史的丰富素材，积极倡导社会主义核心价值观，通过中国梦的精神内涵净化其心灵、振奋其精神、激发其斗志，积极引导大学生全面正确地追求理想，完善自己的人格和价值观，努力实现自己的人

---

❶ 习近平给大学生回信：勇做走在时代前面的奋进者开拓者奉献者 [N]. 人民日报，2013 – 5 – 5.

生目标，并将个人利益与国家利益相结合，将个人的成长成才与民族的振兴发展统一起来，激励大学生们敢于"有梦"，勇于"追梦"，善于"圆梦"，并将个人的小梦与国家富强、民族振兴的大梦相结合，将个人的价值追求融入中华民族伟大复兴的进程中，使大学生在自己的行动实践中坚持成就自我与报效祖国的良性结合，在推动中华民族振兴发展的洪流中努力实现自身价值，为实现"中国梦"做出自己应有的贡献。

第九章

构建"纲要"研究性教学的支持体系

研究性教学是教师为了指导和培养学生进行研究性学习，模拟科学研究活动所设计和组织的一种教学模式，它包括研究性教学和研究性学习两方面内容。研究性教学的出发点和目的是引导学生进行研究性学习，研究性学习则在研究性教学策略下进行，同时研究性教学也是研究性学习的支撑条件，研究性学习和研究性教学在本质上是辩证统一的，都以提升学生自主学习能力为核心。

为了顺利开展研究性教学，一方面教师要创设良好的研究环境，为学生学习提供必要的指导与帮助，另一方面学生应利用各种设施和条件，积极主动地进行探究式学习。这两方面工作的完成离不开教学体系支持系统的配合。

第一节　学校支持体系的建立

实践教学的有效运行离不开学校强有力的保障条件，教学支持服务长效机制的建立是促进教学发展的现实诉求，探索大学教学支持服务的发展之路应该日渐成为高校促进教学发展的时代潮流。所以学校领导与师生要共同努力，营造一个研究型教学的环境和氛围，为开展研究型教学创造条件，构建多层次、立体化的研究型教学新体系，促进创新人才的培养。

首先，学校要提高认识，转变观念。要提升高校的教学质量，最根本的是要实现从以教学评估和督导为主的"教学保障"质量观向以教学支持服务为

198

主的"教学发展"质量观的转变,即从强调外部评估保障教学质量转向满足教学发展需求提升教学质量,从以评估督导方式迫使教师保障教学质量转向以支持服务方式"转变教学、促进学习",大学教学支持服务机构的创建与发展则有助于这一观念的转变,也就是说,在学校教师管理的过程中,管理意识与服务意识应实现有机统一。

其次,进行制度创新,使大学教学支持服务体系专业化、制度化。学校要把推动研究性教学当作课程建设和教学研究的重要的组成部分来抓,要建立"研究性教学课程"建设项目或"研究性教学改革与实践类"教学改革课题的立项申报,有意识地物色条件好的教师和课程进行试点,积极探索研究性教学实践,建设示范性的"研究性教学课程",将研究性教学理念在全校本科教学中加以实践推广。同时,学校要修订好本科生培养计划,注重对学生的培养。开展研究型教学是一个系统工程,这需要大环境和小环境的共同作用,在对本科生培养计划修订时,要按照培养研究型创新人才的目标,在各个环节形成注重对学生的创新意识和创新能力的培养体系。

再次,重视信息技术建设,信息技术已成为推进信息时代大学教学支持服务组织变革的有力杠杆。学校要相应建设研究性教学的网络平台和教学资源共享平台,为学生的自主学习提供良好的条件,探索基于网络的研究性教学新模式。依托学院的国家级、省部级重点实验室、工程技术中心、校办企业、校内外教学实习基地、校企联合办学等资源,建立大学生科技创新基地,为大学生参与科技创新活动搭建科技创新平台,改革相应的管理办法,使之适应。并且根据研究型教学的不断推进而不断完善与提高。

具体来说,要做到如下几点。

(1)教学平台服务的规范化建设。

在现代科学技术高速发展的今天,开展研究性教学更要利用现代科学技术,特别是计算机技术和网络的优势,搭建网络教学支持平台。利用信息技术架构起来的与研究性教学互为补充,整体一致的研究性教学支持平台,作为课堂教学的补充和完善,可以为学生提供学习资源、学习场地和学习交流的平台支撑,并且能很好地解决学生学习时间、空间、人数受限制的问题。因此,学校要进一步加大教育信息化基础设施建设的力度,进一步完善和优化网上教学平台的设备、设施和教学环境，保持平台的先进性、科学性和稳定性，进一步提高其快速服务响应机制，充分发挥网上互动平台的功能，不断提高研究性教学质量。

这个教学支持平台应具备教师教学辅助服务、学生自主学习服务、学生学习讨论活动服务、学生学习过程管理功能，成为一种既是教学系统又是学习系统的服务平台，根本目的是为学生营造一个激发主动学习的学习环境。具体做法如下。第一，利用网络教学平台为学生及教学管理提供具有指导性的文件及信息。使学生养成定时上网的习惯，使网上教学活动步入常规化，逐步形成良性互动的网络教学平台，作为课堂教学的补充。第二，利用网络教学平台，开展网上教研活动，研究探索课程教学模式改革与实践。第三，利用网络教学平台，开展网上答疑活动，积极引导学生上网自主、互动、集体学习。

作为研究性网络教学支持平台，中国近现代史纲要课要重视自建资源的开发，设置教学内容、教学课件、教学资源库、延伸材料、研究性学习成果展示、社会实践作业展示子系统，还应逐步建立评价系统、并逐步建立起教学方法、辅导作业和实践教学系统，使得教师可以及时为学生传递教学信息，实施教学指导，解决学生在研究性学习过程中出现的一些问题，帮助学生主动探索、思考、实践，以吸收和应用知识、分析并解决问题。

（2）重视对学校图书馆的建设。随着信息社会的到来，知识、信息成为社会发展进步的重要资源，大学图书馆成为大学的信息中心、咨询中心和知识管理中心，因此，大学图书馆在教学中的地位不可取代。

图书馆为刚刚进入研究活动领域中的学生进行提供了必要的知识服务，是学生进行研究的非常重要的知识平台。尽管电子书籍、网络资源已经很丰富，但正因为其数量的庞大，且变化迅速，恰恰会影响学生的选择，困扰学生进行研究活动，而纸质书籍的相对稳定性和权威性的易于判断，对引领学生进入到初级研究阶段进行研究性学习依然十分重要，图书馆丰富的文献资料和现代信息，为教师的教学和学生的学习提供了帮助。阅读前人研究著作、阅读期刊论文和查询网络资源是大学生搜集资料时较常用的三种途径，学生可以利用图书馆进行广泛的学习研究，就某一个问题的解决寻找理论根据，起到了消化、充实、扩展课堂学习内容的作用，学生在其中不仅能开阔视野，广泛获取最新的前沿研究信息，寻找到解决问题的方法，同时也可提高自己思考问题和解决问题的能力。

（3）专项经费划拨、模拟场地及校外实践基地的规范化、制度化建设。研究性教学和学习，包括课堂内和课堂外的，校园内和走出校园的教学与学习，都需要一定的经费支持和相对固定的场所支撑。如果这些硬件保障不到位，无疑会影响实践教学的正常开展。为保证和加强研究性教学，各高校要出台用于研究性教学的专项经费划拨文件，以制度化的方式确保研究性教学和学习获得资金支持。同时，任课教师要主动与学校主管部门联系，争取获得研究性教学活动如情景剧演出、微电影拍摄等必需的相对固定的场所和道具设备等。

最后，学校要采取相应的激励措施，建立相应的教师激励和评价制度，调动教师开展研究性教学的积极性，同时调动学生参与研究性学习的积极性。

开展研究性教学的教师至少应该对学科知识的本质有深刻理解，亲自从事科学研究并将研究成果引入教学，具备促成学生成功体验的方法和手段。教师是开展研究性教学的主导，要从"讲好课"转向如何激励学生的求知欲望，培养学生的研究能力，从而对教师提出了更高的要求。学校在管理过程中更应具有服务意识，注重教师个体发展的具体需要，关注教师价值观的多元化和需求的多样性。管理部门应确立"以人为本"的管理理念，坚持"人的价值高于一切"的观念，承认教师在学校发展中的地位，为教师营造一个平等、民主、宽松、开放的工作环境。尊重教师的人格、尊严和应有的权利，尊重教师的工作，用心倾听教师的呼声，给予理解并尽可能地满足其需求。

具体来说，要做到如下几点。

1. 教师支持服务

（1）建立起常规的、合理的和行之有效的培训机制。对学习者的学习支持离不开教师，离不开一支有较高素质和熟练掌握现代教育理念与技术的教师队伍，因此，对教师的培训是很有必要的。使教师能及时更新和掌握现代教育理念和技术以及与之相适应的教学辅导方法，不断学习最新的教育理念、技术、手段，不断学习充实学科知识体系。

首先，学校要了解教师在信息资源方面的需求，教学管理部门深入调查、研究，掌握高校教师信息需求的特点，了解教师个性化、专业化的信息需求，真正为教师提供有针对性的、有特色的，高层次、高质量、全方位的信息服务。其次，提供必要的教师业务和教育技能培训，包括专业建设和课程教学指导、集中实践教学指导、课程教学改革、多媒体课件制作等方面的培训。

（2）教学服务多样化、教学支持形式的多样化是提升教学支持服务品质的根本。高校对教师的教学支持形式可以是以教学观摩、随堂指导、讲座报告和入职教育为主的形式，也要逐渐拓展到经常性的教学技能培训、名师教学指导计划、同事咨询交流计划、专项教学发展计划等多种形式。教学管理部门还可鼓励教师开发和利用学习资源，并将其存储为公共资源，教学管理部门帮助建设教学资源库，供相关领域的教师分享。

（3）教学内容与模式选择、教学目标设定、教学课时分配及师资配备要规范化、制度化。研究性教学在组织上要涉及很多环节和要素，要制定详细的教学大纲，包括具体的教学内容、恰当的教学模式和明确的教学目标等，同时要给予必要的课时保障，配备足够的师资力量。有了充足的课时和高水平的实践教学师资保障，再配以规范化的教学大纲的严格执行，才能真正提高研究性教学的实效性。在完成教学过程中，要考虑到教师承担了较多的教学任务，在备课或教学过程中需要准备大量的资料和信息资源，学校有必要组建一支具有相关专业知识、具有一定的信息检索能力的教辅队伍，负责帮助、培训和指导教师使用设备和有效利用资源。

（4）对教师的考评方面，应当针对实践教学实施的过程进行全程考核，要实行同行互评、学生评价和教学管理部门评价三者结合的多元化综合评价模式。只有针对研究性教学全过程的考核、实行多元化的综合评价模式才能对研究性教学进行有效评价。对教师的全程考核要订立严格的标准，对照具体的完成指标来进行。考核主要指标应该包括对实施研究性教学的态度是否积极、研究性教学计划是否完备、研究性教学安排是否合理、理论联系实际是否紧密、教学模式是否得当、是否能积极参与或对学生的研究性学习活动进行有效指导、能否及时总结研究性教学活动、研究性教学的实际效果是否良好等。这些指标都要有量化的分值标准，教师同行、学生和学校的教学管理部门要根据研究性教学开展的实际情况和效果进行评价打分，然后根据加权平均得出每位教师的综合考评分数。

（5）对教师的激励机制方面，高校要从制度上来予以保障，建立健全奖惩制度，并切实执行。要根据每位教师的综合考核得分情况，通过评选教学先进个人等形式，对教学突出的教师进行表彰，通过教学评估结果的反馈激励教师改进教学，通过制定各种制度为教师的专业发展提供方向和支持等，使教师在教学中产生更大的工作动力。对消极对待研究性教学、教学效果很差、学生反映意见大的教师，要通过组织谈话、通报批评等方式，鞭策其进步。

2. 学生学习支持服务

学生是研究性教学的主体，要有主动进行研究性学习的主动性和自觉性，转变学习目的和学习方法。很难想象学习只为修学分，连平时作业都要靠抄袭来完成的学生能在研究性教学中得到锻炼提高。

具体来说，要做到如下几点。

（1）认真组织学生进行教育培训。为了让所有学生了解研究性教学的基本知识，熟悉开放教育的教学和教学管理特点，以及本专业教学要求，有效地进行自主学习，并能够顺利地获取开放教育所提供的各种支持服务。充分利用在线教学平台的资源发布、浏览、交互、记录统计等功能，发布教学资源，为学生提供服务。同时，通过教学平台向学生及时提供教学指导性文件和教学信息。

（2）能否将教学、教务等各种信息快速便捷地传递到学生手中是检测支持服务体系是否完善的重要方面。为充分发挥网络平台在信息传递中的快捷功能，要进一步完善信息发布制度，加强管理平台公告系统、短信发送平台的建设，梳理资源信息，及时在网站上发布、更新教师信息、教学及教学管理信息，将教学信息实施分类模块化管理，对模块的设计要求简单、明了、易查询，保证教学及教学管理信息发布准确、实用、高效等特点，使学生能够在研究性学习选题时获取各种信息指导，实现师生间实时有效的沟通交流。

（3）对考核与成绩评定进行改革，考试方式、成绩评定等方面都要进行系统地配套改革。改革学业成绩评价的方式，实行过程评价与终结评价相结合、课内教学与课外自主学习相结合的全程评价，突出学习、实践、科研、创新等多方面的素质和能力的综合评价。要给教师更多的自主权，不能过分强调按标准答案、评分标准来给定成绩，甚至可以考虑将百分制改为 5 级评分制。

总之，研究性教学的实施需要良好的外部环境，需要教学评价体系的变革，需要学校内部职能部门和学院的积极配合和相互支持。随着教师在研究性教学中的不断创新和探索，研究性教学的不断深入推进，研究性教学成果不断丰富，必将有力促进学生创新能力和综合素质的提升。

第二节　社会支持体系的建立

现阶段，要创新国内大学制度，推进教学支持服务的组织化进程，仅仅依靠高校自身是不够的。

首先，政府的介入将有助于推进大学教学支持服务机构的建设。这也是短时间内提升国内大学教学支持服务层次和水平、促进大学教学质量发展的重要途径。大学自身作为"象牙塔"具有一定的保守性，如果没有外部压力的推动，要在短时间内完成大学教学支持服务的制度创新是不太可能，政府介入，推进我国高校教学支持服务机构的建设，加快大学教学支持服务的组织化进程是高等教育教学发展所必需的，也是可行的。当然，政府的介入并不是指政府对高校的行政干预，而是通过设立教学支持服务基金和优秀大学教学支持服务中心评选资助等方式推动高校加快建设本校教学支持服务机构的进程。❶

其次，要广开社会资源，建立思想政治教育基地。完善的社会支持体系是提高教学实效的保证，是研究教学得以顺利和可持续开展的重要补充条件，因此，要广开社会资源，建立思想政治教育基地，为学生开展社会实践活动奠定基础，这也是研究性教学必不可少的一个物质条件，推进理论与实践相统一的教学模式是研究性教学的一个发展方向。目前可从两方面着手获取社会支持。

（1）建设校外实践教学基地。与校内固定教学场地和设备的易于获得相比，校外社会实践教学的场地和设备不容易保障。不少高校在一些红色革命圣地、名人故居、大型国企、工业园区、新农村建设示范村等挂牌成立了相对稳定的实践教学基地，但由于种种原因，很多变成了不定时的旅游与参观，教学

---

❶　秦炜炜. 大学教学支持服务体系发展研究［D］. 南京：南京大学，2011.

效果不是很理想。因此，各高校应根据学校、所在城市、教师和学生等方面的特点，建设具有灵活的、具有特色的实践教学基地。学校处于历史文化名城，则可以利用历史文化遗址的资源，如北京的高校可借助北京市的资源；处于革命老区城市的高校则可以利用当地"红色"人文资源；处于改革开放前沿城市的学校则可以利用改革开放的新成果资源；这些资源都是新时期进行研究性教学可以借用的新方法、新途径，是学生的特殊课堂和鲜活教材，是新时期进行"思想政治教育课"教学的独特载体。

（2）在校内建设校外优秀资源基地。除了让学生走出校园走向社会外，我们也可以把社会的优秀资源请进校园内。学校可以邀请纪念馆、博物馆和爱国主义教育基地来校举办专题展览和专题活动；邀请一些参加过革命战争的老战士走进校园举办报告会；举办革命历史题材影视作品展、书画作品展、文艺演出；大力开展大学生校内志愿服务活动等。社会资源进入学校后，会增强学生与社会、与现实的沟通交流，促使他们思考社会问题、现实问题，寻找解决问题的办法。学生通过与社会的种种交往活动，深化和拓展了研究性学习的内涵。

构建研究性教学模式的支持服务体系的是一个系统工程，这个体系是开放式的系统，其是由多面体构成，它包含的因素既有主观的，也有可观的；既有传统的，又有现代的；既有网络的空间，又有现实的基地；既有教师、学生，也有相关的管理人员、人民大众参与。高校要下大力培养具有研究性学习能力的学生，社会也要为教育营造一个良好的社会氛围；学生学习的主要场地在学校，但也应走出校园，多参加社会实践，把理论和实践相结合，在实践中磨炼自己，提升研究能力，开拓创新意识，增强实干能力，使自己成为社会主义事业的合格接班人。

培养人、教育人不仅是教师课堂上的责任，也是学校文化建设的责任，还是社会的责任。

第十章

"纲要"研究性教学的反思

第一节　争当一名高水平的"纲要"研究性教学的教师

当下，高校无论是职称晋升还是岗位聘任，衡量的指标都是发表的论文、出版的著作和申请的课题。科研成了评价教师的唯一指标。这样的评价体系虽有一定的合理性，但将教师变成科研的工具，偏离了教师教书育人的本职工作和职责，导致教师将很大的精力和很多的时间投入到科研而忽略了教学，忽略了育人的本质和目标。长此以往，必将对我国的高等教育事业带来危害。希望教育主管部门和各高校正视此问题。要将教书育人和科研放在同等重要的位置，为广大的教师创造一个宽松的教学环境。

作为教师，努力搞好科研是一项重要的任务，不能对科研抱有抵触的情绪。科研会极大地促进教学。"纲要"课教师仅仅依靠课本和几本参考书，是无法完成高水平教学的。研究性教学需要教师拥有广博的知识和学问。教师拥有一桶水，才能给学生一滴水。研究性教学是一种开放式的教学，要求教师根据教学目标、教学内容、学生特点，创造性地进行教学设计、组织教学活动，这就要求教师必须不断地提高研究能力和学术水平。研究性教学答案的开放性，完全有可能超出教师的原有知识积累，对教师的知识结构、工作经验和能力都提出了比传统教学方法更高的要求。做一名高水平的"纲要"课研究性教学的教师，不仅需要拥有丰富的中国近现代史知识，而且需要拥有世界近现代史知识；不仅需要拥有党史、革命史、国史知识，而且需要拥有政治学、经济学、社会学、心理学等知识。要求教师必须是复合型的教育者。

有的"纲要"课教师死守着经验主义的想法，以为只凭自己长期的教学经验积累就可以搞好教学。这是一种僵化的思想方法和工作作风。其特点是在观察和处理教学问题时，从狭隘的个人经验出发，不是采取联系、发展、全面的观点，而是采取孤立、静止、片面的观点，满足于个人狭隘经验，把局部经验误认为是普遍真理，到处生搬硬套，也否认具体问题具体分析。

当好一名高水平的"纲要"课研究性教学教师，需要努力学习教育理论尤其是高等教育理论，了解世界教育发展的潮流和趋势。教育理论是对教育现象或教育事实的抽象概括，在内容上以浓缩的形式来阐述教育事实和经验。教学理论研究教学的现象、问题，揭示教学的一般规律，研究利用和遵循规律解决教学实际问题的方法、策略和技术，如提供教学设计的一般程序、课堂控制的一般技术、教学评价的基本方法等。这种应用性研究并不给教师开出具体处方。因此，需要"纲要"课教师结合本课程的实际，按照教学目标和教学目的的要求，在教学大纲的基础上，创造性地开展研究性教学。

教师育人理念应由知识型向综合型转变。教师在研究性教学中应把学生放在主体位置，不仅注重学生的知识的获得，更要重视学生的情感、能力、意志、兴趣、信念等的培养和提升。通过培养"综合型"人才满足当前我国对综合型人才的需求。

当下各个高校每年教改课题很多，经费充足，"纲要"课教师要大胆申请，运用世界教育改革的理论指导教学。只有不断地学习、尝试、实践，才能提高教学水平，当上一名高水平的"纲要"课研究性教学的教师。

第二节 问题、专题或项目设计的科学性

"纲要"课研究性教学，专题、项目设计一定要合理。因为每个教师的兴趣和专业背景不同，如果在专题、项目设置时忽视课程的主题、主线，忽视与其他专题的联系，忽视与课程整体的联系，那就存在非科学性。

例如，有教师这样设置专题。第一专题：光绪与晚清政局；第二专题：曾

国藩与洋务运动；第三专题：袁世凯与北洋军阀；第四专题：孙中山与辛亥革命；第五专题：陈独秀与新文化运动；第六专题：蒋介石与中华民国；第七专题：张学良与西安事变；第八专题：毛泽东与中国共产党；第九专题：刘少奇与"文化大革命"；第十专题：邓小平与改革开放。如此设置专题，教师的出发点是好的，可能考虑以人物带动历史事件，会增加历史的趣味性和吸引力，增强以史育人的目的，认为"'纲要'教学就是要让学生透过鲜活的历史人物，从历史人物的成败得失中获得启迪和借鉴，重新唤起他们敢于追求、勇于拼搏、永不言败、锲而不舍的精神风貌。引领教育学生以人为鉴、以史为鉴，让学生学会如何做人，使历史人物教学的过程成为教育学生培养崇高品德和情操的过程。"❶ 然而，如果教师开学之初第一节课就从"第一专题：光绪与晚清政局"讲起，那势必难以插入"上编综述：风云变幻的八十年"内容，可能遗漏掉帝国主义侵华史，更何况晚清政局与咸丰、同治皇帝也有关系呢？还有，"第八专题：毛泽东与中国共产党"的外延和内涵太广、太丰富，教师安排几个学时合适？重点讲解什么问题？ "第九专题：刘少奇与'文化大革命'"，单将刘少奇与"文化大革命"联系起来讲是否合适？

大学生在中学阶段已学过中国近现代史，对中国近现代史有了比较全面的了解，主要问题是对中国近现代历史发展缺乏规律性认识和把握。为此，实施专题、项目教学时，需要注意设置专题、项目的整体性和延续性。首先是各专题、项目之间形成一个整体，讲清楚教学的主题、主线。其次是各专题、教学本身要有相对独立性，紧密围绕一个问题展开研究。这就要求专题、项目设计必须打破时空界限，不能完全依据历史发展顺序安排内容，而是围绕所阐述的问题，整合章节内容，灵活使用历史材料，使专题讲授和项目表演呈现整体性和延续性。

第三节　中国近现代史知识学习的系统性

"纲要"课的学习是基于问题的解决和项目的创造，因此，所有的中国近

---

❶　沈学轩. 民办院校《中国近现代史纲要》专题教学模式的思考［J］. 黑河学刊，2010（11）.

现代史知识因围绕该问题、项目，可能使知识的学习缺乏系统性。

"纲要"课时间跨度长达170多年，教学时数仅有32课时。如何在极有限的时间内完成教学任务，达成教学目标，并且给学生发表观点、讨论争鸣、表演项目的时间，成为开展"纲要"课研究性教学的一大难点。这就需要教师对教学材料进行重新整合，对教材内容有所取舍，科学地安排课堂讲解内容，要做到课堂讲解重点突出，掌握"少而精"的原则，课后辅助学习补充。在教学过程中不过多地叙述历史过程，不纠缠一些历史细节；留有足够的学习时间和思维空间给学生自学研究。

教师要学会掌控学生在课堂上演示的时间，一般以2个小组的演示、每组15分钟左右为限度。问题是，有时在课堂上学生激情满怀，往往超时，教师又不好意思中断学生的汇报或表演。解决的办法是，课前教师须观看学生的预演，评估时间。而且要多次敦促学生压缩项目演示的时间。

第四节 学习过程评价的合理性

"纲要"研究性教学方式的构建使学习的过程充满探索与创新的机会。因此，"纲要"课教学过程尤其是讨论、表演过程的有效性把握和评价是教学过程的难点。学生若想取得好的研究性学习成果，必然需要努力地工作。在学生付出了极大心血的情况下，如何衡量他们的辛勤劳动？由于研究成果往往是以小组的形式完成的，对每个组员的能力与贡献大小的评价是一个难题。尤其是对已习惯于让学生以个体形式独立完成作业的教师来讲，这种课程的评价体系和方法是需要进一步探讨的问题。理论上讲，可采取学生自评、学生互评、教师评价。问题是，如何量化？现在，大多数"纲要"课任课教师承担着大班教学，1个大班可能由4~6个自然班、总数达到100~200人构成，过于精细的评价极大地增加了教师的工作量。可采取如下办法：小组汇报时由教师和学生组成评委，按照形式是否新颖、表演是否生动活泼、内容是否翔实、逻辑是否清晰、重点是否突出、课堂气氛是否活跃等标准初步评出各小组成绩，在此基础上，教师综合各小组研究方案、小组自评表、小组活动记录等情况给出小组最终成绩，作为该组成员的平时成绩。评价的指标为：①知识目标。学生是否在研究性教学活动中获取了更丰富、全面、科学的历史知识。②理解目标。学生是否在学习中提升了对历史的分析和理解能力。③研究能力和合作能力目标。是否在学习中了解和掌握了探究历史的一些具体研究方法，是否能够运用历史研究方法分析和解决问题；在共同完成研究课题中是否与他人很好地合作和交流。④创新目标。学生的作品在内容和形式上有哪些创新。

"纲要"研究性学习过程总的评价导向是激励原则。可以规定同一小组学生分值的同一性；优秀小组直接获得总成绩 85 分。普遍激励的原则有利于提高全体学生参与的积极性。

第五节　教师工作量的量化

由于"纲要"课学习是基于学习小组的形式进行的，教师在指导时，会花费数倍于传统"纲要"授受法的时间。问题的答案是开放、个性化的，教师在评价方案上也要花费更多的时间。因此，它对教师的职业精神提出了更高的要求。当然，这种"纲要"教学方法也对教学评价体系，比如，如何计算教师工作量、如何评价课程的教学效果提出了挑战。尤其是现在大学教师还面临着教学与科研工作的冲突，目前的评价体系更关注教师的科研成果，由此导致教师对"纲要"课教学投入不足。如果"纲要"研究性教学需要花费更多的时间和精力，那么如何激励教师、科学量化教师工作量是管理人员应该考虑的问题。

只有完善激励措施，才能让实施"纲要"研究性教学的教师安心工作和育人。

参考文献

一、文件

[1] 中共中央宣传部、中共中央书记处研究室关于加强爱国主义宣传教育的意见，1983 年 7 月 2 日。

[2] 教育部关于学习贯彻《关于加强爱国主义宣传教育的意见》的通知，1983 年 8 月 24 日。

[3] 中央宣传部、教育部关于印发《关于加强和改进高等院校马列主义理论教育的若干规定》的通知，1984 年 9 月 4 日。

[4] 中宣部、教育部关于高等学校学生参加生产劳动的若干规定，1984 年 9 月 8 日。

[5] 中共中央关于改革学校思想品德和政治理论课程教学的通知，1985 年 8 月 1 日。

[6] 国家教育委员会关于在高等学校进一步贯彻《中共中央关于改革学校思想品德和政治理论课程教学的通知》的意见，1986 年 3 月 20 日。

[7] 国家教育委员会关于进一步改革高等学校马克思主义理论课（公共课）教学的意见，1987 年 3 月 17 日。

[8] 中共中央关于改进和加强高等学校思想政治工作的决定，1987 年 5 月 29 日。

[9] 国家教委、共青团中央关于广泛组织高等学校学生参加社会实践活动的意见，1987 年 6 月 27 日。

[10] 关于高等学校思想教育课程建设的意见，1987 年 11 月 20 日。

[11] 国家教委关于颁发《高等学校学生行为准则（试行）》的通知，1989 年 11 月 17 日。

[12] 国家教委关于进一步做好高等学校毕业生思想政治教育工作的通知，1990 年 2 月 12 日。

[13] 国家教委关于加强和改进高等学校马克思主义理论教育的若干意见，1991 年 8 月 3 日。

[14] 中共中央组织部、中共中央宣传部、国家教育委员会印发《关于新形势下加强和改进高等学校党的建设和思想政治工作的若干意见》的通知，1993 年 8 月 13 日。

[15] 中共中央关于印发《爱国主义教育实施纲要》的通知，1994 年 8 月 22 日。

[16] 中共中央关于进一步加强和改进学校德育工作的若干意见，1994 年 8 月 31 日。

[17] 国家教委关于学习贯彻《中共中央关于进一步加强和改进学校德育工作的若干意见》的通知，1994 年 9 月 19 日。

[18] 国家教委关于贯彻《爱国主义教育实施纲要》的通知，1994 年 9 月 23 日。

[19] 国家教委印发《关于高校马克思主义理论课和思想品德课教学改革的若干意见》的通知，1995 年 10 月 24 日。

[20] 国家教委关于颁布试行《中国普通高等学校德育大纲》的通知，1995 年 11 月 23 日。

[21] 中共中央关于加强社会主义精神文明建设若干重要问题的决议，1996 年 10 月 10 日。

[22] 中宣部、教育部关于印发《关于普通高等学校"两课"课程设置的规定及其实施工作的意见》的通知，1998 年 6 月 10 日。

[23] 国务院批转教育部《面向 21 世纪教育振兴行动计划》的通知，1999 年 1 月 13 日。

[24] 中共中央、国务院关于深化教育改革全面推进素质教育的决定（中发［1999］9号），1999 年 6 月 13 日。

[25] 中共中央关于加强和改进思想政治工作的若干意见，1999 年 9 月 29 日。

[26] 中共教育部党组关于高等学校学习贯彻《中共中央关于加强和改进思想政治工作的若干意见》的通知，1999 年 12 月 30 日。

[27] 教育部关于加强高等学校思想政治教育进网络工作的若干意见，2000 年 9 月 22 日。

[28] 中共中央关于印发《公民道德建设实施纲要》的通知，2001 年 9 月 20 日。

[29] 中共教育部党组关于教育战线学习贯彻《公民道德建设实施纲要》的通知（教党［2001］21 号），2001 年 11 月 15 日。

[30] 教育部关于加强普通高等学校大学生心理健康教育工作的意见（教社政［2001］1号）。

[31] 中共中央、国务院关于进一步加强和改进大学生思想政治教育的意见（中发［2004］16 号），2004 年 8 月 26 日。

[32] 教育部关于进一步加强高等学校本科教学工作的若干意见（教高［2005］1 号）。

[33] 中共中央宣传部、教育部关于进一步加强和改进高等学校思想政治理论课的意见（教社政［2005］5 号）。

[34] 中宣部、中央文明办、教育部、共青团中央关于进一步加强和改进大学生社会实践的意见（中青联发［2005］3 号）。

［35］教育部关于印发《高等学校学生行为准则》的通知（教学［2005］5号）。

［36］教育部关于整体规划大中小学德育体系的意见，2005年4月20日。

［37］中宣部教育部关于进一步加强高等学校思想政治理论课教师队伍建设的意见（教社科［2008］5号）。

［38］教育部等部门关于进一步加强高校实践育人工作的若干意见（教思政［2012］1号）。

［39］中共中央关于全面深化改革若干重大问题的决定，2013年11月。

［40］中共教育部党组共青团中央关于在各级各类学校推动培育和践行社会主义核心价值观长效机制建设的意见（教党［2014］40号）。

［41］习近平：青年要自觉践行社会主义核心价值观——在北京大学师生座谈会上的讲话，2014年5月4日。

［42］习近平：从小积极培育和践行社会主义核心价值观——在北京市海淀区民族小学主持召开座谈会时的讲话，2014年5月30日。

［43］习近平：《做党和人民满意的好老师——同北京师范大学师生代表座谈时的讲话》，2014年9月9日。

二、著作

［1］DP奥苏贝尔．教育心理学：认知取向［M］．台北：远流出版社，1991．

［2］顾建民．高等教育学［M］．杭州：浙江大学出版社，2008．

［3］贺新宇，任永波．新编教育学［M］．成都：西南交通大学出版社，2011．

［4］刘竑波．多元智能与教师［M］．上海：上海教育出版社，2005．

［5］［美］霍华德·加德纳．沈致隆，译．多元智能新视野［M］．北京：中国人民大学出版社，2008．

［6］［美］霍华德·加德纳．沈致隆，译．多元智能［M］．北京：新华出版社，1999．

［7］马克思．资本论第1卷［M］．2版．北京：人民出版社2004．

［8］莫雷，何先友，冷英．教育心理学教学参考资料选辑［M］．广州：广东高等教育出版社，2004．

［9］全国十二所重点师范大学．教育学基础［M］．北京：教育科学出版社，2008．

［10］任平，孙文云．现代教育学概论［M］．广州：暨南大学出版社，2013．

［11］王玉．学校教育心理学［M］．郑州：河南大学出版社，1988．

［12］王伟廉，邬大光，等．高等学校教学改革的理论研究［M］．昆明：云南教育出版社，1993．

[13] 吴文侃. 比较教学论 [M]. 北京：人民教育出版社，1996.

[14] 肖前，李淮春，杨耕. 实践唯物主义研究 [M]. 北京：中国人民大学出版社，1996.

[15] 袁振国. 当代教育学 [M]. 北京：教育科学出版社，2005.

[16] 张庆林. 当代认知心理学在教学中的应用 [M]. 重庆：西南师范大学出版社，1995.

[17] 张北根. "中国近现代史纲要"课的研究型教学 [M]. 尔湾：美国科研出版社，2011.

三、论文

[1] 蔡定益. 景德镇历史文化融入《中国近现代史纲要》教学刍议 [J]. 黑龙江史志，2010（13）.

[2] 曹景文. "中国近现代史绷要"教学中需正确处理的若干关系 [J]. 思想理论教育导刊，2007（6）.

[3] 陈安军. 高校研究性教学保障体系构建的思考 [J]. 黑龙江教育（高教研究与评估），2010（1）.

[5] 陈刚，石晋阳. 高校研究性教学过程控制研究 [J]. 软件导刊（教育技术），2010（12）.

[6] 陈威. 建构主义学习理论综述 [J]. 学术交流，2007（3）.

[7] 陈小鸿. 高校研究性教学的内涵、评价与管理 [J]. 高教与经济，2008（3）.

[8] 范利，白建国，张华. 从认知心理学看变革传统教学方式的必然 [J]. 科技信息（学术研究），2008（8）.

[9] 傅敏. 中国近现代史纲要课程实践教学探索 [J]. 安徽工业大学学报（社会科学版），2008（1）.

[10] 耿化敏. 历史影像与"中国近现代史纲要"教学的探索 [J]. 教学与研究，2011（1）.

[11] 顾沛. 把握研究性教学，推进课堂教学方法改革 [J]. 中国高等教育，2009（7）.

[12] 郭彩琴. 红色资源与"中国近现代史纲要"课实践教学研究 [J]. 山西高等学校社会科学学报，2014（4）.

[13] 郭春燕. 中国近现代史纲要课程多媒体教学视频应用的探讨 [J]. 中国现代技术装备，2013（5）.

[14] 黄长义. "中国近现代史纲要"课程目标的解析与建构 [J]. 学校党建与思想教育，2003（1）.

[15] 韩华球. 九载辛勤耕耘，今朝硕果累累——主体教育实验研究述评 [J]. 课程·教

材·教法，2001（5）.

[16] 康沛竹.关于开设"中国近现代史纲要"课的几点思考［J］.清华大学学报（哲学社会科学版），2006（S2）.

[17] 何云峰.大学"研究性教学"的发展路向及模式建构［J］.中国高等教育，2009（10）.

[18] 胡万庆."中国近现代史纲要"教学实效性研究与实践［J］.河北农业大学学报（农林教育版），2014（1）.

[19] 黄长义."中国近现代史纲要"课程目标的解析与建构［J］.学校党建与思想教育，2003（1）.

[20] 金霞，包金玲.我国高校学生思政工作分析［J］.思想政治教育，2005（2）.

[21] 兰雪花.试论地方史资源在《中国近现代史纲要》教学中的运用——以福州为例［J］.宜春学院学报，2009（3）.

[22] 李艾丽.提高中国近现代史纲要课程教学实效性的策略探析［J］.广西教育，2013（12）.

[23] 李桂红.乡土红色文化在中国近现代史纲要课程教学中的运用［J］.天中学刊，2011（2）.

[24] 李海生.素质教育理论研究综述［J］.上海教育科研，1997（6）.

[25] 李宏祥，姚利民，史曼莉，等.大学研究性教学内涵、特征和过程［J］.湖南社会科学，2008（5）.

[26] 李志松.论"中国近现代史纲要"课的教学创新［J］.教育评论，2011（1）.

[27] 李志友，等.大学历史教育与《中国近现代史纲要》的教学实效性［J］.湖南工程学院学报，2010（2）.

[28] 梁勇.中国近现代史纲要课堂教学方法探析［J］.当代教育理论与实践，2014（3）.

[29] 刘进.地域历史文化在《中国近现代史纲要》中的价值与运用［J］.思想教育研究，2008（10）.

[30] 刘薇."中国近现代史纲要"教学方法的哲学思考［J］.思想教育研究，2013（7）.

[31] 刘赞英，王岚，朱静然，等.国外大学研究性教学经验及其启示［J］.河北科技大学学报（社会科学版），2007（1）.

[32] 刘振华.提升《中国近现代史纲要》课程教学实效性探微——以上海理工大学为例［J］.学理论，2013（35）.

[33] 卢德馨.大学物理学研究性教学［J］.物理与工程，2004（1）.

[34] 邱秀华."中国近现代史纲要"多样化教学方法的初步探索与实践［J］.思想理论教

育导刊，2007（11）.

[35] 沈学轩. 民办院校《中国近现代史纲要》专题教学模式的思考 [J]. 黑河学刊，
    2010（11）.

[36] 沈云林. 大学学科课程研究性教学之方法 [J]. 大学教育科学，2007（2）.

[37] 孙元清. 对研究性学习和研究性教学实践的反思 [J]. 化学教学，2004（12）.

[38] 屠静芬，禚凯."中国近现代史纲要"课程网络化教学的设计与思考 [J]. 教育技术
    导刊，2007（10）.

[39] 万立明."中国近现代史纲要"与理工科大学生人文素质的培养 [J]. 重庆交通大学
    学报（社科版），2014（2）.

[40] 王明彦."电力电子技术"实验环节开展研究性教学的探索 [J]. 中国电力教育，
    2009（132）.

[41] 王同起. 对开设"中国近现代史纲要"专题讲座的思考 [J]. 思想理论教育导刊，
    2007（6）.

[42] 王晓军. 浅论国门大学"中国近现代史纲要"课程教学中地方史资源的运用 [J].
    梧州学院学报，2011（3）.

[43] 王永红. 指导性教学策略初探 [J]. 重庆社会工作职业学院学报，2003（2）.

[44] 温彭年，贾国英. 建构主义理论与教学改革——建构主义学习理论综述 [J]. 教育
    理论与实践，2002（5）.

[45] 熊昌茂，薄明华. 创新教育理论研究综述 [J]. 当代教育论坛：宏观教育研究，2003
    （2）.

[46] 徐可纯.《中国近现代史纲要》课程新型教学模式的探讨 [J]. 党史研究与教学，
    2008（1）.

[47] 徐晓军，郑伦楚."社会调查研究方法"课程参与式研究性教学模式 [J]. 中国大学
    教学，2010（2）.

[48] 徐志勇."中国近现代史纲要"任务驱动式实践教学探讨 [J]. 长春师范大学学报
    （人文社会科学版），2014（2）.

[49] 严启英. 关注高校研究性教学提高大学生的创新能力 [J]. 高教论坛，2009（3）.

[50] 杨建辉. 中国近现代史纲要课教学实效性 [J]. 河北理工大学学报（社会科学版），
    2009（2）.

[51] 杨叔子，余东升. 文化素质教育与通识教育之比较 [J]. 高等教育研究，2007（6）.

[52] 姚利民，康雯. 大学研究性教学现状与原因分析 [J]. 中国大学教学，2009（1）.

[53] 曾晓洁. 多元智能理论的教学新视野 [J]. 比较教育研究，2001（12）.

［54］张北根 . "中国近现代史纲要"课程过程的管理［J］. 思想教育研究，2011（S2）.

［55］张北根 . 现代教学观在"中国近现代史纲要"教学中的运用［J］. 思想教育研究，2012（1）.

［56］张北根 . "中国近现代史纲要"课研究性教学状况的调查与分析——以北京科技大学为例［J］. 思想教育研究，2013（11）.

［57］张瑾 .《中国近现代史纲要》教学中爱国主义教育现状调查分析［J］. 大学教育，2013（8）.

［58］章仁彪 . 专业教育背景下，精神育人何以可能［J］. 河南教育，2010（1）.

［59］张维满 .《中国近现代史纲要》的课程特性［J］. 高教论坛，2012（4）.

［60］张向葵，关文信 . 实现创新教育理论具体化的思考与实践［J］. 教育探索，2003（2）.

［61］张晓峰 . 对传统教育评价的变革——基于多元智能理论的教育评价［J］. 教育科学研究，2002（4）.

［62］张竹云，吴九占 . 论《中国近现代史纲要》课程教学中的价值观目标及其实现路径［J］. 黑龙江史志，2013（17）.

［63］周苏娅，许佳，姜俊丹 . 中国近现代史纲要课程实践教学运作模式的探究［J］. 中医教育 ECM，2009（5）.

［64］周晓燕 . 反思·建构·超越——全国主体教育理论第二届专题学术研讨会综述［J］. 教育研究，2005（4）.

［65］周振微，屈林岩，钟文周 . 本科研究性教学的调查与分析［J］. 湖南科技学院学报，2008（2）.

［66］宗秋荣 . 全国首届主体教育理论研讨会综述［J］. 教育研究，2004（3）.

［67］秦炜炜 . 大学教学支持服务体系发展研究［D］. 南京：南京大学，2011.

四、报纸

［1］柳斌 . 实施素质教育中的几个问题［N］. 中国教育报，1996 - 1 - 9.

［2］习近平给大学生回信：勇做走在时代前面的奋进者开拓者奉献者［N］. 人民日报，2013 - 5 - 5.